理系のための法律入門

デキる社会人に不可欠な知識と倫理

井野邊 陽

ブルーバックス

カバー装幀／芦澤泰偉・児崎雅淑
カバーイラスト／岡田丈
本文デザイン／二ノ宮匡（nixinc）
本文図版／さくら工芸社

第2版　まえがき

近年、大学やメーカー等において実験データなどの改ざんや、ねつ造の報道が繰り返しなされ、大学における倫理教育も実践的に行われるに至っております。

このような問題は、最終的には解雇や損害賠償などといった法的な問題に至る可能性があることから、技術者や研究者もある程度の法的知識をもって、責任ある行動を採る必要があります。法律というと、文系の職種に必要な知識であるという印象が強いかもしれませんが、現代においては、文理問わずに必要な社会常識の一つになっているといえるでしょう。

そこで、第2版では、第1章の冒頭に「倫理」についての記述を新たに設け、法律を理解するうえで必要な倫理観のとらえ方を示しました。そして新設の第11章において、データのねつ造などに関する諸問題を取り上げ、不正行為が起こる背景、発覚したらどうなるのか、不正行為の疑いをかけられないようにするためにはどうすればいいか、という点を解説することとしました。

また、平成21年4月に上梓した『理系のための法律入門』初版以降、特許法、著作権法、商標法、不正競争防止法といった知的財産権法をはじめ、表示に関する法規が改正・再編されています。さらに今後、環太平洋パートナーシップ協定（ＴＰＰ協定）も具体的に進む方向にあり、著作権も対象となることが決まっています。

これらの改正をふまえ、第2版となる本書を出版させていただく運びとなりました。大学やメーカーにおいて知的財産等にかかわる技術者や知的財産部などの法務に携わる方など、より多くの人が親しめる法律の入門書として、初版よりもより丁寧に分かりやすい解説になるよう、加筆しました。新たな裁判例も紹介しています。

努力を重ね、研究や開発で素晴らしい結果を出せたとしても、あなたの行為に法律上の不備があれば、その成果は水の泡になりかねません。成果主義の傾向が強まっている現代社会において、法律の知識は、自らの身を守り、組織で生き抜くための武器になるはずです。

筆者は現在、弁護士・弁理士としての職に就いていますが、大学の理科系の学部に所属して研究論文等を執筆し、その後、メーカーにおいて設計業務に従事した理系出身者です。こうした法的知識を、技術者・研究者の立場からコンパクトにできる限り分かりやすく説明することをライフワークとして取り組んできました。

本書の知識が、読者のみなさんの活躍の場をより広げることを、願っています。

最後に、多方面からサポートいただいた株式会社講談社の家田有美子氏をはじめとして、様々な方からご指導いただきました。この場をお借りしまして、深甚なる感謝の意を表します。

平成28年1月

弁護士・弁理士　井野邊陽

旧版まえがき

近年、国公立大学も法人化され、知的財産権の活用が大学にとって大きな課題とされています。大学の先生方や学生さんの研究成果を守るためにも、また、大学発ベンチャーとして起業される際にも、知的財産権に関する最小限の法的知識は不可欠となりました。

一方、企業に就職される理科系出身者の多くは、開発、研究、品質管理、製造部門などの技術畑を歩むことになります。そこでは、特許などの知的財産権に関する法律や、従事する業務に関する各分野の行政法（薬事法など）を除けば、あまり法律問題に接することはないかもしれません。しかし、行政法に規定されていない物質や製品を開発・製造する際には、どの程度の安全性が要求されているかを自ら検討しなければなりません。製造物責任法（ＰＬ法）やそれに関連する裁判例を学んでおけば、そうした際に大きな示唆を得られるでしょう。

いずれ、管理職に就かれる方もいらっしゃるでしょうし、他の部署に移られることもあるでしょう。その時には、労務、法務などの基礎的な知識を取得していれば、ちょっとした自信をもって、新しい分野の仕事に打ち込めるでしょう。

また、不幸にも、会社が不正なことをしていることを知った場合にどのような対応をとればよいでしょうか。会社に従うか、良心の呵責に悩まされ告発するか、といった切実な場面になるかもしれません。そのような時も、法律の知識は示唆を与えてくれるに違いありません。

このようなことから、技術系のみなさんが、知的財産、製造物責任、公益通報、民法に関する基本的な法律知識を習得すれば、業務に幅が広がり、将来にきっと役立つと確信しています。

筆者は大学院の農学研究科修士課程を修了後、メーカーに勤務し、その後、二七歳から司法試験の勉強を開始しました。二七歳までの学生、社会人時代の筆者は、まさに技術畑を歩み、その間、法律の勉強を全くすることなく、ただ、特許出願について少し見聞きした程度でした。振り返ってみますと、技術者は、その携わる技術分野については深い専門知識を有していますが、それ以外の法律的な知識については、事務系（営業、人事など）の仕事に従事する方と比べて、勉強する機会に乏しく、知識がやや不足している感があります。

さて、ここまで例に挙げたこれらの法律は、ほとんどが、民法の特別法に該当します。したがって、民法の基礎的な理解が必要となります。また、裁判員制度が導入され、技術系のみなさんも参加を余儀なくされますので、この裁判員制度についても知っておく必要があります（注：第2版では省略）。

そこで、本書は、冒頭で民法の基礎知識と裁判員制度に関わる制度を概観し、その後で、知的財産法や製造物責任法について基本的な解説をしています。本書のベースとなったのは、大阪府立大学工学部における「工学倫理」の講義用教材として筆者が執筆しました『これだけは知って

おきたい　技術者のための倫理と法律』（ナカニシヤ出版）ですが、本書は、これを一般図書用に、できる限り平易な内容にし、実例を多く掲載するよう心がけて執筆しています。

法律は論理的にできています。技術者は、究極の論理学である自然法則を勉強されたわけですから、法律は難しくないはずです。自然はミステリアスですが、法は人間がつくったものにすぎないのです。

なお、読者のみなさんが法的問題に直面した場合には、弁護士の法律相談を受けることをおすすめします。本書は、技術者や研究者が、研究・開発・設計業務等において法律上注意すべき事項を中心に紹介しているにすぎず、法的な問題を解決するための方法・手段までは記述していないからです。相談方法については、コラム３（注：第２版ではコラム４）に記載してあります。

最後に、知的財産権に関する記述についてご指導をいただいた岩田徳哉弁理士、多方面からサポートいただいた講談社の中谷淳史氏をはじめとして、あまたの師友よりご指導いただきました。この場をお借りしまして、深甚なる感謝の意を表します。

平成二一年三月

井野邊陽特許法律事務所にて
弁護士・弁理士　井野邊　陽
http://www.inobe-patlaw.com/

『理系のための法律入門 第2版』 目次

第3章 製造物責任法（PL法）……73

第6章 著作権……187

第9章 商品などの表示に関する規制……291

第10章 内部告発（公益通報）……307

第11章

データのねつ造・改ざん・盗用などの不正行為

【凡例】

荒竹：ビジネス著作権法（荒竹純一、産経新聞出版、２００６年）
内田Ⅰ：民法Ⅰ　第４版　総則・物権総論（内田貴、東京大学出版会、２００８年）
内田Ⅱ：民法Ⅱ　債権各論（内田貴、東京大学出版会、１９９７年）
升田：最新ＰＬ関係判例と実務（升田純、民事法研究会、２００４年）
小野：新・注解不正競争防止法　新版　上巻（小野昌延編、青林書院、２００７年）
佐伯他：技術倫理―日本の事例から学ぶ（佐伯昇・杉本泰治　編著、科学技術倫理フォーラム　編、丸善、２００６年）
作花：詳解著作権法　第２版（作花文雄、ぎょうせい、２００２年）
正義：これからの「正義」の話をしよう　いまを生き延びるための哲学（マイケル・サンデル、早川書房、文庫２０１１年）
田宮：刑事訴訟法　新版（田宮裕、有斐閣、１９９２年）
田村：不正競争法概説　第２版（田村善之、有斐閣、２００３年）
豊崎：工業所有権法　新版・増補（豊崎光衛、有斐閣、１９８０年）
中山：工業所有権法　上　特許法　第二版増補版（中山信弘、弘文堂、２０００年）
前田：刑法総論講義　第３版（前田雅英、東京大学出版会、１９９８年）
山崎：科学者の不正行為―捏造・偽造・盗用―（山崎茂明、丸善、２００２年）
山本：要説　不正競争防止法　第４版（山本庸幸、発明協会、２００６年）
Harris他：第2版　科学技術者の倫理　その考え方と事例（Charles E. Harris, Jr., Michael J. Rabins, Michael S. Pritchard, 日本技術士会訳編　丸善、２００２年）
学術振興会心得：科学の健全な発展のために―誠実な科学者の心得―（日本学術振興会、テキスト版、２０１５年２月）
研修館特許法概論：調査業務実施者育成研修テキスト　特許法概論（独立行政法人工業所有権情報・研修館、同館ＨＰ内　http://www.inpit.go.jp）
特許庁特許・実用新案審査基準：特許庁ホームページ内（http://www.jpo.go.jp/）（平成27年10月1日以降の審査適用）

医薬品医療機器等法：医薬品、医療機器等の品質、有効性及び安全性の確保等に関する法律（旧薬事法）
景品表示法：不当景品類及び不当表示防止法
特定商取引法：特定商取引に関する法律

第1章

法律と裁判の基礎知識

はじめに

技術者は、何人も開発したことのない技術をもって、社会に貢献し、その成果が明確であることから、理数系が得意な者にとって魅力ある職務といえるでしょう。とくに大学の研究においては、研究テーマを自ら設定することができるという点で自由度の高い職務といえます。毎年のようにとまではいえませんが、日本人または日本に関係の深い研究者がノーベル賞を受賞しています。また、技術開発による発明について特許権を取得し、多大な利益が発生すれば、技術者は大きな報酬を得ることがあります。一つの特許権が数億円の価値を有していることもめずらしいことではありません。

一方、技術者は、製品の研究、開発、設計、製造、管理などの各工程に関わりますが、欠陥のない製品を世に送り出す責務を負っています。のみならず、会社内での地位によっては、自社の製品が人の生命身体に大きな危害を与えうる欠陥があることを知りながら放置した場合、刑事責任を負うこともあります。

さらに近年、大学（大学院）の研究者によるデータのねつ造、偽造といった不祥事、会社の従業員の企業秘密のライバル会社への漏洩といった問題が生じ、技術者に対する倫理教育の必要性が再認識されています。このような不正行為も、行ってはいけないことは当たり前であり、社会人であれば当然と思われることなのですが、年を経たベテランの技術者でもそのような行動をとってしまうのです。事前に、技術者をそうさせてしまう背景を知っておけば、そのような行動を回避できるでしょう。

したがって、技術者、研究者といえども、倫理を意識して業務を遂行する必要があります。このような背景から、当職は、大学において「工学倫理」という名称の講義を工学部の２、３回生向けに行っています。

本書では、技術者にとっての倫理について若干のお話をしたのちに、裁判や基礎的な法的知識について述べていきます。また、技術者にとっての至上命題は安全な製品を世に送り出すことですから、まず製造物責任について述べ、次に、知的財産権、内部告発（公益通報）、ねつ造等の禁止の順に述べていくことにいたします。

1−1　倫理について

「倫理」とは

広辞苑によれば、「倫理」とは「人倫のみち。実際道徳の規範となる原理。道徳」をいうとされています。

「倫理違反」とは

では、「倫理に反する」のはいかなる場面でしょうか。本書では、次の3つの場面を想定しています。

α　明文の法律に違反する場面
β　明文の法律違反はないが、一般法によれば責任が発生する場面
γ　責任は発生しないが、倫理に反する場面

刑法には「違法行為」とは何かという大論点があり、従来の通説である法規範違反説は、違法性を法規範（法秩序）違反と理解し、法規範違反の中身を、道義秩序違反、文化規範違反、社会的相当性を欠くことなどで説明し、この説の基礎には、「刑法は倫理・道徳の最低限である」と

いう考え方があるように思われる、とされています（『前田』54頁）。

また、バラク・オバマ米国大統領は、「政教分離主義者たちが信仰を持つ人に、公共の場に出るときは宗教から離れるよう求めるのは間違っています。フレデリック・ダグラス、エイブラハム・リンカーン、ウィリアム・ジェニングス・ブライアン、ドロシー・デイ、マーティン・ルーサー・キングをはじめ、アメリカ史上の偉大な改革者の大半は、信仰によって動機づけられただけでなく、宗教的な言葉を繰り返し用いて自らの大義を説いたのです。したがって、「個人的道徳」を公的な政策論争に持ち込むべからずと言うのは、非現実的でばかげています。我が国の法律は、その定義からして、道徳を法典化したものであり、道徳の大部分はユダヤ教とキリスト教の伝統に基づいている」としています（『正義』385頁）。

日本では、憲法20条にて政教分離原則が採用されていますが、日米の法律は、共に道徳の一部が法律化されているという理解に立つことができるでしょう。

こういったことから、本書では、倫理違反は、上記α～γの各場面で問題になると考えます。

法律はいかにあるべきか、社会はいかに組み立てられるべきか

さらに、倫理違反の法律化の前提として、法律はいかにあるべきか、社会はいかに組み立てられるべきか、公正な社会（正義にかなう社会）とは何か、という問題があります。この問題は、政治哲学の問題として、ハーバード大学マイケル・サンデル教授が前出『正義』（『これからの「正義」の話をしよう　いまを生き延びるための哲学』）などで詳細に論じております。

災害時の便乗値上げは許される？

たとえばマイケル・サンデル教授は、以下の問題を提起しています（『正義』13頁）。

２００４年夏、メキシコ湾で発生したハリケーン・チャーリーは、猛烈な勢いを保ったままフロリダを横切って大西洋へ抜けた。22人の命が奪われ、１１０億ドルの被害が生じた。オーランドのあるガソリンスタンドでは、１袋2ドルの氷が10ドルで売られていた。８月の半ばだというのに電気が止まって冷蔵庫やエアコンが使えなかったため、多くの人々は言い値で買うより仕方がなかった。木々が吹き倒されたせいで、チェーンソーや屋根修理の需要が増加した。家の屋根から2本の木を取り除くだけで、業者は2万３０００ドルを要求した。小型の家庭用発電機を通常は２５０ドルで売っている店が、２０００ドルの値札をつけていた。老

齢の夫と障害をもつ娘を連れて避難した77歳の婦人は、いつもなら1晩40ドルのモーテルで160ドルを請求された。

このようなガソリンスタンド、屋根の修理業者、モーテルの便乗値上げは、フロリダ州法上許されるでしょうか。

『正義』14頁によれば、おおむね以下のように記されています。

多くのフロリダ住民が物価の高騰に憤りを隠さなかった。『USAトゥデイ』紙には「嵐の後でハゲタカがやってきた」という見出しが躍った。ある住民は、屋根から倒木一本をどかすのに1万5000ドルかかると言われ、「他人の苦境や不幸を儲けの種にしようとする」連中は間違っていると語った。フロリダ州司法長官チャーリー・クライストも同じ意見で、「ハリケーンの後で困っている人の弱みにつけこもうとする人間の欲深さには、驚きを禁じえない」と述べた。

フロリダ州には便乗値上げを禁じる法律があるため、ハリケーン・チャーリーの直後には司法当局に2000件を超える苦情が寄せられた。なかには裁判で勝訴を勝ちとった例もあった。あるモーテルは法外な宿泊料をふっかけた顧客に対し、罰金と賠償金合わせて7万ドルを支払う羽目になったのだ。

日本だったらどうなるか

仮に、このような便乗値上げが日本で起きた場合、日本法上いかなる規制を受けるでしょうか。

日本においては便乗値上げ禁止法の類は制定されていません（なお、東日本大震災に関して、当時の大畠章宏国土交通相は平成23年4月5日の閣議後会見で、仮設住宅の建設資材が不足していることについて、「業者の売り惜しみや買い占めが原因の場合には、断固たる法的措置をする」と述べた、と報道されています）。したがって、一般法によって、このような便乗値上げが規制されるかが問題になります。

一般法たる民法90条は「公の秩序又は善良の風俗に反する事項を目的とする法律行為は、無効とする」と規定しており、この公序良俗違反行為の一つとして暴利行為があります（『内田I』286頁）。

前出の「いつもなら1晩40ドルのモーテルで160ドルを請求された」設例を「いつもなら1晩4000円のホテルで1万6000円を請求されたので、1万6000円をやむなく支払った」という設例で考察すると、日本法ではせいぜい、民法90条や民法709条より、1万600

0円（もしくは差額の1万2000円）および弁護士費用（裁判所の認容額は通例賠償金の10％）並びにそれら合計の支払時以降の遅延損害金（現行法は5％。改正作業中）の支払いが認められるにとどまるでしょう（このような賠償額にとどまるのは、日本が米国とは異なり、損害が発生した限度でしか賠償を認めない塡補賠償制度を採用し、懲罰的賠償制度や民事における陪審制を採用していないことに起因します）。

東日本大震災に起因する便乗値上げの報道はほとんどなされていないようです。日本において便乗値上げそのものが存在しなかったならば、それは素晴らしいことですが、そのような行為が存在したなら、法制度の不備が論議されたかもしれません。

便乗値上げ禁止法に反対する学者もいる

このように日本には便乗値上げを禁止する法律はありませんが、米国では便乗値上げ禁止法は全面的に支持されているのでしょうか。

『正義』14頁以下によれば、おおむね以下のように記されています。

自由市場を信奉する経済学者のトーマス・ソーウェル氏は、便乗値上げというのは「感情には強く訴えるかもしれないが経済学的には意味のない表現で、ほとんどの経済学者がなんの注意も払わない」と述べた。便乗値上げのおかげでフロリダの住民は、随分助かった。氷、ボトル入り飲料水、屋根の修繕代、発電機、モーテルの部屋代などが通常よりも高いおかげで、こうした商品やサービスの消費が抑えられるいっぽう、はるかな遠隔地の業者にとってハリケーンの後で最も必要とされている商品やサービスを提供するインセンティブが増すことになる。8月の猛暑のさなかの停電で困っているフロリダの住民に、氷が一袋10ドルで売れるとなれば、製氷会社はどんどん増産して出荷するのが得策だと気づくはずだ。こうした価格になんら不正なところはないと、ソーウェル氏は説明した。

これに対し、マイケル・サンデル教授は、『正義』16頁において、おおむね以下のように述べています。

これは正常な自由市場の状態ではない。緊急事態では、切羽詰まった買い手に自由はない。安全な宿泊施設のような必要不可欠なものの購入に選択の余地はないのだ。

「正義」の意味

マイケル・サンデル教授は、続けて『正義』17頁以下において、おおむね以下のように述べています。

これらの問題は、法律はいかにあるべきか、社会はいかに組み立てられるべきかというテーマにもかかわっている。つまり、これは「正義」にかかわる問題なのだ。これに答えるためには、正義の意味を探求しなければならない。

フロリダ州司法長官チャーリー・クライストが「ハリケーンの後で困っている人の弱みにつけこもうとする人間の欲深さには、驚きを禁じえない」と述べたとき、彼はこうした憤りの道徳的源泉に触れていた。

強欲とは悪徳であり、悪しき生き方である。そのせいで他人の苦しみが目に入らない場合はなおさらだ。個人の悪徳であるばかりか、市民道徳とも対立する。善き社会は困難な時期に団結するものだ。人びとはできるだけ利益を上げようとするのではなく、たがいに気を配り合う。危機の時代に人びとが隣人を食いものにして金儲けをする社会は、善き社会ではない。したがって、目に余る強欲は消し去ることはできないが、恥知らずにも堂々と行動に表すことくらいは防げるし、それを認めないという社会の姿勢を示すことができる。社会は強欲なふるまいを利するのではなく罰することによって、公益のために犠牲を分かち合うという市民道徳を支持するのだ。

美徳に関する判断をどこまで法律にとりこむか

では、ある事項が美徳に沿うとして、その美徳をどの程度法律に取り込むべきでしょうか。「両親、祖父母等の尊属（自分より上の世代の血族）を敬う」という美徳（道徳）が存在することは否定できないでしょう。では、それを法律に取り込むことは、どうでしょうか。

最高裁判所の尊属殺重罰規定判決が参考になります。すなわち、平成7年改正前の刑法200条の尊属殺重罰規定上の刑は、法定刑が死刑および無期懲役のみでした。これは、普通殺人罪に関する199条の法定刑が、死刑、無期懲役刑のほか3年以上の有期懲役刑となっているのと比較して、尊属殺重罰規定は刑種選択の範囲が極めて重い刑に限られていることは明らかです。このため、いかに酌量すべき情状があったとしても、法律上許される2回の減軽を加えても、尊属殺につき有罪とされた場合に下される刑（処断刑という）の下限は懲役3年6ヵ月を下ることがなく、その結果、法律上、刑の執行を猶予することができず、刑法200条の適用を前提とする限り、必ず実刑に処せられるという形で立法されていたのでした。

本件の事案は、以下のような事案でした。

被告人は少女のころに実父から性行為を強要され、以後本件殺人にいたるまで十余年間実父と夫婦同様の生活を強いられていました。その間数人の子まで出産するという悲惨な境遇にあったにもかかわらず、本件以外になんらの非行も見られませんでした。本件発生の直前、正常な結婚の機会にめぐりあったのに、実父がこの結婚を嫌い、あくまでも被告人を自己の支配下に置き醜行を継続しようとしたのが殺人の縁由でした。このため実父から10日余にわたって脅迫虐待を受け、懊悩煩悶の極にあったところ、いわれのない実父の暴言に触発され、忌まわしい境遇から逃れようとしてついに本件殺人にいたり、犯行後ただちに自首した、というものでした。

このような事案でも、実父は敬う対象として、尊属以外の者と区別して3年6ヵ月以上の実刑という厳罰を被告人に処すべきなのでしょうか。

昭和48年4月4日最高裁大法廷判決（刑集27巻3号265頁）は、違憲無効判決を下しました。すなわち、裁判官8人の多数意見は、被害者が尊属である場合に刑を加重すること自体は不合理とはいえないが、死刑または無期懲役という加重の程度が極端に大きい点で不合理な差別にあたるとして、憲法14条違反（平等権侵害）を認めたものでした。

つまり、多数意見は「尊属殺人と普通殺人とで法定刑に区別を設け前者の刑を加重すること自体」は違憲ではないが、区別の程度が極端だという判断です。これに対し6人の少数意見は、

「刑を加重すること自体」が個人の尊厳と人格の平等を基本とする民主主義の理念に反し、不合理な差別にあたるという反論を行っています。

最高裁は、本件で刑法200条を適用せず199条を適用し、上記事情や再犯のおそれがないことなど、諸般の情状にかんがみ、有期懲役を選択し、心神耗弱を認めて、被告人を懲役2年6ヵ月に処し、3年間刑の執行を猶予する判決を下したのでした。

『刑法総論講義』の中で前田雅英教授は、「刑法にとっての道徳はあくまで「目標達成のための手段」に過ぎず、「目標」ではあり得ない。国民が倫理的に正しく行動するように、内面まで立ち入って規制すべきではない。道義・倫理を強調し過ぎると、刑法が国民の内面に立ち入りすぎる」(『前田』55頁)としています。

また、マイケル・サンデル教授は、『正義』20頁以下において、おおむね以下のように述べています。

美徳をめぐる議論において道徳の力を認めるとしても、道徳の力が反対意見をつねに優先すべきだと言っているのではない。たとえば、ハリケーンに襲われたコミュニティについて、便乗値上げを受け入れるという悪魔の取引を結ぶべきだという判断が下される場合もあるだろう。強欲を認めるという道徳面のマイナスに目をつぶっても、遠くあちこちから屋根職員や建設業者を呼びよせるためである。まずは屋根の修理が先決で、社会の仕組みはその後の話だ。

だが、なにが美徳でなにが悪徳かを判断するのは誰なのだろうか。多元的な社会の市民はそうしたことに反対するのではないだろうか。美徳に関する判断を法律によって押しつけるのは危険ではないだろうか。

このように、美徳に関する判断をそもそも法律に取り込むべきか。取り込むとしてどこまで取り込むべきか、という問題があります。法案を作成するのは、各省庁もしくは国会議員ですが、国民による議論、監視、選挙における意思表示等が必要なのは、このような観点からも説明できます。

その前提として、現存する法律についてある程度の知識を持つことが必要でしょう。

1-2 裁判の基本的な流れ

刑事裁判の様子

裁判の様子がドラマなどで放映されることがありますが、傍聴席側から見て、正面の高い席に座っているのは、もちろん裁判官です。簡易裁判所における裁判では裁判官は1人、地方裁判所における裁判では裁判官は1人または3人、裁判員による裁判では裁判員が6人と裁判官3人の合計9人、高等裁判所における裁判では裁判官は3人、最高裁判所における裁判では裁判官は5人（小法廷）または15人（大法廷。違憲判断を行う場合、前にした最高裁判所の判断を変更する場合など）が、原則として座しています。裁判官席の前に座っているのが書記官（裁判所の事件に関する記録その他の書類の作成および保管等を業務としている）です。場合によっては、速記官（法廷において、証人の証言などを正確に記録することなどを業務としている）も座っていることがあります。書記官らの前、法廷の中央にあるのが証言台です。

傍聴席から見て左のテーブル席に座っているのが検察官です。被告人は、傍聴席から見て右のテーブル席に座っています。なお、報道などで「被告人」のことを「被告」と表現することがありますが、正確には、刑事手続においては「被告人」といいます。図1-1は、裁判員および被

[図1-1] 法廷図の一例

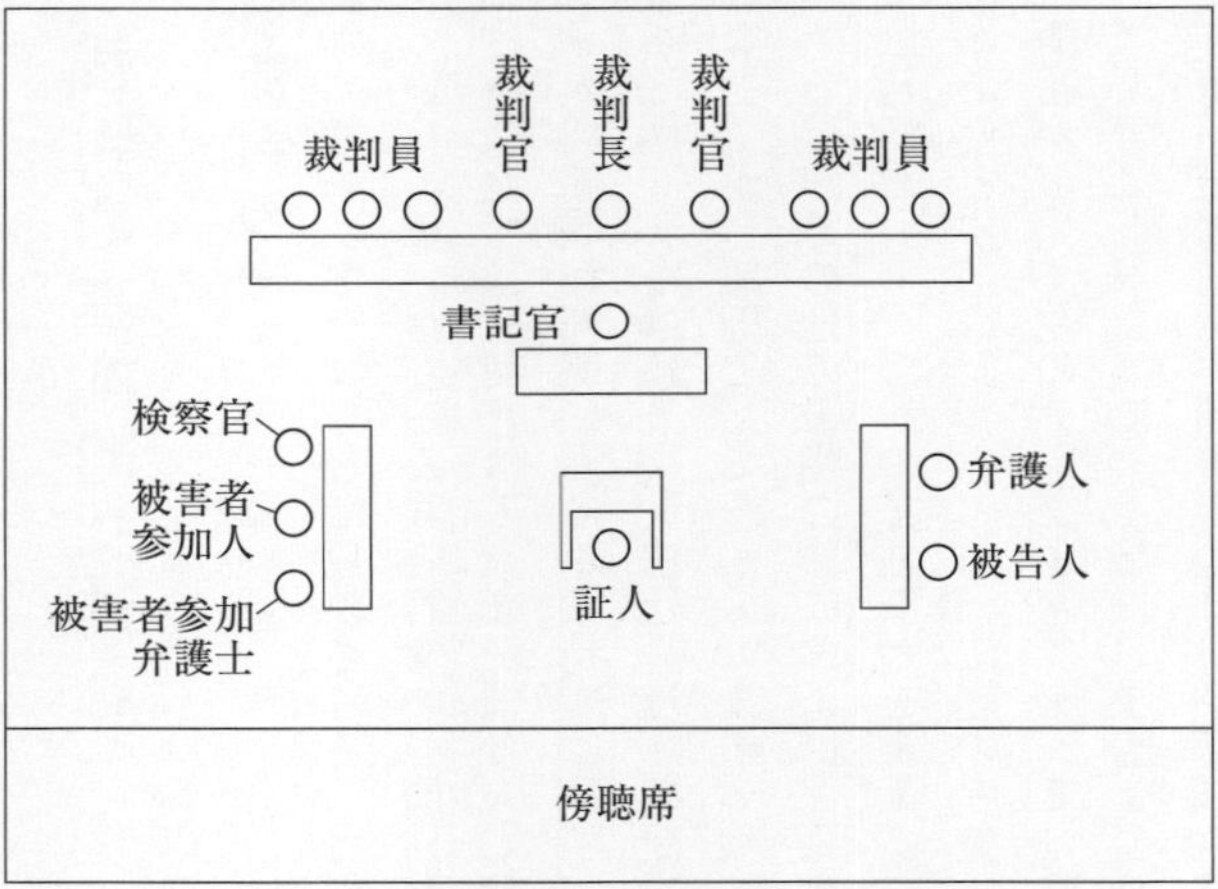

害者参加人などが加わった法廷で、被告人は弁護人の隣に座ります。

逮捕から、起訴、判決まで

刑事裁判にいたる前には、警察などにより捜査が行われます。裁判について説明する前に、この捜査の過程についてお話しします。

自動車による人身の交通事故を例にとってみましょう（図1-2）。

まず、交通事故が発生すると、警察官は通常、事故を起こした運転手から事情を聴いて、その場で現場検証（実況見分）を行います。その内容に基づいて、実況見分調書が作成されます。その後、運転手、被害者、目撃者などは、警察から取調べを受けます。警察官は、これら取調べの結果を調書として作成します。被害の

［図1－2］逮捕から起訴、判決までの流れ
（『田宮』162頁を参考に作成）

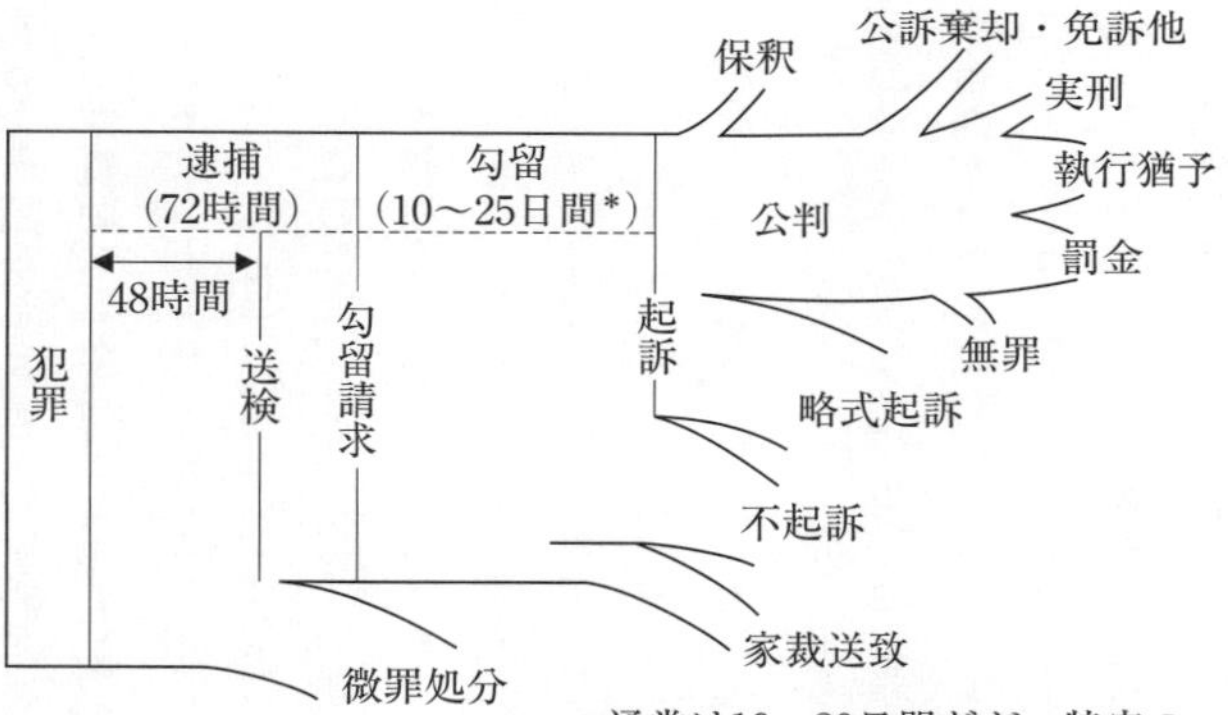

＊通常は10〜20日間だが、特定の犯罪については最長25日間

状況などによっては、運転手は逮捕（通常逮捕、現行犯逮捕など）されます。

逮捕されてから最大72時間、主として警察署に身柄を拘束されます。この間、逮捕後48時間以内に、身柄が検察庁に送られます（身柄送検。身柄が拘束されない在宅事件では、事件が検察官に送致されるまでに時間制限はありません〈いわゆる自宅送検〉）。

警察と検察の違いは、捜査して逮捕をするのが警察、起訴の要否の判断も含め裁判にかけるのが検察、と理解しておけばよいでしょう。ただし、検察にも捜査権はあり、実際に捜査や逮捕をすることもあります（いわゆる特捜事件）。

送検されると、検察官が運転手の拘束を続けるかどうかを判断します。拘束を続ける必要があると判断すれば、24時間以内に裁判官に拘束

を継続するよう請求します（勾留請求）。勾留請求があると、裁判官が運転手の言い分を聞いたうえで（勾留質問）、引き続き身体を拘束するか否かを決めます。勾留は、原則として10日以内ですが、さらに10日以内の延長ができることになっています。つまり、運転手は、最大で23日間（72時間＋10日＋10日）拘束されることになります。

検察官は、この最大23日間（勾留期間が終わるまで）に運転手を裁判にかけるかどうかを決めます。検察が被疑者を裁判にかけることを起訴といいます。

検察官が拘束する必要がないと判断したり、裁判官によって勾留が認められなければ、運転手は釈放されます。また、勾留されていても、最終的に不起訴（裁判にはかけない）になると釈放されます。

逮捕されなかった場合（在宅）も、運転手は警察で取調べを受け、送検される場合があります（書類送検）。この場合も、最終的に検察官が起訴するかどうかを決めます。

在宅か否かにかかわらず、犯した犯罪が比較的軽く、罰金刑が相当であるときは、運転手の同意により書面だけで裁判が行われることがあります（簡易裁判所への略式起訴）。それ以上の刑が相当であるときは、地方裁判所に起訴されます。

起訴されると裁判所による審理（公判）が行われます。起訴後は、弁護人などの請求により、被告人に保釈が認められる場合があります。その場合、保釈保証金を裁判所に納付する必要がありますが、逃亡などしなければ、裁判後に返還されます。

審理を経て判決が下されます。有罪の場合、刑の内容としては、主に死刑、懲役刑、禁錮刑、罰金があります（懲役では「所定の作業」を行わなければならないのに対して、禁錮ではただ拘置〈監禁〉することのみが定められており、所定の作業を行うことが義務付けられていません。ただし、願い出により刑務作業を行うこともできます）。懲役刑や禁錮刑の場合でも、刑の執行を猶予する時間が与えられることがあります（執行猶予）。これは、一定期間、一定の刑以上の罪を犯さなければ、刑の執行を免れるというものです。

なお、ひとつの刑事事件において一度判決が確定した場合、再審の場合を除き、その事件について再度、刑事裁判を行うことはできません（一事不再理）。

民事裁判の提訴から判決まで

民事裁判においても、裁判官や書記官の構成は同じです。原告（訴えを提起した者）は、傍聴席から見て左のテーブル席に座っています。被告（訴えを提起された者）は、傍聴席から見て右のテーブル席に座っています。

ここでも、事例を設定して説明しましょう（図1－3）。

[図1-3]民事裁判の流れ

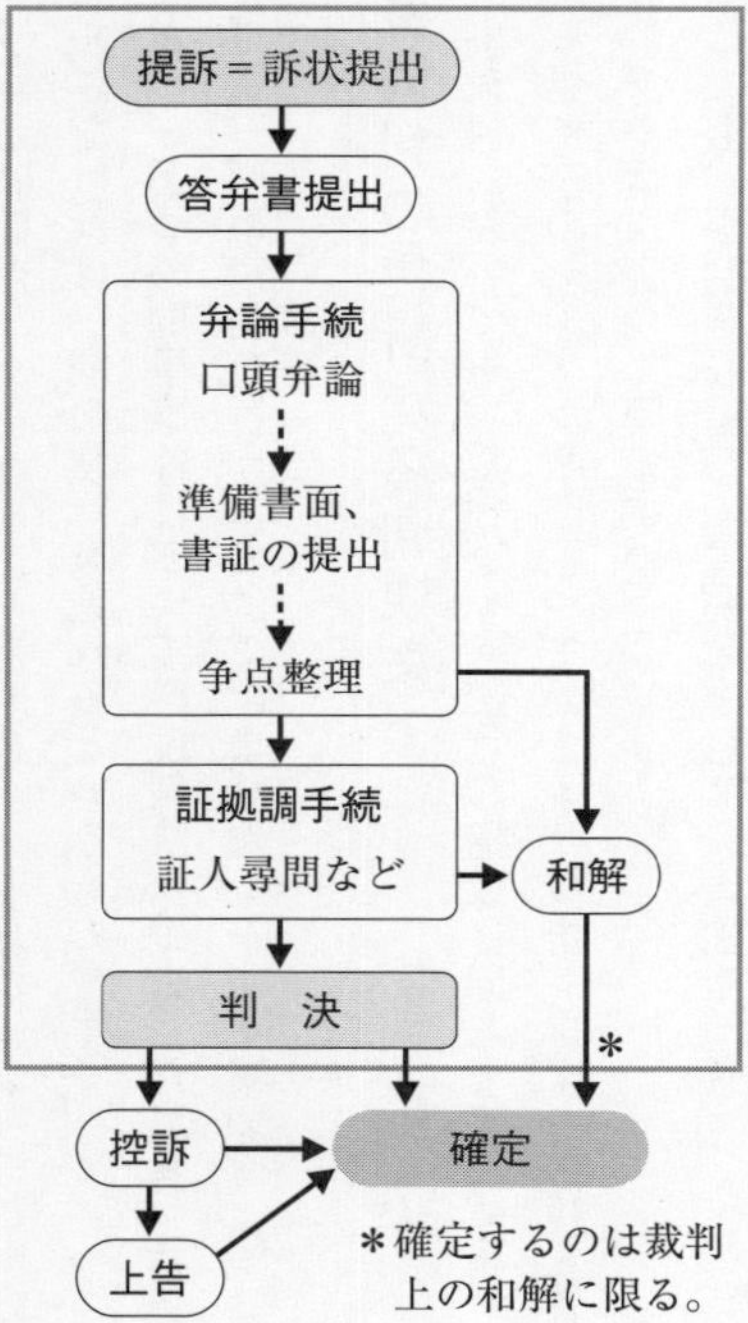

Aさんは、Bさんに200万円を貸しましたが、30万円を返してもらっただけで、返済期限の到来後、再三にわたって残り170万円の返済を求めたものの、返してくれません。そこでAさんは、やむなく裁判所に対し、訴えを提起することにしました（提訴）。

Aさんは、訴状を3通作らなければなりません。1通は裁判所提出用、1通は被告のBさん用、もう1通はAさんの控え用です。Aさんは、2通の訴状を裁判所に提出します。裁判所は、訴状を審査したうえで、Bさん用の訴状をBさんに郵送します。このBさんに郵送される書類として、訴状のほか、借用書などの証拠になる書証（通常、「甲第○号証」というように記されている）、裁判の日時、場所などを記した書類、訴状に対する回答の書面（答弁書）のひな形、答弁書の書き方に関する書類などが同封されています。裁判所の係属部、事件番号などがそれらの書類上に示されています。

Bさんは、訴状に対する答弁書を裁判所に提出しなければなりません。もし、提出しないまま1回目の裁判に欠席すると、Aさんの言い分が全面的に認められ、判決がその日のうちに出てしまう可能性があります。たとえば、Aさんが、Bさんから30万円の返済を受けていたことを忘れていて、200万円の返済を請求する内容の訴状を提出したならば、裁判所は30万円の返済の事実を知らないので、「Bさんは、Aさんに対し200万円を支払え」という内容の判決を出すことになります。

答弁書が提出され、口頭弁論（裁判所において開催される裁判のうち、公開の法廷で行われる基本的な裁判）が開かれます。その後、争点が整理され、証拠調べなどを行ったあと、判決が出ます。審理中に、裁判所の勧めなどによって和解することもあります。判決に不服な場合は、上級裁判所に上訴することができます（判決書の送達を受けた日から14日以内）。上訴しなければ、判決は確定し、一度確定した判決は、原則として二度と覆りませんし、同じ内容の裁判をやり直すこともできません（既判力）。

身に覚えがないのに訴えられたら？

ある日突然、身に覚えのない民事裁判を提起された場合、どうしたらよいのでしょうか。

たとえば、私が相談を受けた最近の事例に以下のようなものがあります。

事例1-1 架空請求①

「裁判所より、200万円の請求を求める訴状が届き、指定の期日に出廷するよう求める文書も添付されていました。訴状に記載されていた200万円の請求の根拠となる原告の主張は、利用したことのないインターネットのサイトの利用に関するものでした。私は、全く心あたりがありません。裁判官であれば、そのサイトが出会い系サイトであって、相手方の言い分が、最近問題となっている架空請求であることがわかると思いますので、欠席しようと思います。大丈夫でしょうか」

これは前述のとおり、答弁書を出さなければ、原告の主張が全面的に認められてしまい、身に覚えのない請求でも支払わなければならなくなる可能性がかなり高いといえます。少なくとも、答弁書を出さずに欠席することは絶対に避けましょう。

では、似た事例で、以下のような場合はどうでしょうか。

事例1-2 架空請求②

「東京の霞が関にある法務センターというところから、私が裁判で訴えられており、電話連絡をしなければ、200万円の請求が裁判で認められるという旨のハガキが届きました。200万円の根拠は、利用したことのないインターネットのサイトの利用に関するものでした。私は、全く心あたりがありません。裁判官であれば、そのサイトが出会い系サイトであって、相手方の言い分が、最近問題となっている架空請求であることがわかると思いますので、法務センターには何の連絡もしないでおこうと思います。大丈夫でしょうか」

前述のとおり、正式な民事裁判が提起された場合には、裁判所より、相当の書類が郵送されます。事例1－2は、裁判所から書類が届いているわけではないので、この事例の場合は無視してよい、ということになります。

「保険会社に任せきり」は危ない

交通事故の場合は注意が必要です。加害者が任意保険に加入していると、示談交渉は、通常その保険会社が行いますが、示談が成立しなかった場合、被害者は、加害者に対し民事裁判を提起することになります。加害者は、示談を保険会社に任せていると、裁判まで任せてしまいがちで、裁判所から訴状が届いても放置してしまう人がいます。その結果、被害者の請求が裁判所で全面的に認められてしまうと、保険会社は保険金を支払わず、加害者が直接被害者に対し保険金を支払わなければならないおそれが生じます。

［図1-4］法律の種類

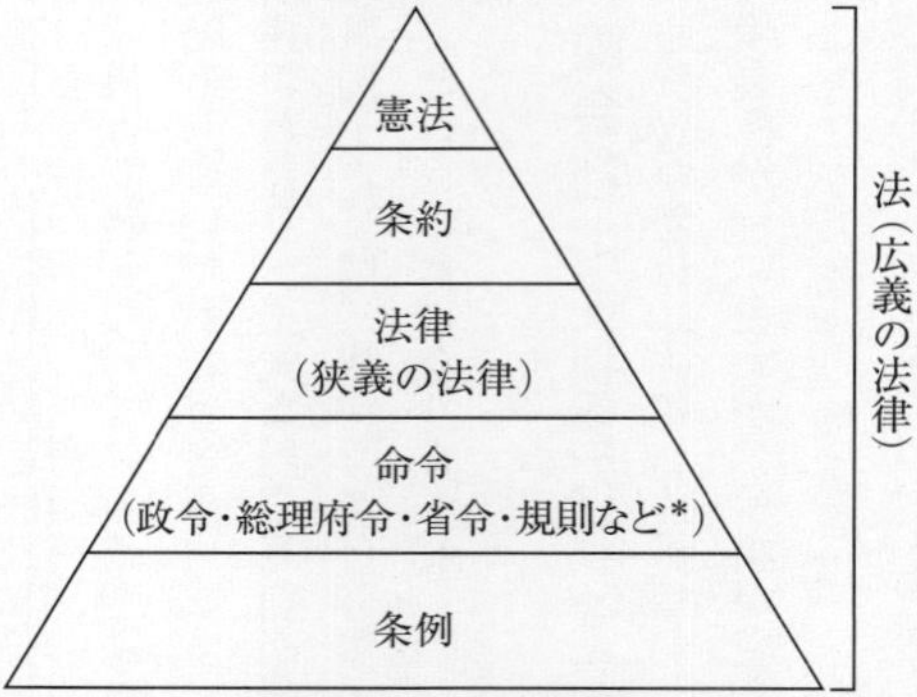

＊政令（内閣が定める）、総理府令（内閣総理大臣が定める）、省令（各省の大臣が定める）、規則（特殊の行政事務のために設けられた独立の機関または府・省の外局である委員会の長が定める）

1-3 法律とは何か？

法律、法令、ガイドラインの違い

そもそも、「法律」とは何でしょうか。法に関する言葉として、「法律」「法令」「政令」「命令」「条例」などがあります。ほかに「ガイドライン」という言葉も、仕事やニュースなどで耳にされるかもしれません。これらは「守らなければならない」ものと理解されているでしょうが、その上下関係はやや複雑です。少し整理しておきましょう（図1-4）。

「法律」とは、広義では法と同意義ですが、狭義では、国会で制定された規範をいいます。「憲法」「条約」「命令」とは区別されます。これらの法規範は、上位から順に、憲法、条約、狭義の法律、命令、条例ということになります。

「憲法」は国の基本原理・根本規範で、「条約」は国際的な合意です。「命令」とは、国の行政機関が制定する法規範で、政令、総理府令、省令、規則などがあり、狭義の法律を実施するため、または法律の委任を受けて制定されます。「条例」は地方公共団体（都道府県・市町村）の議会によって制定されます。

「法令」とは、狭義の法律と命令を合わせたものです。また、「広義の法律」を指すこともあります。

「告示」は、国、地方公共団体などが広く一般に向けて行う通知です。法令を補充する法規範の場合もありますし、法的効力を伴わない場合もあります。

「通達」は、本来、行政機関内部において、上級機関が所管の機関・職員に対して発する指示の通知です。通達は、本来的には法的効力を有しませんが、行政機関は、これに従って行政作用を行っていますので、事実上、法的効力を有するといっても過言ではありません。

「ガイドライン」とは、行政機関の政策の指針であり、「指針」ともいいます。ガイドラインも法的効力を有するわけではありませんが、企業などはガイドラインにそって行動することが要請されますので、事実上、法的効力を有するといっても過言ではありません。

「六法」には何が含まれる？

「六法全書」という言葉を見聞きされたことがあるかと思いますが、「六法」とは、一般的には「憲法」「民法」「刑法」「商法」「民事訴訟法」「刑事訴訟法」の6つの法を指して使われます。このうち、憲法、民法、刑法、商法は「実体法」といい、民事訴訟法、刑事訴訟法は「手続法」といわれています。

民法、刑法は、民事関係、刑事関係に一般的に適用のある法律なので、「一般法」とよばれ、この民法、刑法に優先して適用されるのが「特別法」とよばれるものです。たとえば特許法は、おもに民法に優先して適用される特別法の側面も有しています。

1-4 法的責任とは何を問われるのか

「責任を取る」とはどういうことか

法律を理解するうえで重要なのが、「責任」という考え方です。「責任を取って下さい」「責任を取ります」という言葉が使われることがありますが、この「責任」にはさまざまな意味があります。

責任には、「法的責任」「政治的責任」「道義的責任（社会的責任）」などがあり、法的責任は、

［図1－5］責任の種類

責任
- 法的責任（刑事責任、民事責任、行政責任）
- 政治的責任
- 道義的責任（社会的責任）

↑重　↓軽

さらに「刑事責任」「民事責任」「行政責任（行政処分）」に区別されます（図1－5）。

法的責任については、ひとつの行為が、刑事責任、民事責任、行政責任をすべて問われる場合があります。まず、そのケースについて説明しましょう。

たとえば、自動車の運転手が不注意で歩行者をはねてしまった場合、自動車運転過失致死傷罪として刑事責任を問われ、7年以下の懲役・禁錮または100万円以下の罰金で処罰される可能性があります（自動車の運転により人を死傷させる行為等の処罰に関する法律5条）。さらに、飲酒運転などにより事故を起こした場合は、危険運転致死傷罪（同法2条）に問われることもあります。アルコールまたは薬物の影響により正常な運転が困難な状態などで自動車を走行させ、人を負傷させた場合は15年以下の懲役、人を死亡させた場合は1年以上の有期懲役に処するというものです。

交通事故の場合、以上のような刑事責任を問われる可能性があります。こうした刑事責任は、必ずしもすべて「刑法」という名の法律に規定されているわけではなく、たとえば特許侵害罪は刑法では規定されておらず、特許法196条以下の「第11章　罰則」で規定されていますし、県など地方公共団体が制定する条例中に罰則という形で規定されていることもあります。

一方、交通事故を起こした場合、加害者は、被害者に対して治療費、休業損害、慰謝料などを支払う責任が生じます。これが民事責任です。民事責任は、主に、約束（たとえば、売買ならお金を払うという約束、物を引き渡すという約束を指す）を守らなかった場合に取るべき責任と、約束とは無関係に取らなければならない責任に分けることができます。

前者が債務不履行責任（契約責任）であり、後者が不法行為責任といわれています。これを先に挙げた例にあてはめてみると、２００万円を借りたのに返さなかった場合の責任が債務不履行責任であり、交通事故の治療費、慰謝料の支払責任が不法行為責任になります。

反則金は行政処分

また、これらの刑事責任、民事責任とは別に行政処分が科せられることがあります。免許取消などがその例です。駐車禁止などの反則金の支払いも、刑法上の「罰金」ではなく、行政処分です。刑法上で「罰金」以上の処分が科せられた場合には、「前科」（一般的には、過去に懲役・禁錮・罰金の刑罰（または執行猶予）を受けたことがある経歴をいう）となりますが、行政処分は前科になりません。営業停止も、行政処分の一種です。

刑事責任は裁判で問われ、民事責任は、示談、調停、裁判などでその責任が明確にされます。

行政責任に関しては、当該行政処分に不服があるときは、当該処分庁に審査請求または異議申立てをします（行政不服審査法3条）。その審査に不服があるときは、裁判所に訴訟として行政処分の取消などを請求することになります。

第2章

契約と民事責任の基礎知識

直面しやすい法律問題

一般の方が直面する法律問題で、もっとも多いのが契約に関するものです。それは技術系や研究者の方でも同じです。契約は、民事責任のうちの債務不履行責任（契約責任）と深い関わりがあります。

本章では、この債務不履行責任を契約類型に分けて説明します。民事責任には、債務不履行責任のほかに、不法行為責任、不当利得返還責任があります。これらについても、後に触れておきましょう。

2-1 契約で生じる責任（債務不履行責任）

契約とは何か

一口に「契約」といっても、商品の売買契約、住宅建築の請負契約、住宅の賃貸借契約、会社との雇用契約、プレゼントのような贈与契約など、さまざまな契約があります。

民法には、13種類の契約が規定されており、こうした契約もすべて規定されています。民法に規定されている契約を「典型契約」といいます（典型契約以外の契約類型を「非典型契約」といいます）。

先ほど紹介した5つの契約をグループ分けしてみましょう。図2－1のとおり、移転型、利用型、役務型、その他の特殊な契約の4つに分類することができます。

別の視点で見てみると、贈与契約とそれ以外に分けることもできます。前者は、無料（無償）であり、後者は有料（有償）です。また、贈与契約は、プレゼントする人（贈与者）がプレゼントを受ける人（受贈者）にプレゼントする義務（債務）を負っていますが、受贈者は贈与者に対し何も義務（債務）を負っていません。このように贈与契約は、一方当事者（贈与者）のみが債務を負いますが、このような一方当事者のみが債務を負う契約を（片方が債務を負うので）「片

［図２－１］契約の種類

（『内田Ⅱ』９頁より）

種類	契約の名称
移転型	売買、交換、贈与
利用型	消費貸借、賃貸借、使用貸借
役務型	雇用、請負、委任、寄託
その他の特殊な契約	組合、終身定期金、和解

務契約」といいます。

先ほどの、商品の売買契約、住宅建築の請負契約、住宅の賃貸借契約、会社との雇用契約は、契約当事者である売主・買主、注文者・請負人、家主・借主、会社・労働者は、物を引渡される代わりにお金を払う、住宅を建築させる代わりにお金を払う、マンションに住む代わりに家賃を払う、労働を提供する代わりに賃金をもらうというように、契約の両当事者が約束を果たす義務（債務）を負います。このような契約を（双方が債務を負うので）「双務契約」といいます。

この契約上の債務を怠る（履行しない）と、債務不履行責任を負うわけです。

誕生日プレゼントも贈与契約

たとえば、交際している男女がいて、彼が彼女の誕生日に指輪を贈る約束を口頭でしていた場合も贈与契約が成立しています。ところが、彼女の誕生日前に、二人は別れてしまいました。このような場合でも、彼女は、彼に指輪をプレゼントするように要求できるでしょうか。

約束している以上、彼は、彼女に指輪をプレゼントする義務があるかのようですが、そうではありません。贈与契約は、無償の片務契約なので、契約の拘束力が弱く、この場合、彼は「もう別れたので、君にプレゼントしない」といって断ることができます。これは、民法550条において「書面によらない贈与は、各当事者が撤回することができる。ただし、履行の終わった部分については、この限りでない」と規定されていることから、法律上、当然に、書面で贈与を約束していない限り、プレゼントすることを断ることができるのです。上述の売買契約、請負契約、賃貸借契約、雇用契約については、民法上はそのような規定はありません。

騙された契約は取り消せる

騙されて契約を結んだ場合には、契約を取り消すことが民法などで認められていますし、特定商取引法によりクーリングオフや中途解約（クーリングオフとは異なる）が認められる場合もあります。このように、一度約束をしたからといって、約束を果たさなければ常に約束違反（債務不履行）による責任を負うわけではありません。とはいえ、債務不履行をした場合は、相応の責任を負うというのが法律の基本的な立場なので、契約を締結する場合には冷静に行う必要があるでしょう。

なお、たとえばスーパーなどでレジの精算をしたあとに、不要な物を買ったということで返品を申し出て、これをスーパーが了承する場合があります。このケースでは、スーパーは返品に応じる義務があるのではなく、好意で対応をしているにすぎません。いつも返品に応じてくれるとは限りませんので、ちょっとした物を買う場合でも、慎重にする必要があるといえるでしょう。

契約の時効は原則10年

債務（約束上の義務や債務不履行に基づく損害賠償義務）は権利者からみれば債権ということになります。この債権には行使期間（時効）が定められています。権利を行使しうるときから10年というのが原則です（民法167条1項）。

ただし、行使期間が短期のものもあります。表2－1に、短期で時効消滅する債権をまとめました。

表のとおり、権利の内容により行使期間が異なりますので、注意を要します。

時効については、今後変更される可能性があります。2016年現在、民法（債権法）改正をめぐる議論が本格化しており、『自由と正義』（2015年5月号：日本弁護士連合会発行）によれば、①消滅時効、法定利率、契約解除、危険負担、錯誤、②債権者代位権、詐害行為取消権、保証等、③債権譲渡、債務引受・契約上の地位の移転、弁済、相殺、定型約款の改正について、2018年施行を目指して改正作業が大詰めを迎えています。

[表2－1]短期で時効消滅する債権

（短期消滅時効）

行使期間５年（民法169条） 定期給付債権（年または、これより短い時期によって定めた金銭等の給付を目的とする債権。マンションの管理費など）
行使期間３年（民法170条） 医師の診療等に関する債権、工事の設計、施工等に関する債権
行使期間２年（民法173条） （１）生産者、卸売商人または小売商人が売却した産物または商品の代価に係る債権 （２）自己の技能を用い、注文を受けて、物を製作しまたは自己の仕事場で他人のために仕事をすることを業とする者の仕事に関する債権 （３）学芸または技能の教育を行う者が生徒の教育、衣食または寄宿の代価について有する債権
行使期間１年（民法174条） （１）月またはこれより短い時期によって定めた使用人の給料に係る債権（労働基準法の適用がないもの。適用があるものについては、２年） （２）自己の労力の提供または演芸を業とする者の報酬（労働基準法の適用がないもの。適用があるものについては、２年）またはその供給した物の代価に係る債権 （３）運送賃に係る債権 （４）旅館、飲食店、娯楽場などの宿泊料、飲食料、入場料等の代価または立替金に係る債権 （５）動産の損料に係る債権
また、商行為によって生じた債権の権利行使期間については、５年が原則（商法522条）

①について少し説明しますと、債権の時効期間について、現行民法は「消滅時効は、権利を行使することができる時から進行」（民法１６６条１項）し、「債権は、10年間行使しないときは、消滅する」（民法１６７条１項）と定めています。これを、債権者が権利を行使することができることを知ったとき（主観的起算点）から5年間行使しないとき、または権利を行使することができるとき（客観的起算点）から10年間行使しないときは、時効によって消滅する、と改める（改正法案１６６条１項）とされています。また、法定利率については変動制を導入するとされています。

売買契約

コンビニで弁当を買うという行為も、物を製造するための機械を購入する契約も「売買契約」です。

売主は、契約の趣旨に従った機械を引渡す義務（債務）を負い、買主は、代金を支払う義務（債務）があり、買主、売主双方に債務が存在する双務契約ということになります。

売主が引渡期限までに機械を引渡さなかったり、買主が支払期限までに代金を支払わなかった場合には、契約を解除されたり、債務不履行責任に基づく損害賠償責任を負います。

では、購入した機械の引渡しを受けたあとに、簡単に見つからない欠陥（民法５７０条の「隠れた瑕疵《かし》）が発見された場合は、どうでしょうか。

この場合、買主が欠陥を知ったときから1年以内であれば、売買契約を解除したり、損害賠償を請求することができます（瑕疵担保責任・民法570条）。弁当のように消費期限が短いものであっても、です。ただし、買主が欠陥の存在を知っていた場合（悪意）や過失のある場合には、買主は、売主に対し瑕疵担保責任を追及することができません。

一方、売主は、欠陥を知らなかったなど、善意かつ無過失（以下、「善意・無過失」という）であっても、瑕疵担保責任を免れません（無過失責任）。

企業間取引は個人と異なる

ここまでは、小売店などで商品を購入するような、一方が個人である場合を念頭に置いて、民法に従って説明してきました。ところが、企業間の取引ですと、商法で規定された特則が民法に優先します。それは、買主は、買った物を受領したときにすぐに検査しなければならない、ということです（商法526条1項）。

この検査で、買主が、買った物に欠陥（瑕疵）や数量の不足があることを発見したときは、ただちに売主に対してその旨の通知を発しなければなりません。そうでなければ、その瑕疵や数量の不足を理由として契約の解除や代金減額、損害賠償の請求をすることができません。

では、ただちに発見することのできない瑕疵はどうでしょうか。その場合には、買主が6ヵ月以内にその瑕疵を発見し、売主に対して通知しなければなりません（商法526条2項）。もっとも、売主がその瑕疵または数量の不足につき悪意であった場合には、この限りではありません（商法526条3項）。

この特則は、商人間の売買にのみ適用されます（商人の定義は71ページ参照）。法律的には、およそ会社は商人であり、会社の行為は商行為であるとされます。会社という形で事業をしていない個人事業主は、商人に該当する場合もありますし、商人に該当しなくても、個人事業主の行為が商行為に該当する場合もあります。

瑕疵担保責任は、特約（民法等の法律の規定とは異なり、特別な約束をすること。このような特約を締結することが可能な民法等の法律の規定を任意規定という）で排除することが可能です。そのため、契約書を作成する際には注意を要します（買主が一般消費者の場合は、消費者契約法などで別途定めがあり、瑕疵担保責任の排除には制限があります）。

前述の機械の購入の例で、引渡しを受けたあとに買主が機械の使用中に不具合（「隠れた瑕疵」）を発見した場合でも、売買契約書に瑕疵担保責任を排除する条項がある場合には、その不具合の修理に関する費用（損害賠償金）を請求することは、原則としてできません。したがって、機械を購入する際には、売買契約を締結する前にその機械に欠陥がないことを細心の注意を払って確認する必要がありますし、契約書においても、瑕疵担保責任の規定が排除されないようにする必要があるといえます（現実には、そのような交渉自体が難しい場合も少なくありませんが）。

請負契約

請負契約は、請負人がある仕事の完成を約束（債務）し、注文者がその仕事の結果に対して請負人に報酬を与えることを約束（債務）するものです。請負人・注文者双方に債務のある双務契約です。

請負契約に該当するものとしては、建設工事、造船契約、運送契約、ソフトウェア開発契約、クリーニング契約などがあります。このうち、ソフトウェア開発契約は、準委任契約（後述）に該当する場合もあります。

請負契約の特徴は、注文者が要求した仕事を請負人が完成するまでは、請負人の債務は消滅しないという点です。このため、売買契約の場合と異なり、瑕疵担保責任の範囲は、隠れた瑕疵に限られません。できあがった仕事の目的物に瑕疵があった場合には、一定の限度で補修してもらうことができます（瑕疵修補請求権）。また、請負人が仕事を完成させるまでは、注文者はいつでも報酬、材料費などの損害を請負人に対し賠償したうえで、契約を解除することができます。

技術者の皆さんにとって、ソフトウェア開発契約は身近な契約かもしれません。しかし、ソフトウェア開発契約は、紛争が生じやすく、どのような契約書を作成すれば紛争が生じにくいか、という点から議論がされているほどです。紛争の主な原因は、合意された請負代金がカバーするのはどこまでの仕事か、という点です。ソフトウェア開発の場合、請負人が注文者の要求する機能を完全に理解するのは難しく、そのために、開発中に注文者から機能の修正を要求されることが珍しくありません。さらには、あとから機能の追加を要請されることもあります。どこまでが修正でどこからが追加かの線引きが難しく、これが紛争の多い理由として挙げられています。

委任・準委任契約（業務委託契約）

委任契約とは、当事者の一方（委任者）が法律行為をなすことを相手方（受任者）に委託し、相手方がこれを承諾することによって生じる契約です。典型例として、弁護士に訴訟の代理人となって訴訟活動を行ってもらうことを依頼するのが、これにあたります。

準委任契約とは、当事者の一方が法律行為に該当しない行為をなすことを相手方に委託し、相手方がこれを承諾することによって生じる契約です。業務委託契約ともいいます。典型例として、患者と医師との診療契約がこれにあたります。

弁護士や医師は、法人に雇用されている場合もありますので、そのような場合には、当該法人との委任契約もしくは準委任契約ということになります。

公認会計士、税理士、弁理士、司法書士、社会保険労務士などの士業の有資格者に仕事を依頼する場合は、委任契約もしくは準委任契約（以下では、準委任契約を含めて「委任契約等」という）に該当する場合が多いといえるでしょう。

委任契約等と請負契約との違いは、前者は仕事の未完成が約束違反（債務不履行）にはならないのに対し、後者は約束違反になる、という点です。すなわち、弁護士との委任契約でいえば、敗訴しても契約違反（債務不履行）とはなりませんし、医師との準委任契約では、病気が治らなくても契約違反にはなりません。

この場合の弁護士や医師を「受任者」といいます。受任者は、報酬を受領し、委任の本旨に従い善良な管理者の注意をもって委任事務を処理する義務を負います（民法６４４条）。この義務を善管注意義務といいます。善管注意義務とは、受任者のような職業・地位にある者に対して一般に期待される水準の注意義務と理解していただければよいでしょう。

では、報酬が低額でも高額でも、同程度の善管注意義務があるのでしょうか。これについては、低額な報酬の委任契約は、高度な注意義務に対する期待を含まない、とする説が有力です。

ソフトウェア開発は請負か業務委託か

さて、前々項で、ソフトウェア開発契約は、請負契約の場合もありますし、準委任契約（業務委託契約）の場合もありますとお話ししました。

ソフトウェア開発契約が業務委託契約である場合、仕事の完成は、約束とはなっていません。また前述のとおり、業務委託費が低額な場合は、高度な注意義務に対する期待が含まれないので、バグが発見された場合でも約束違反（債務不履行）ではないということも十分にあります。もっとも現実には、客先（委任者）との信頼関係を維持するため、無料でバグを除去するための方策を採る場合も少なくないでしょう。

繰り返しますが、ソフトウェア開発契約は、それが請負契約であれ業務委託契約であれ、紛争が生じやすい類型といえます。どこまでが託された業務の範囲に含まれるか、という点で、いずれの契約でも同様の問題があるからです。現実には、法律上は請負契約と評価される場合でも、契約書には「業務委託契約」と記載されている場合も少なくないようです（この場合、基本的には請負契約が成立しているものとして取り扱われます）。

雇用契約

雇用契約の典型は、会社と会社員との間で締結される労働契約です。

一方、取締役と会社との間で締結される契約は、労働契約ではなく「委任契約」です。会社を支配するだけの株式を有しない社長のことを「雇われ社長」ということがありますが、正確な表現ではありません。もっとも、取締役も雇用契約を締結している場合がありますが、これは、同時に委任契約も締結しており、労働者たる地位と受任者たる地位の両者を併有していることになります。

雇用契約と委任契約との違いは、前者の労働者は、その業務を遂行するうえで使用者（会社）の指揮・命令に服さなければなりませんが、後者の受任者は、自らの裁量によって業務を遂行する点です。

そして、労働者と受任者とのもっとも大きな差は、労働者は、労働基準法などの法令により、その地位に大きな法的保護が与えられているという点です。簡単にいえば、会社の都合で簡単に会社を辞めさせることはできません。この差異は、労働者と請負人の地位の違いでもあります。請負契約による請負人は、いつでも契約を解除されうるのです。

雇用の種類――正社員と非正社員

「正社員」「正規雇用」という言葉は、普通によく使われる用語ですが、法律上の用語ではありません。「正社員」とは、一般的には、長期雇用を前提として使用者と期限の定めのない労働契約を締結している「労働者」のことを指し、「正規雇用」とは、そのような期限の定めのない「雇用形態」を指します。

一方、「非正社員」や「非正規雇用」には、パートタイマー、契約社員、アルバイトと称される態様のものがありますが、これらも法律上の厳密な定義はありません。

一般的には、パートタイマーは、所定労働時間または所定労働日数が正社員に比して短い、または少ない労働者をいいます。

契約社員は、正社員とは異なって、期限の定めのある労働契約を締結している労働者のことを指します。契約の更新の有無があらかじめ定められていて、契約の更新が多くなると、正社員以上の強力な地位が法律上認められる場合もあります。

アルバイトは、かなり多義的に用いられており、パートタイマーや契約社員に準じる労働者であるといえるでしょう。

パートタイマー、契約社員、アルバイトなどの非正社員もほぼ例外なく労働基準法の定める労働者であり、労働者災害補償保険法上の「労働者」であるといえます。したがって、非正社員のほとんどは労働基準法の保護を受けますし、勤務中の事故などには労災が認められます。

なお、派遣社員は、上記の分類とは視点が全く異なっており、雇用契約が派遣元と派遣社員との間で締結されています。派遣社員は派遣先の指揮命令により働き、派遣元は直接労働者に指揮命令することはできません。就業規則は、派遣元のものが適用されます。労働基準法上の保護は、原則として派遣元が責任を負いますが、派遣元が責任を負うことが現実的でない事項については派遣先が責任を負うか、派遣元・派遣先の両方が責任を負います。また、安全衛生管理（職場の環境など）については、派遣元・派遣先双方が分担して、もしくは重畳的《ちょうじょうてき》に責任を有します。労働災害の責任も、原則として双方が負いますが、労災保険については派遣元のものを適用します。

2-2 不法行為責任
損害賠償はどのようなときに請求されるのか

民事責任には、2－1で述べた債務不履行責任（契約責任）のほかに、不法行為責任がありま す。債務不履行責任は、責任を追及する者と責任を追及される者との間に何らかの契約があって、契約上の約束（債務）の違反（債務不履行）がある場合に、約束違反をした当事者に課される責任といえます。

これに対し、何も約束がない者同士や、約束はあったが消滅した事項などに関して、責任を負う場合があり、それが不法行為責任です。

不法行為責任を負う場合の典型例は、交通事故における加害者です。その他の例としては、特許権などの知的財産権の侵害や製造物責任がありますが、これらの責任は、それぞれの特別法である製造物責任法や特許法が民法に優先して適用されます。これらについては、第3章や第5章で詳述します。ここでは、原則論である民法上の不法行為責任が認められるための条件（要件）について概観しておきましょう。

まず、「不法行為」とは、故意または過失によって他人の権利・利益を侵害することをいいます。不法行為をした者（加害者）は、これによって生じた損害を賠償する責任を負います。これが不法行為責任です。加害者に不法行為が存在して、初めて被害者は損害賠償請求をできるのです。そのため、不法行為責任の要件は非常に重要です。

交通事故でたとえると、前方不注意が原因で人身事故を起こした人（加害者）は、前方不注意（不法行為）によって被害者にケガ（損害）をさせたため、損害賠償責任が発生します。

不法行為責任を追及するには、以下のすべての要件を満たす必要があります。

①不法行為が存在すること

②故意または過失があること（民法709条）

……無過失の人には、不法行為責任は生じません。

③責任能力があること（同712条、713条）

……未成年者や心神喪失者は、責任能力がありません。

④権利侵害があること（同709条）

……被害者の人権や財産権などを侵すことをいいます。

⑤損害が発生していること（同709条）

……具体的な損害がなければなりません。

⑥因果関係が認められること（同709条）

……①によって⑤がもたらされたことを指します。

⑦違法性阻却事由がないこと（同720条）

……他人の不法行為から自己の権利を守るために行った場合のような、正当防衛にあたるものなどを違法性阻却事由といいます。

このうち、不法行為責任を追及する者（被害者＝損害賠償請求者）は、原則として、⑦を除くすべての事項において立証責任を負う必要があります。

そのため、不法行為の態様によっては、被害者の立証責任の負担が大きいため、特別法や解釈によって、その立証責任が軽減もしくは転換されています。

2－3 「返金」の法的性質（不当利得）

間違ってお金を振り込んだ場合の請求権

誤ってお金を振り込んでしまった場合に、返金を求めることとは誰でも考えることですが、この「返金」の法的性質はどのように考えられるでしょうか。

この場合、振り込んだ者と振り込まれた者の間に、何かの約束があったわけではありません。このようなケースを「法律上の原因がない」といい、利益（利得）を得た者が損害を被った者に対して、その利得を返還しなければなりません。この利得を「不当利得」といい、その返還の請求権を「不当利得返還請求権」といいます。

不当利得返還請求権は、少し専門的にいいますと、何ら約束がない者同士、あるいは約束があるか約束はあったが消滅した約束の事項に関して、利益を得た者が損害を被った者に対して、その利得を損害の限度で返還しなければならないというものです（民法７０３条、７０４条）。

詐欺や強迫に基づいて契約させられた場合に、契約を取り消して支払った代金の返還を請求する場合なども不当利得返還請求にあたります。このような場合は、不法行為責任の要件を充たしていれば、不当利得返還請求権だけでなく、不法行為に基づく損害賠償請求権を行使することも可能です。なお、インターネットのワンクリック詐欺や振り込め詐欺は、契約がそもそも成立していないと評価できる場合が多く、不法行為責任が主として問題となるでしょう。

コラム1 法律用語の基礎知識

法律用語は独特で、ときに日常とは使い方が異なる場合があります。そうでなくても、正確に理解してないと法律の条文を読んでも理解できないこともあります。ここでは、この本で使用する基本的な法律用語を整理しておきます。

債権・債務

債権とは、ある者が特定の相手方にある行為を要求する権利をいいます（『内田Ⅰ』19頁）。これに対応する相手方の義務を債務といいます。たとえば、お金を借りた人はお金を返す義務（債務）があり、お金を貸した人は、お金を返してもらう権利（債権）があります。

担保

債務の履行を確実にするためのしくみや物などのことです。

瑕疵《かし》

欠陥のことです。

瑕疵担保責任

売買などの商品などに隠れた瑕疵（欠陥）があった場合に、売主等が負う責任のことです。

善意と悪意

「善意」とは、ある事実を知らないことをいい、「悪意」とはある事実を知っていることをいいます。たとえば、有害物質の混入した食品を、そうとは知らずに売ってしまった場合は「善意」です。知っていて売った場合は「悪意」となります。

故意

ある事実を認識していたことをいいます。

過失

「過失」の意義については、学説上争いがありますが、簡単にいいますと、不注意があることを指します。「過失」には、「軽過失」と「重過失」の2種類があります。「重過失」は、故意に匹敵するような大きな過失があること、もしくは、少し注意すれば結果を回避できた場合をいいます。重過失に当たらない場合が「軽過失」です。

善意・無過失

ある事実を知らず、かつ過失がない場合をいいます。

対抗

「対抗ができない」のように使われます。第三者に対して、権利を主張することができない、という意味です。たとえば、乙は、不動産所有者である甲と不動産の売買契約を締結しましたが、まだその登記をしていません。次の日、甲が丙とも同じ不動産を売却する売買契約を締結してしまい、丙が登記を済ませてしまいました。すると、乙は丙に対して、乙が不動産の所有権を有していることを認めさせることはできません。これを「乙は丙に対して対抗できない」と表現します。

自然人・法人

生きている生身の人間のことを「自然人」といいます。また、一定の要件を満たした団体やまとまった財産には、法律上「人」としての地位が認められますが、このような団体等のことを「法人」といいます。法人の代表例が株式会社です。自然人も法人も「人」として契約の主体となることができます。

「並びに」と「及《およ》び」

両者とも、結合に用いる語ですが、法令上は、「並びに」は「及び」より上位の結合に使います。

「又《また》は」と「若《も》しくは」

両者とも、これかあれかと並べていうときに用いる語ですが、法令上は、選択される語句に段階がある場合、大きいほうの段階での接続に「又は」を、小さいほうの段階での接続に「若しくは」を用います。

商法上の「商人」と「商行為」

「商人」とは、自己の名をもって商行為をすることを業とする者をいい（商法4条1項）、会社がその事業としてする行為およびその事業のためにする行為は、「商行為」とする（会社法5条）とされています。したがって、およそ、会社は「商人」であり、会社の行為は「商行為」であるということになります。会社という形で事業をしていない個人事業主は、商人（商法4条1、2項）に該当する場合もありますし、商人に該当しなくても、個人事業主の行為が商行為（同501条、502条）に該当する場合もありますので、注意を要します。たとえば、他人のためにする製造または加工に関する行為は、商法502条の営業的商行為に該当します（なお、商法については今後改正される可能性が高いようです）。

著作権法上の「翻案」

第6章の著作権に関する解説で出てくる言葉です。言語の著作物の「翻案」とは、「既存の著作物に依拠し、かつ、その表現上の本質的な特徴の同一性を維持しつつ、具体的表現に修正、増減、変更等を加えて、新たに思想又は感情を創作的に表現することにより、これに接する者が既存の著作物の表現上の本質的な特徴を直接感得することができる別の著作物を創作する行為をいい」ます。これを簡単に説明することはかなり困難ですが、既存の著作物とそれを参考にした表現物とを比較した場合、後者において、前者の創作的な部分と似ているな、と感じることができる場合には「翻案」に該当する可能性が高い、と考えてよいでしょう。著作権者は、複製権のみならず翻案権も有しているので、「翻案」に該当するとなると、原則として、著作権者の許諾が必要になります。

第3章

製造物責任法（PL法）

はじめに

民間企業の技術者にとって、各分野に共通して気に留めておくべき法律として「製造物責任法」が挙げられるでしょう（もちろん、それぞれの専門分野で規律されている特別法、たとえば製薬業界では医薬品医療機器等法（旧薬事法）を知っておかなければならないのは当然です）。製造物責任法は、製品の欠陥により消費者に損害が生じた場合などに、メーカー（製造者等）が損害賠償責任を負うことについて定めた法律です。「製造物責任」という用語に相当する英語の「product liability」から、「PL法」とも呼ばれます。

製造者等は、自らの製造物によって、他人の生命、身体または財産を侵害したとき、その損害を賠償する責任を負います。ただ、損害が当該製造物についてのみ生じたときは除きます（たとえば、ＤＶＤプレーヤーが製造上の欠陥によりショートして破損したが、他の機器や家屋などその他の損害が生じなかった場合には、ＤＶＤプレーヤーの破損についても製造物責任法が適用されません）。また、製造物とは、製造者が製造、加工、輸入したもののほか、自己の氏名などの表示をしたもの（ＯＥＭ生産〈自社製品の相手先ブランドによる生産、供給〉の場合など）も含めます。

3-1 製造物責任法の概要

無過失でも責任を負う

民法７０９条では、「故意又は過失によって他人の権利又は法律上保護される利益を侵害した者は、これによって生じた損害を賠償する責任を負う」と定めています。つまり、民法で損害賠償を請求するには「故意」か「過失」が必要なわけですが、製造物責任は、民法のこの原則を修正して、製造業者等が欠陥を生じさせたことについて、無過失である場合にも責任を負わせたことが特徴です。

製造物責任法は、平成6年6月に制定され、平成7年7月1日に施行されました。科学技術が高度に発達し、一般消費者にはわからない技術、知識を用いた製品が作られるようになり、さらに、大量消費社会になってそういった製品が一方的に製造者から消費者に送り込まれるようになりました。これでは、製品に欠陥があった場合でも、消費者は製造者に過失があったのかどうか、調査や判断をすることが不可能です。そこで、製造者の過失を要件とせず、製品の客観的な性状、つまりそれ自体の「欠陥」を責任発生の要件とすることにし、無過失責任をメーカーに負わせることにしたのです。

諸外国では日本に先んじて製造物責任法が制定されていましたが、少し遅れて、日本でも採りいれられました。

「欠陥」は3つに分類できる

まずは、「欠陥」の定義です。製造物責任法によりますと、欠陥とは、当該製造物の特性、その通常予見される使用形態、その製造業者等が当該製造物を引渡した時期などの事情を考慮して、当該製造物が通常有すべき安全性を欠いていることをいいます（製造物責任法2条2項）。

ここでとくに重要なのは「通常予見される使用形態」とは何か、ということです。どんなユーザーが使うのが「通常」なのか、どこまでが「通常の使用形態」なのか、どこまで「予見」できるか、といった点です。製造者等は、この点について深い考察を行わなければなりません。

「欠陥」は一般に、次の3つに分類されます。

①設計上の欠陥
②製造上の欠陥
③指示・警告上の欠陥

感覚的には、①設計上の欠陥は、設計者の発想そのものに安全性への欠如があった場合（上流の欠陥）、②製造上の欠陥は、設計そのものは安全であったが、製造工程上もしくは品質管理上に不備があって一定の割合または偶発的に製品に欠陥が生じる場合（中流の欠陥）、③指示・警告上の欠陥は、製品そのものには欠陥があるとまではいえないが、安全性確保のためには、ある用法に従う必要があり、その用法に従うべき旨の指示・警告を欠いている場合（下流の欠陥）をいうものと考えていただければよいと思います。

誰が責任を負うのか

製品に欠陥があった場合、責任を負わなければならない人は誰なのでしょうか。この点については、製造物責任法2条で定められています。

①製造物を業として、製造、加工または輸入した者
②自ら当該製造物の製造業者として当該製造物にその氏名、商号、商標その他の表示をした者、または当該製造物にその製造業者と誤認させるような氏名等の表示をした者

③当該製造物にその実質的な製造業者と認めることができる氏名等の表示をした者

以上が、製造物責任を負う者と規定されています。

このうち、①はとくに説明の必要がないでしょう。②は、いわゆるＯＥＭ商品の場合のブランド会社が典型例で、製造者として表示された会社では実際にはその製品を作っておらず、他の会社が作っているという場合です。また③は、たとえば「総販売元」と記載して販売した場合の、その記載の者です。

過失相殺と免責

被害者にも不適切な行動があったために損害が拡大したような場合（後述の「塵芥焼却場事件」〈89ページ～〉においてマスク等を一切着用せず汚水槽に立ち入った者の行動など）は、過失相殺が認められることになり、損害賠償額が減額されることになります（製造物責任法6条、民法722条2項）。

また、製造物責任が免責される場合は、以下のとおりです（製造物責任法4条）。

①製造物をその製造業者等が引渡したときにおける科学または技術に関する知見によっては、当該製造物にその欠陥があることを認識することができなかった場合。

②製造物が他の製造物の部品または原材料として使用された場合において、その欠陥がもっぱ

ら当該他の製造物の製造業者が行った設計に関する指示に従ったことにより生じ、かつ、その欠陥が生じたことにつき過失がない場合。

しかし、今のところ、裁判において免責事由が認められた事例は公表されていないようです（『升田』50頁など）。

時効は知ったときから3年、引渡したときから10年

被害者などが損害および賠償義務者を知ったときから、責任の追及を3年間行わない場合は、製造物責任は時効によって消滅します。その製造業者等が当該製造物を引渡したときから10年を経過したときも同様です。ただし、身体に蓄積した場合に人の健康を害することとなる物質による損害や、一定の潜伏期間が経過したあとに症状が現れる損害については、その損害が生じたときから10年間とみなされます（製造物責任法5条）。

被害者に立証責任がある

製造者等が無過失責任を負うとはいえ、欠陥、損害の発生、欠陥と損害の間の因果関係については被害者が証明責任を負っています。ただし現実には、欠陥や因果関係については証明困難な場合が少なくありません（製造物責任法3条）。

3−2 製造上の「欠陥」とは何か

では、実際に設計者、製造者、輸入者等は、どのような点に注意して設計、製造すべきなのでしょうか。製造物責任法はわずか6条の短い条文の法律ですから、条文を読んだだけでは、どのような点に注意すべきかがわかりません。そこで、以下では、具体例を提示して説明していきます。

製品の欠陥が問題とされた裁判例について、わかりやすい事例からはじめて、その後、やや技術的に専門性のある事例について、お話ししましょう。

ジュースの中に異物が入っていた

事例3-1 オレンジジュース事件（名古屋地裁 平成11年6月30日判決、判例時報1682号106頁）

原告は、A会社に勤務していた事務員でした。被告はファーストフード店です。原告は、平成10年2月のある日、午後0時35分頃、被告I店において、昼食用に被告の製造したハンバーガーセットを525円で購入しました。これは、ハンバーガー、フライドポテト、オレンジジュース

（以下、「本件ジュース」という）がセットになっていたものです。原告は、本件ジュースを飲んだあと吐血し、病院で喉頭部を負傷していると診断されました。

裁判所は、オレンジジュースに異物が混入し、それが原因で原告が負傷したことを確認し、被告の製造物責任を認めましたが、異物が何であるか、異物の混入過程は結局わかりませんでした。製造物責任は、製造物の欠陥の発生について製造者等が無過失であっても責任を負わせるため、異物が何であるか、異物の混入過程はわからなくても、オレンジジュースが通常有すべき安全性を欠いていた以上、製造物責任を肯定することとなったのです。

仮にジュース製造会社が製造したコンク（濃縮）ジュース中に異物が入っていた場合、被告ファーストフード店に対して製造物責任を問えなければ、どうなるでしょうか。被害者（原告）は、コンクジュース製造会社に対して製造物責任を追及するしかありませんが、そもそも、コンクジュースの製造会社がどこかを知ることすら被害者には難しいでしょう。そうすると、被害者の救済を図ることは難しくなります。製造物責任法が被害者保護の見地から立法されたものであることを考えれば、この状況は法の趣旨に反することになります。

もっとも、ファーストフード店は、原告に損害を賠償したあと、それに相応する損害につきコンクジュース製造会社に売買契約上の責任（担保責任等）を追及することが可能です。損害の最終的な負担を誰が負うかという観点においては、ファーストフード店にとって不公平とはいえない、ということになろうかと思います。

3－3 「通常予見される使用形態」とは何か

製造物責任法における「欠陥」とは、前述したように、当該製造物の特性、その通常予見される使用形態、その製造業者等が当該製造物を引き渡した時期その他の当該製造物に係る事情を考慮して、当該製造物が通常有すべき安全性を欠いていることをいいます。

何が安全かというのは、製品を使う人から見て安全でなければならないということと解されています。３つの考慮事由の例示のうち「通常予見される使用形態」に関して、お年寄りでも誰でも使う製品の場合、そういうお年寄りを含めた使う人の立場に立って、安全性が確保されているかどうかということが問題になります。

3-4 疑わしきは「欠陥」になる

潜水時に空気残量計が故障していた！

次は、仕様書の記載に不備があったために「欠陥あり」と判断された事例を紹介します。こうした可能性を考慮して、設計仕様は安全の上に安全を重ねたうえで決定しなければなりません。

事例3-2 空気残量計事件（鹿児島地裁　平成3年6月28日判決、判例タイムズ770号211頁）

潜水器具を使用して潜水したところ、潜水士が減圧症に罹患した事例です。

潜水士が使用していたアクアラング用の米国製空気残量計（残圧計）は、設計仕様が水深90mとされていましたが、それより浅い位置で事故がおきました。このとき、空気残量計に欠陥があるといえるかどうかを検討しましょう。なお、この裁判は、債務不履行責任（民法415条）に関して判断されていますが、「欠陥」を考えるうえでは大きな差異はありません。

（1）事故の状況

昭和51年10月、潜水した熟練の職業潜水士A（原告）が、水深34mの海底で作業中、空気残量計（以下、実際に事故時に使用していた空気残量計を「本件空気残量計」という）が正常に作動しなかったため（本人の主張）、空気の残りが少ないという緊急事態に気づきませんでした。事態に気がついたときには、残存空気が少なく呼吸困難となり、窒息死を避けるためにやむなく急速浮上しました。減圧をする余裕がなく急速浮上したため減圧症に罹患し、両下肢機能全廃（身体障害者一級）となりました。なお、本件空気残量計は、設計仕様上は水深90ｍに耐えることができるとされていました。

空気残量計の製造会社は米国の会社で、この会社から空気残量計を輸入し、国内で販売した会社Ｂが被告として訴えられたのでした。

原因については、空気残量計のアクリルガラスが水圧によって変形してしまい、それに指針頭が接することによって、指針によって示される残量空気の量が正常に示されなかった、という趣旨の主張を原告Ａは行いました。

（2）裁判の経過

裁判で、被告会社Ｂは以下のように主張しました。まず、外国の製造会社が製造した全空気残量計について、同製造会社が高圧下での機能試験を行ったうえ出荷している。さらに、被告会社Ｂも、輸入した全空気残量計について通常圧力での動作試験を行い、一部製品（10％）については、抜き取り検査として4～5気圧の水圧（水深40～50ｍの水圧に相当）下での動作試験を行って、正常に動作することを確認して出荷している。本件空気残量計も、この各試験を経たうえで販売されたもので、欠陥はない、などです。

裁判では鑑定が行われました。本件の事故で使用された空気残量計を用いて水圧実験を行ったところ、本件空気残量計は、設計仕様上水深90mに耐えられるはずであるのに、水圧約6気圧以上（水深約60m以上）では正常に作動しないことが確認できたのでした。

事例3-2の考察

仕様書どおりでなければ欠陥

（1）まず、第一印象で、この潜水器具に欠陥はあると思われるでしょうか。

裁判所の鑑定によれば、水圧約6気圧以上（水深約60m以上）では正常に作動しないということですから、水圧約6気圧以下（水深約60m以下）では正常に作動したという鑑定結果が出ていることになります。この点を重視すると、事故時（水深34m）にも、本件空気残量計は正常に作動していたという考え方に結びつくでしょう。

（2）では、空気残量計は、設計仕様上水深90mまで耐えられるはずであるのに、水圧約6気圧以下（水深約60m以下）しか正常に作動しなかったという鑑定結果は、どのように評価すべきでしょうか。具体的には、水圧約6気圧以下（水深約60m以下）でも、環境によっては空気残量計が正常に作動していなかった可能性があったと考えることはできるでしょうか。

　この点について、裁判所は以下のような趣旨の認定をしました。

「本件空気残量計の事故時の状態と、水圧実験の際の状態は、異なることも考えられる。そのため、水深約34ｍの事故で、本件空気残量計は正常に作動しなかったと仮定してみても、客観的証拠と何ら矛盾しない。したがって、本件空気残量計は、水深34ｍの水中で正常に作動しない設計上の欠陥がある」

　この判断は、水圧実験の結果を考慮していないようにも思えます。しかし、裁判所ははっきりとは述べていないのですが、空気残量計は、設計仕様上水深90ｍまで耐えられるはずであるのに、実験では水深約60ｍ以上では正常に作動しなかったため、製造会社や被告会社の試験結果は信用できないと判断し、本件事故時の残量計の状態と水圧実験の際の残量計の状態とが異なることに着目したものと思われます。また、本件空気残量計のアクリルガラス裏面には、同心円的な無数の凹みおよび研磨のキズが認められ、凹みは指針頭とアクリルガラスの接触によって生じたものと考えられることなども、裁判所の判断を補強するものであったといえます。

　では仮に、設計仕様が水深50ｍとされていた場合はどうでしょうか。この場合、設計仕様と鑑定試験との間に齟齬がないため、製造会社や被告会社の試験結果も、一応信用できるものといえるでしょう（ただし、鑑定試験との条件設定にもよりますが）。もっとも、事故時に正確に空気残量計が空気の残量を示していたか否かの判断については、鑑定試験をより事故時の状況に近づけてその試験結果を注視することになるでしょう（難しいかもしれませんが）。

（3）空気残量計は潜水者の安全な潜水を確保するための命綱ともいうべきものです。ですから、人の生命、身体に関する機器は、高度の安全性が求められ、設計仕様は安全の上に安全を重ねたうえで決定されなければいけません。

仕様どおりの実験結果が得られない機器は、そのこと自体で欠陥があるとされます。その結果、メーカー等が出荷の際に行った試験は信用性を失い、裁判において事故の責任を負わされる可能性が格段に高まります。ひいては、その事故だけでなく会社の他の機器の信用性も損ない、会社に重大な損害を及ぼすことさえあります。設計者は、こうしたことを心にとめておく必要があるのです。営業的には、設計仕様上の使用範囲が広ければ広いほど有利となる側面がありますが、その誘惑に設計者は決して負けてはならないのです。

（4）判決では、裁判所は被告会社Bに約３４１４万円の支払いを命じました。もし、実験結果が設計仕様どおり水深90ｍでも正常値を示したなら、製造会社や被告会社の試験結果も信用され、裁判所の判断も変わったかもしれません。もちろん、この場合も、事故時に正確に空気残量計が空気の残量を示していたか否かの判断については、鑑定試験をより事故時の状況に近づけてその試験結果を注視することになるでしょう。

(5)では、仕様書どおりの性能を維持するという責任は納品後いつまで続くのでしょうか。また、メンテナンスに関する義務はどのように考えるべきでしょうか。

これらの問題は、法的に突き詰めれば難しい問題です。私見ながら、どれほどの使用期間、どのような使用方法の場合に製造物の性能が低下するか、などといった情報は、その製造物のユーザーに提供すべき重要な情報の一つであると考えます。製造物が、人の生命・安全に及ぼす影響が大きければ大きいほど、そのような情報をわかりやすく詳細に告知しなければ、指示・警告上の欠陥が認められる可能性が高くなるのではないでしょうか。告知の方法としては、たとえば、製造物にラベルを貼って記載したり、取扱説明書などに記載することなどが考えられます。

なお、消費生活用製品安全法が平成19年に改正され、平成21年4月1日から、長期使用製品安全点検・表示制度がスタートしました。この日以降に製造・輸入された屋内式ガス瞬間湯沸器などの一部製品について、購入者の所有者票送付等を条件として、製造メーカーなどは点検の実施も行う法的義務が課されるといったことなどがその内容です。

また、ダイビング高圧ガス安全協会は、スクーバダイビング事業者とスクーバダイビングのユーザーを対象に、スクーバタンクを中心として、充てん用コンプレッサー、ダイビング器材などの安全管理に役立つ情報を提供する目的でウェブサイトを運営しています。この中で、平成14年6月10日に施行されたアルミ合金製スクーバタンクに関する高圧ガス保安法改正の概要、改正法に基づく容器再検査関係の情報、ダイビングの高圧ガスに関係する新しい情報を逐次掲載しています（ダイビング高圧ガス安全協会HP、http://www.ocean-beyond.com/scubasafety/）。ダイビング高圧ガス安全協会は、日本スクーバ協会、スクーバダイビング事業協同組合、Cカード協議会の3団体の協力によって運営され、日本スクーバ協会には大多数のダイビングメーカーとダイビング雑誌社などのマスコミが加盟しています（同HP）。

3-5 事故を想定する

製品を企画、開発、設計する人は、ユーザーが当該製品を使用するにあたってどのような行動をとるかを予想しなければなりません。そうでなければ、製品の安全性を確保できないからです。その際は、ユーザーの性別・年齢層はもちろん、使用する季節・時間帯なども考慮する必要があります。設計上、物理的・経済的に可能な限り危険性を除去しなければなりませんし、除去できなかった危険については、指示・警告をして事故を防止するというのが基本的なスタンスです。

3−6 プラントにおいてどのような設計思想が必要か

危険な有毒ガス

それでは次に、ユーザーの危険行為を予測し、考慮に入れなかったために設計上の欠陥があるとされた事例を見てみましょう。

事例3-3 塵芥焼却場事件（大阪地裁 昭和62年10月26日判決、判例時報1266号54頁）

この事例は、塵芥焼却場の設備というプラントにおける設計が問題となった事案です。市の塵芥焼却場（ごみ焼却場）で硫化水素が発生し、設備を検査中の市職員がガス中毒により死亡した事故でした。

プラントにおいてはどのような設計思想が必要か、という点が問題となります。なお本件は、事故時点で製造物責任法が施行されておらず、また債務不履行責任が問われた事案なので、無過失責任ではなく過失責任の有無として裁判所が判断しています。以下の文中でもそのような表現がありますが、「欠陥」の有無という観点からは特段の差はありません。

（1）事故の概要

原告はA市で、被告は、焼却場の工事を請け負った工事会社B社でした。

硫黄を含んだごみが焼却されると、硫黄の一部は大気中に拡散されますが、一部は、焼却灰中に残留します。この焼却灰が汚排水として水処理されますと、硫酸イオンが生成され、硫酸イオンから硫化水素が発生します。これが、ごみ焼却場での硫化水素発生のメカニズムです。

この焼却場では、汚排水は沈澱槽から汚水槽へ送水され、最終処理されます。事故当日、沈澱槽から汚水槽への送水パイプの閉塞事故が発生して、A市の職員Cが閉塞部分の修理のため汚水槽に入りました。このとき、汚水槽の汚水の底には過飽和状態で硫化水素が貯まっており、それをCが足で攪拌してしまい、一気に大量の硫化水素が発生しました。

（2）硫化水素の危険性

硫化水素は、10ｐｐｍが労働環境上の許容濃度とされ、１７０～３００ｐｐｍでは1時間程度耐えられるが、４００～７００ｐｐｍでは30～60分の曝露で生命が危険にさらされ、７００ｐｐｍ以上では失神、死亡するとされています。

（3）本件焼却場の概要（図３－１）

本件焼却場は、塵芥焼却設備、排ガス処理設備および汚水処理設備の３つの機能を持った各設備から成り立っています。

塵芥焼却設備の焼却炉でごみを焼却すると、微塵を含んだ高温の排ガスと余熱をもった灰が

［図 3－1］事故が起きた焼却場の模式図
（大阪地裁判決 昭和 62 年 10 月 26 日の判決文中の別紙を参考に作成）

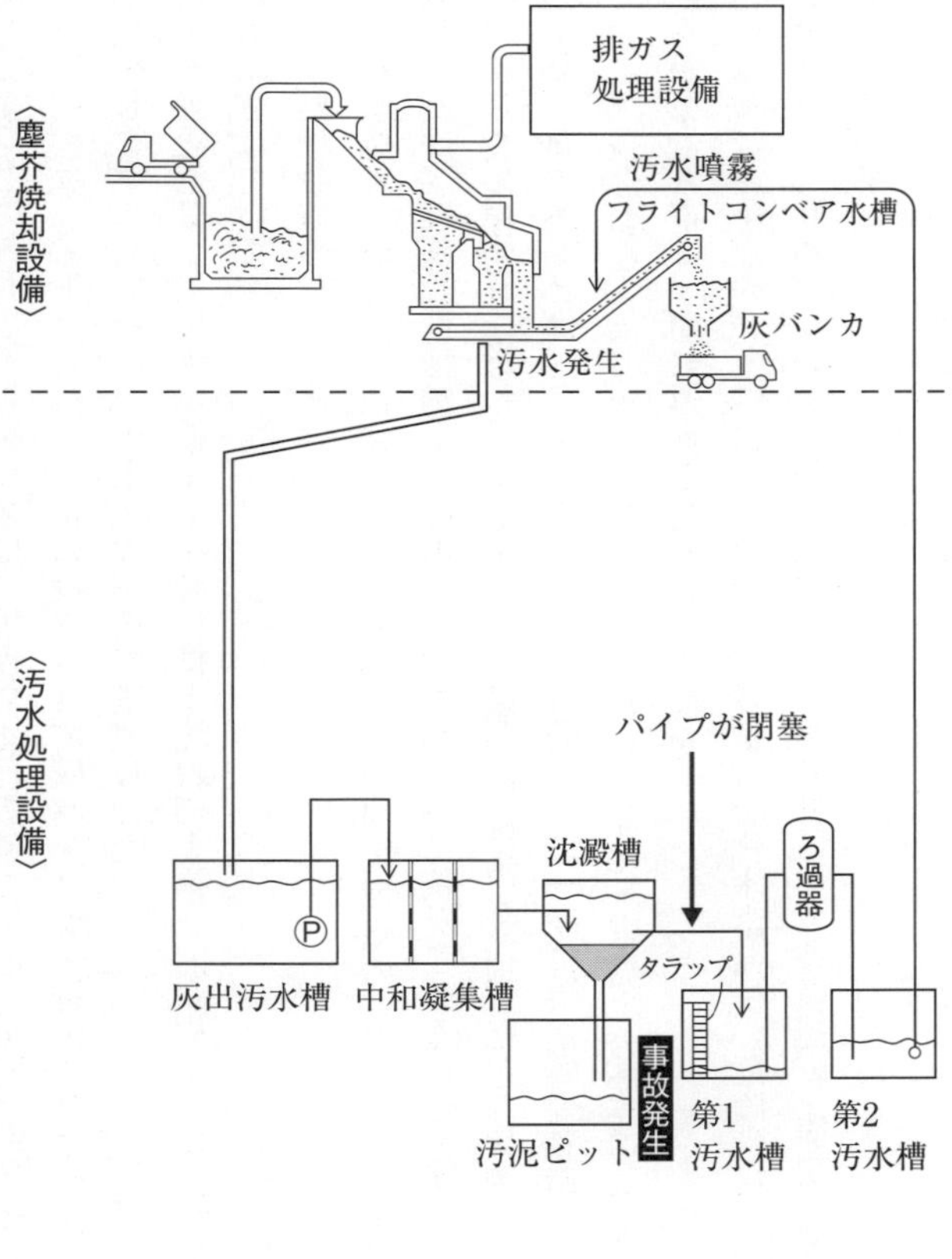

発生します。このうち高温の排ガスは、排ガス処理設備で減温、集塵されます。他方、余熱をもった灰は、フライトコンベア水槽に投下されて灰バンカから排出されますが、そのときに汚水が発生しますので、それを汚水処理設備で処理します。

汚水処理設備は、灰出汚水槽↓中和凝集槽↓沈澱槽↓第一汚水槽↓ろ過器↓第二汚水槽などから構成されています。

（4）汚水処理設備の運転方法

この汚水処理設備には、連続運転、非連続運転、間欠運転の3通りの運転方法があります。連続運転とは、焼却設備稼働中は汚水処理設備も同時に稼働させる運転方法です。非連続運転とは、焼却設備稼働日に少なくとも1～2時間程度は汚水処理設備を稼働させる運転方法です。また、間欠運転とは、発生した汚水を数日間貯めて一度に汚水処理設備で処理する運転方法です。連続運転ならば、汚水が貯留しないため、硫化水素発生の危険性が少なくなります。ところが原告A市は、間欠運転をしていました。

これは裁判の争点のひとつになっていて、多量の硫化水素発生の危険性について、原告A市は間欠運転でも問題がないと主張しており、被告B社は、非連続運転とすることが必要であると主張していました。

ユーザーの危険行為も考慮に入れる

事例3-3の考察

（1）まず、B社は、硫化水素が発生しないようなプラントを設計すべきであったといえるでしょうか。

硫化水素は猛毒の物質ですから、硫化水素が発生しないようなプラントの設計が可能であれば、それにこしたことはありません。しかし、硫化水素が発生しないようなプラントの設計が技術として開発されていないのであれば、ごみを何らかの方法で焼却しなければならない以上、硫化水素の発生するごみ焼却場には有用性があります。

また、硫化水素が発生しないようなプラントの設計が技術として開発されていたとしても、たとえば98％の安全性を99％の安全性に高めるためにはコストが10倍になるという場合、そのような設計をすることは難しくなります。この場合、危険発生の率は高まりますが、万全な事故回避手段を採っていれば、経済上やむをえないといわざるを得ません。

したがって、硫化水素が発生しないようなプラントを設計すべき義務があったとただちにいうことはできません。

（2）では、本件の塵芥焼却場は、硫化水素が発生しても人身事故が生じないような設計がなされていたといえるでしょうか。

i　適切な運転方法が採られるような措置が講じられていたといえるかを考えてみましょう。

被告B社は原告A市に対し、本件焼却場を引き渡す際、仕様書を交付しましたが、そこには「汚水排出量2㎥／時間（16㎥／8時間）」と記載されており、「運転中それらの数値と大幅な違いが起こりますと本処理設備の能力が十分に発揮されない場合が生じますのでご注意下さい」と記されていました。

B社は、この記載に基づいてA市に対し、連続運転をするよう説明した、と主張しました。一方、A市は、そのような説明を受けなかったと主張しました。どちらが真実であったとしても、この仕様書の説明では、非連続運転では多少効率が下がるという程度にしか受け止められず、運転方法に関する指導は正しく伝わらないといわざるを得ないでしょう。

運転方法に関し、裁判所は、多量の硫化水素発生の危険性については、間欠運転で足りるとするA市の主張は裏づけがなく、他方、運転方法を非連続運転としたとしても、第一汚水槽での相当量の硫化水素の発生の危険性を回避することはできなかった、と判示しました。

裁判所の判示に従いますと、多量の硫化水素発生の危険性を回避するためには、間欠運転はもちろんのこと、非連続運転でも足りないということになります。B社はA市に対し、明文で連続運転するよう指導していたわけではありませんから、B社の指導としては不適切であったということになります。

Ｂ社としては、仕様書、取扱説明書で運転方法について連続運転をするよう明記すべきであったでしょうし、場合によっては、Ｂ社からＡ市への定期的なレクチャーをするなどして、運転方法等が仕様書などのとおりに運転されているか否かをチェックする態勢が必要であったかもしれません。これは、発注者・受注者間の継続的な関係の構築の問題（広い意味でのメンテナンスの問題ですが、このような問題は、契約書、取扱説明書などに明記すべきでしょう）であり、具体的には、設計者の設計意図が正確に継続的に現場で実際に運転する作業員に引き継がれるような連絡態勢が構築される必要があるということでしょう。

ユーザーは、プラントの各電機・機械設備、付属品等について、必ずしもメーカーと同等の知識・技術力を有するわけではありません。したがって仕様書には、プラントの規格のほか、運転方法に関する説明の記載がなされるわけですが、使い手であるユーザーの立場に立った詳細な取扱説明書を交付すると共に、その説明会もわかりやすく、また、定期的に開くことが理想的であるといえるでしょう。

この事故のあと、この焼却場の運転は別の会社に委託されたのですが、その際にＢ社は「炉の運転時間に合致させて、汚水を計画量流して正常な運転を行って下さい」という引継書を作成しています。計画量は１日８時間運転で16m^3の汚水を流すべきであることも理解できるように書かれています。少なくとも、この程度は具体的に書かなければ、運転方法に関する指導は正しく伝わらないでしょう。

ii 第一汚水槽での大量の硫化水素の発生は予想できたといえるでしょうか。

裁判において、大学の研究者が行った調査の結果などによれば、汚水処理設備内で大量の硫酸イオンが存在することが初めて確認されたとのことでした。また、従来、塵芥焼却設備においてごみを焼却した場合、ごみ内の硫黄は亜硫酸ガスになって出ていくと常識的に考えられていたのですが、調査の結果、大量の硫黄が灰の中に移って灰汚水に出てくることが初めて判明しました。また、別の調査結果によれば、最高600ppm以上の硫化水素が汚水槽から検出されたことが判明しました。

これらの報告は、製造物責任においては、開発危険の抗弁（製造物責任法4条1号）が認められるかの問題となります。4条1号によれば、製造時の知見で欠陥を認識することができなかった場合、製造物責任が免責されます。

では、本事例で開発危険の抗弁は認められるかといえば、難しいでしょう。「汚水処理設備内における水質調査の結果、大量の硫酸イオンが存在することが初めて確認された」というレベルでは、予見できなかったとはいえないからです。竣工前の試験運転時における事前の現場調査か、竣工後に試験をなすべきであったといえるでしょう。

iii 本件では、送水パイプの閉塞事故を起因として、硫化水素の中毒事故が発生したわけですが、配管の設計は適切であったといえるでしょうか。
この点、裁判所は、送水パイプそのものを露出配管しておけば、汚水槽に職員が入る必要もなかったという観点から、露出配管にすべきであったという旨の指摘をしました。ただ、露出配管にすることは、地上の有効利用などの点から、必ずしも合理的であるとはいえない場合もあり、一概にはいえないでしょう。

iv　第一汚水槽にタラップを設けたという設計、あるいは散気装置（効率よく空気を溶かし込むために用いられる気泡発生装置）、ばっ気（空気と排水とを接触させて酸素を供給すること）装置を設置しなかった点は、どう評価されるでしょうか。

裁判では、都市塵芥焼却設備を設計、施工した実績をもつ、業界における主要メーカー8社の中間槽を有する施設46例のうち、散気装置を有するものは4例（8・7％）あることが明らかにされました。また、本件事故後、本件処理施設について、散気式ばっ気装置の設置のほか、汚水貯槽の新設、灰汚水配管の敷設等の工事を行ったところ、総工事費は1360万円となりました。これは、本件焼却場全体の総請負金額6億3700万円の約50分の1にすぎません。すなわち、他社の実績、コストと硫化水素の危険性にかんがみれば、発注方式がB社の技術提案型の場合、B社は散気装置、ばっ気装置を設置すべきであった、といえるでしょう。また、仕様をA市が決定したのであれば、B社は打ち合わせなどで危険性を指摘して、追加工事（別料金）でそのような装置の設置を進言すべきであったといえるでしょう。

一方、市の職員は、閉塞部分の修理のため、マスクなどを一切着用せず汚水槽に立ち入ったのですが、救助に駆けつけた4人の市の職員も、酸欠事故ではなかろうと考え、呼吸を止めてさえいれば大丈夫だろうとマスクなどを一切着用せず汚水槽に立ち入り、死亡しました。この点に関し、裁判所は「当時、汚水処理設備は間欠運転中であり、送水パイプの修理は一刻を争うようなものではなく、被告に連絡することも十分可能であったこと、少なくとも救出にあたった4人の職員らについては、第一汚水槽内に何らかの異常な事態が存したことは十分窺えた」としています。

（3）結局、本件は、原告A市側にも不相当な間欠運転をしていることやマスクの着用がなかった事情が斟酌され、全体として6割の過失相殺がなされましたが、プラントに「欠陥」があるという判決が下されました。

原告側にも過失があったわけですが、およそ事故を発生させないという観点からは、メーカーとしては、ユーザーが危険な行為に及ぶこと（あるいはヒューマンエラー）を十分に予測して設計する必要があるといえるでしょう。

3−7 パンフレットの表示（消極情報〈短所〉の提供）等が問題になる場合

割れた食器が児童の目に入った

次に紹介するのは、パンフレットの表示が問題になったケースです。安全確保のためには、事前にさまざまなケースを想定した実験を行い、短所をきちんとユーザーに知ってもらうことが重要です。

事例3-4 学校給食用食器事件（奈良地裁　平成15年10月8日判決、判例時報1840号49頁）

（1）事故の状況

小学3年生であった原告Aは、平成11年2月のある日、教室で給食を食べ終わったあと、前方に置かれたワゴンに食器類を返却しに行こうとして歩き始めました。このとき、左手にはアルマイト製（アルミニウムを陽極で電解処理をして人工的に酸化皮膜を作る表面処理したもの）のパン皿の上に、強化耐熱ガラス製の食器（以下、「本件食器」という）を載せて持っており、右手には空の牛乳瓶に箸を差して持っていました。

原告Aが前から2番目の席付近まで至ったとき、ちょうどその席に座ろうとしていた女子児童Xの左肘が、Aの左肘付近に軽く当たりました。

AとXとが接触した際、Aが左手に持っていたパン皿から本件食器が滑り落ち、床に当たって大きな裂音をたてて割れ、その破片が周囲に飛び散りました。

本件食器の破片は微細かつ鋭利な形状をしており、直径約2mの周囲に飛散しました。このとき飛び散った破片により、Aは右目に受傷し、後遺障害も生じました。

本件事故当時、Aの身長は122・5cmでした。

なお、Aの右眼球内部からは、本件食器の破片が一切発見されていません。したがって、事故発生時に本件食器の破片がそのまま原告の眼球を直撃したのかどうかは確認されていません。しかし、本件食器の破損状況および原告の受傷内容に照らせば、原告が本件食器を床に落下させ、本件食器が破損し、その破片が広範囲に飛散し、破片のうちの少なくともひとつがAの右目を直撃したことにより、本件傷害を生じさせたと推認することができる状況でした。

ここで、このとき学校給食用食器として使用されていた強化耐熱ガラス製の食器を一般的に指すときには「本件ガラス食器類」といいます。また、前述のとおり、Aが使用していた食器は「本件食器」といいます。

原告Aは「本件食器と本件ガラス食器類は、製造物として通常有すべき安全性を欠く」と主張して、本件ガラス食器類を加工・販売している被告会社Ｂ１および被告会社Ｂ２（以下、被告Ｂ１および被告Ｂ２をあわせて「被告Ｂ１ら」という）に対し、製造物責任法３条に基づきそれぞれ損害賠償を請求しました。

（２）本件ガラス食器類の特質

本件ガラス食器類は、熱膨張係数の異なる２種類のガラスを溶融して接着させた積層強化ガラス製の食器でした。これは、２層の透明ガラス（厚さ各０・15㎜）の間に、乳白色ガラス（厚さ２・40㎜）を挟み込んだ３層構造になっています。３層の中央部の乳白色ガラスは膨張率が大きく、両表面の透明ガラスは膨張率が小さくなっています。この膨張率の違いにより表層部分に圧縮応力層を生じさせ、ガラスが割れる原因となる引張応力に対抗させることにより破壊強度を高め、割れにくいものとなっていました。しかし、いったん割れた場合には、内部にため込まれた引張応力が解放されることによって、大きな破裂音をたてたり、破片が激しく飛散するなどして、破損することになります。

学校給食用食器は、かつてはアルマイト製食器が主流でしたが、プラスチック製食器が取って代わり、それが有害物質の溶出で問題にされるようになり、さらに別の食器に替える取り組みがなされていました。本件ガラス食器類は陶磁器の約３分の２程度の重さで、薄くて均一な厚さで作られており、糸底がないため、重ねて収納する際に場所を取りません。また、耐熱性が高く（耐熱温度差摂氏150度）、表面が滑らかなので汚れがつきにくいほか、他の素材と比較して酸やアルカリ、有機溶媒などに強く、有害物質などの溶出がないなどの利点もあったことから、新たな学校給食用食器として各地で導入されるようになっていました。

本件ガラス食器類は、昭和45年にアメリカ合衆国で発売が開始されて以来、世界中で少なくとも累計20億枚が販売されています。日本国内でも、平成9年度までに本件ガラス食器類を給食用食器として採用した小・中学校は全国で1663校あり、平成11年度までに、病院・福祉施設・学校関係の使用先に対する出荷数は、累計で約210万3000枚、同年度実績で14万177枚でした。

また本件事故に先立ち、平成8年7月に東京都の小学校で、小学2年生の女子児童が給食用食器の本件ガラス食器類を落とし、これが破損し、その飛散した破片により左目角膜に傷害を負う事故（以下、「別件事故」という）が発生していました。

別件事故の女子児童およびその両親は、平成11年12月、区教育委員会および被告らを被告として、東京地方裁判所に損害賠償請求訴訟を提起し、その旨が新聞報道されました。

（3）事件後に行われた商品テストについて

i　テストの要領と結果

別件事故および本件事故が報道されたあと、経済産業省は「強化ガラス製食器に関するテスト」（以下、「本件商品テスト」という）を行いました。本件小学校で45回使用された本件ガラス食器類（以下、「事故同等品」という）および同一仕様の新品（以下、「新品同等品」という）をテスト対象とし、風冷強化ガラス製食器、強化磁器製食器、一般的な磁器製食器を比較品としました。そして、これらの食器を、底から落とす、フチから落とすという方法の落下実験を行い、破損状況等の調査が行われました。

まず、事故状況を再現するために、事故同等品（積層強化ガラス）を、高さ70cm（身長120cmの子供の肘の高さ）からプラスチックタイルの床（学校で使われている床）に10枚落下させました。すると、食器の底から落下させた場合は、10枚すべてが割れませんでしたが、食器のフチから落下させた場合、10枚中3枚が割れました。破壊時には破片が無数に生じ、高さ200cm以上に勢いよく跳ね上がり、半径300cmの範囲内に飛散しました。テストの詳細は後述します。

結論をまとめますと、風冷強化ガラス製の食器は、プラスチックタイルの床に落としても割れませんでしたが、強化磁器製の食器は、フチから落とすとほとんどが割れてしまいました。磁器製の食器は、落とし方にかかわらず、ほぼすべてが割れました。つまり、事故同等品の積層強化ガラス製の食器は、風冷強化ガラス製と強度は同等、強化磁器製、磁器製よりは強度が高い、ということになります。

また、落下して破壊された場合の状況を比べると、積層強化ガラス製は200cm以上の高さにまで破片が飛散する場合がありましたが、風冷強化ガラス製はせいぜい110cm程度で、強化磁器製と磁器製はおおむね30〜50cm程度でした。破片の飛散範囲も、積層強化ガラス製がもっとも広くなりました。つまり、破片の飛散状況は、事故同等品の積層強化ガラス製がもっとも広範囲、最高度まで飛散するという結果になりました。

ii　商品テストの結果の公表

製品評価技術基盤機構（旧・製品評価技術センター）は、平成13年1月17日付の事故情報特記ニュースにおいて、この結果を公表しました。同年3月9日付の同ニュースでは、本機構は、強化ガラス製食器の使用にあたって「固い床（コンクリート床、プラスチックタイル床など）に落ちた場合には破損することがあり、その際には破片が激しく飛散し、ケガをするおそれがあるという、潜在的な危険性を有していることに十分留意する必要があります。このため、強化ガラス製食器の使用にあたっては、次の点に注意することが必要です。①急激な衝撃を与えない、②破損した場合、破片が細片となって激しく飛散する特性を持つものがあるので注意する、③傷が付くような取扱いは避ける」という注意情報を出しました。

（4）本件商品の説明

本件商品のカタログ、取扱説明書などには、それぞれには次のような商品に関する説明が記載されていました。

i　本件商品に関するカタログの説明

被告B2の業務用全商品カタログ中の本件ガラス食器類についての説明部分には、冒頭に「ショックに強く丈夫だから、割れたりカケたりしにくく、多少手荒に扱っても大丈夫」と記載されていました。また、3層構造が図示され、丈夫さの秘密が引張応力と圧縮応力が互いの力を打ち消し合うためになかなか割れない状態になることなどが説明されています。さらには、他社の陶磁器、強化磁器、耐熱強化磁器、乳白強化ガラスとの強度比較一覧表が記載されていました。

しかし、本件ガラス食器類の破損の危険性や、それに対する注意喚起、破損した場合に予想される破片の飛散状況等についての記載はありませんでした。

ii　本件ガラス食器類の使用要項の表紙

この表紙には「熱にも、ショックにも強いガラス食器」と大きく記載されるとともに、特長の筆頭に「ショックに強い、ガラスでありながら一見陶磁器のようで、しかも丈夫さはその数倍！」と記載されているほか、陶磁器との強度比較として、上記と同様の内容の強度一覧表が記載されていました。

取扱い上の注意事項としては「粒子の粗いクレンザーやスチールたわしを使って洗わない

でください」「高いところから落とすなど、急激な衝撃を与えることは避けてください」「食器は安全に持ちましょう。また、安全に取扱える枚数を運びましょう」などと記載されていました。破損の危険性については、洗浄や運搬などの注意事項に添え書きされているのみで、破損した場合に予想される破片の飛散状況等についての記載はありませんでした。

iii　取扱説明書

取扱説明書には「5つの特長」の第1番目に「本件ガラス食器類独自の3層構造で、多少のショックでも割れにくい性質をもってい」ることが挙げられていました。

同説明書内の「取扱い上の注意」欄には、「本件ガラス食器類はガラス製品です。一般のガラス製品や陶磁器より丈夫にできていますが、決して『割れない』、『欠けない』ということではありません」としたうえで、「硬いものにぶつけたり落としたりすると割れることがあります」などと書かれていました。また、洗浄する場合に「研磨剤入りナイロンたわし、金属たわしや、粒子の粗いクレンザーなどを使用しますとガラスが傷つき、破損する原因となるので使用しないでください」など、強い衝撃を与えたり、傷をつけると破損の原因となることが書かれています。さらに、「ガラス製品は破損すると鋭利な破片となります。破片は十分注意してお取扱いください」として、破片の危険性についての一応の注意喚起がなされていました。

［表3－1］商品テストの詳細

落下高さ		高さ70センチ		高さ110センチ	
落下方法		底から落下	フチから落下	底から落下	フチから落下
積層強化ガラス製食器（事故同等品）	割れた枚数	10枚中０枚	10枚中３枚		
	割れた場合の破片の状況		針状の微細な破片や鋭利な薄片が無数		
	破片の高さ（最高飛散高）		200センチ以上		
	破片が飛散した範囲（落下地点からの半径距離、最大飛範囲）		300センチ		
積層強化ガラス製食器（新品の同等品）	割れた枚数（５枚中）	０枚	０枚	０枚	０枚
	割れた場合の破片の状況※３	※５	※５	※５	※５
	破片の高さ（最高飛散高）※３※４	120センチ	200センチ以上	165センチ	200センチ以上
	破片が飛散した範囲（落下地点からの半径距離、最大飛範囲）※3	250センチ	250センチ	280センチ	300センチ
風冷強化ガラス製食器	割れた枚数（５枚中）	０枚	０枚	０枚	０枚
	割れた場合の破片の状況　※３		積層強化ガラスよりも破片数少ない　※６		積層強化ガラスよりも破片数少ない　※６
	破片の高さ（最高飛散高）※３		110センチに達することもあった　※６		110センチに達することもあった　※６
	破片が飛散した範囲（落下地点からの半径距離、最大飛範囲）※3				
強化磁器製食器	割れた枚数（５枚中）	０枚	全部	０枚	全部
	割れた場合の破片の状況	強化ガラスのような細片は少なく、大きい　※７			
	破片の高さ（最高飛散高）	落下高が110センチの場合には、数個の破片が85センチメートルの高さまで飛散することもあったが、概ね30〜50センチメートル程度　※７			
	破片が飛散した範囲（落下地点からの半径距離、最大飛範囲）	半径100〜250センチメートルの範囲に少数の破片が飛散するにとどまった　※７			
一般的な磁器製食器	割れた枚数（５枚中）	あり	ほとんど破壊	すべて破壊	ほとんど破壊
	割れた場合の破片の状況	強化ガラスのような細片は少なく、大きい　※７			
	破片の高さ（最高飛散高）	落下高が110センチの場合には、数個の破片が85センチメートルの高さまで飛散することもあったが、概ね30〜50センチメートル程度　※７			
	破片が飛散した範囲（落下地点からの半径距離、最大飛範囲）	半径100〜250センチメートルの範囲に少数の破片が飛散するにとどまった　※７			

※１　破片の状況、高さ、飛散範囲については、各３枚ずつの落下。
※２　床はプラスチックタイル（学校の床を再現したもの）。
※３　同等品および風冷強化ガラスはプラスチックタイルで割れないため、表裏面に研磨紙で全面に細かな傷を付けてから実験したとのことである。
※４　いずれも落下高さよりも高く飛散している。
※５　事故同等品のそれと同様に、強化磁器および磁器に比べて破片が細かいだけでなく、細片以外に針状の微細な破片や鋭利な破片が無数に存在し、同等品を底から落下して破壊した場合は、フチの部分が大きな破片となって残ったが、フチから落下して破壊した場合は、フチの部分も細片になってしまう傾向があった。
※６　落下高さについては判決文からは判断できなかった。
※７　判決文では、とくに区別されていない。

【商品テストの詳細】（表3－1）

事故同等品（積層強化ガラス製）を、高さ70㎝からプラスチックタイルの床に食器の底から落下させた場合は、10枚すべてが割れませんでしたが、同じ高さで食器のフチから落下させた場合、10枚中3枚が割れました。破壊時には破片が無数に生じ、高さ２００㎝以上に勢いよく跳ね上がり、半径３００㎝の範囲内に飛散しました。

新品同等品（積層強化ガラス製）と比較品（風冷強化ガラス製、強化磁器製、磁器製）の落下強度を比較するために、それぞれをプラスチックタイルの床などに、１１０㎝（身長１７０㎝の大人の肘の高さ）、70㎝の2つの高さから、それぞれ落下点をフチ、底として各5枚ずつ落下させました。その結果、新品同等品は、いずれも割れませんでした。風冷強化ガラス製も破壊しませんでした。

これに対し、強化磁器製は、フチから落下させたものは、落下させた高さにかかわらずすべて割れました。また、磁器製は、フチから落下させたものは落下させた高さにかかわらずほとんどが割れ、底から落下させたものも、割れたものがありました。

次に、新品同等品と比較品の破片の飛散状況を比較します。１１０㎝および70㎝の2つの高さから、それぞれ落下点をフチ、底として各3枚ずつ落下させます。ただし、新品同等品と風冷強化ガラス製は割れないため、表裏面に研磨紙で細かな傷を付けてから実験しました。その結果、積層強化ガラス製食器（新品の同等品）の最高飛散高は、フチから落下させた場合、落下高さにかかわらず２００cm以上であり、底から落下させた場合でも、落下高さ70cmで１２０cm、落下高さ１１０cmで１６５cmであり、いずれも落下高さよりも高く飛散しました。

落下地点からの最大飛散範囲は、積層強化ガラス製食器（新品の同等品）をフチから落下させた場合、落下高70cmのときは２５０cm、落下高１１０cmのときは３００cm、底から落下させた場合、落下高70cmのときは２５０cm、落下高１１０cmのときは２８０cmにおよびました。

なお、割れた新品同等品の破片は、事故同等品のそれと同様に、強化磁器および磁器に比べて破片が細かいだけでなく、針状の微細な破片や鋭利な破片も無数に存在しました。底から落下して割れた場合は、フチの部分が大きな破片となって残りましたが、フチから落下して割れた場合は、フチの部分も細片になってしまう傾向がありました。

風冷強化ガラスも、フチから落下させると破片の飛散高は約１１０cmに達することがありました。ただ、積層強化ガラスよりも破片数が少なく、飛散高も低くなりました。

強化磁器と磁器の破片は、細片は少なく、大きなものでした。飛散高も１１０cmの高さから落下させた場合には、数個の破片が85cmの高さまで飛散することもありましたが、おおむね30～50cm程度でした。破片の飛散範囲は、半径１００～２５０cmの範囲に少数の破片が飛散するにとどまりました。

不十分な情報提供

事例3-4の考察

(1) 設計上の欠陥について

本件食器もしくは本件ガラス食器類に、設計上の欠陥があったといえるでしょうか。

塵芥焼却場事件などでもお話ししたとおり、危険な製造物であっても、ただちに設計上の欠陥があるというわけではありません。危険性があったとしても、有用性があるものは、使い方を誤らなければ問題がないからです。

判決では、本件ガラス食器類については、以下のように判示しています。

「給食用食器として、軽くて取り扱いやすい、有害物質の溶出がないといった有用性がある。①(糸底のない形状)は、一面ではかさばらないし、運搬や洗浄の際に便利であるとか、内容物の温度を実感しながら配膳できるという学校用給食の食器としての有用性を生じさせるものであり、②(割れたときの危険性)は、本件ガラス食器類が強化磁器製や一般的な磁器製等の食器に比べて、衝撃に強く割れにくいという学校用給食の食器としての大きな有用性がある反面、割れた場合には細かく鋭利な破片が広範囲に飛散するという危険性を有するものであるが、それは、衝撃を内部にとどめる構造ゆえのものであって、割れにくさという有用性と表裏一体をなす」

結論として、これらをもって、ただちにその設計上に欠陥があったと評価することはできないとしています。

（2）指示・警告上の欠陥について

指示・警告上の欠陥の有無については、製品の短所（危険性）が消費者に的確に示されており、危険を認識したうえで購入・使用されるような表示であったかが問題となります。

この点、裁判所は、以下のような判断を下しています。

「（本件ガラス食器類は）割れにくさの原因である3層からなるガラス層を圧縮形成する構造ゆえに、ひとたび破壊した場合には残留応力が解放されることにより、他の強化磁器製や一般的な磁器製等の食器に比べて、その破片がより高く、広範囲にまで飛散し、しかも、その破片は鋭利でかつ細かく、多数生じることが認められる。すなわち、本件ガラス食器類は、強化磁器製や一般的な磁器製等の食器に比べて、割れにくさという観点からはより安全性が高い食器であるという一面を有するが、破損した場合の破損状況という観点からは、極めて危険性の高い食器であるともいえる」

「しかし、被告B1は、本件ガラス食器類の取扱説明書、商品カタログ及び使用要項において、本件ガラス食器類がガラス食器でありながら、一見陶磁器のような外観を有し、しかも、陶磁器、強化磁器、耐熱強化磁器及び乳白強化ガラス等に比べて、落下や衝撃に強く、丈夫で割れにくいものであることを特長として強調しているものの、一旦割れた場合には、通常の陶磁器等に比べて危険性の高い割れ方をすることについては特段の記載がないことが認められる」

「本件ガラス食器類の取扱説明書及び使用要項には、取扱い上の注意として、本件ガラス食器類はガラス製品であり、衝撃により割れることがあるといった趣旨の記載があり、また、取扱説明書には、割れた場合に鋭利な破片となって割れることがあるという趣旨の記載もある」

「しかし、これらの記載は、割れる危険性のある食器についてのごく一般的な注意事項というべきものであり、被告B1らが、陶磁器等と比較した場合の割れにくさが、強調して記載していることや、本件ガラス食器類が割れた場合の破片の形状や飛散状況から生じる危険性が他の食器に比して大きいことからすると、そのような記載がなされた程度では、消費者に対し、本件ガラス食器類が割れた場合の危険性について、十分な情報を提供するに足りる程度の記載がなされたとはいえない。また、商品カタログ及び使用要項には、本件ガラス食器類が割れた場合にそのような態様で割れるかについての記載は一切ない」

「そうすると、上記説明に接した消費者は、本件ガラス食器類について、陶磁器のような外観を有しながら、より割れにくい安全な食器であると認識し、仮に割れた場合にも、その危険性が一般の陶磁器のそれとさほど変わらないものにすぎないと認識するのが自然であると考えられる」

「したがって、上記各表示は、本件ガラス食器類が割れた場合の危険性について、消費者が正確に認識し、その購入の是非を検討するに当たって必要な情報を提供していないのみならず、それを使用する消費者に対し、十分な注意喚起を行っているものとはいえない」

「以上より、本件ガラス食器類には、破壊した場合の態様等について、取扱説明書等に十分な表示をしなかったことにより、その表示において通常有すべき安全性を欠き、製造物責任法3条にいう欠陥があるというべきである」

（3）まとめ

判決では、本件ガラス食器類そのものについては、設計上の欠陥は認めませんでした。一方で、指示・警告上の欠陥は認め、被告会社B1らに対し、治療費、慰謝料など約1000万円の損害賠償を命じました。

本件判決が示すように、本件ガラス食器類の欠点の情報提供は不十分であったといわざるを得ないでしょう。

また、B2らがどの程度商品テストを実施していたかは不明ですが、塵芥焼却場事件でもお話ししたとおり、販売前（販売後もそうですが）の商品テストが重要であることはいうまでもありません。

3−8 どういう設計の視点を持つべきか

気をつけるべき3つの原則

日本のメーカーの技術力や品質管理能力は世界一であるといえるでしょう。しかし過去には、エレベーターやハロゲンヒーターといった製品に不具合が生じたり、悲劇的な事故が発生していることもまた事実です。

学問に王道無し、といわれますが、技術に100%の安全なし、ということも、技術者でなくても理解できるところでしょう。

そうすると、100%の安全性を製品に求めなければならないのでしょうか。必ずしもそうとはいえません。それは、常にコストの問題があるからです。先にも述べましたが、98%の安全な製品を99%安全な製品にするためにコストが倍かかれば、そのコストは製品の値段に反映され、誰もそのような製品を買わなくなってしまうからです。そのような場合は、1%の危険を消費者に告知して、その危険性を理解したうえで製品を使用すれば、ほとんど問題がなくなるはずです。

ところで、製品に安全性の問題が生じると、メーカーは早急に対策をたて、たとえばリコールなどをして最善の策を講じるのが一般的です。ですから、製品の欠陥に関する裁判例はそれほど多くはありません。また、製造物責任法は比較的新しく施行された法律で、判例が積み重ねられている段階です。ここでは、製造物責任法においてどのようなことに気をつけたらよいのかを、技術者、主として設計者の立場から、まとめてみましょう。

まず、製造物責任法上の「欠陥」（法2条2項）とは「通常有すべき安全性を欠いていること」をいいますが、「通常有すべき安全性」は可能な限り広く捉え、設計者としては、何が安全かというのは「製品を使う人から見て安全でなければならない」ということを常に念頭においておく必要があるでしょう。

そして「欠陥」の有無は、製造物自体の安全性から客観的に判断されるのが原則です。その原則をもう少し具体化すると、以下のようになるでしょう。

①ユーザーが異常な行動を取った結果、被害が発生した場合は、過失相殺で考慮されます。しかし、ガス中毒のような緊急性のある事件が起きた場合など、ユーザーが異常な行動をとることが想定可能な製品には、「欠陥」が幅広く解釈される場合があります（塵芥焼却場の事案）。したがって、緊急性など具体的事情において異常な行動をとる可能性がある場合も考慮して設計しなければなりません。

②製造物を取り扱うことを予定しない者の行動は、考慮に入れなくてもよいのですが、取扱い

が予想される者の取扱いに付随する行動については、すべて想定して設計しなければなりません。

③危険は馴れてくるものです。客観的には危険な行為でも、熟練者は危険と思わないで危険行為を行う可能性があります。そのような行為も予測して設計する必要があります。

被害者が多数におよぶ欠陥を避けるには

前に説明しましたとおり、「欠陥」の種類には「設計上の欠陥」「製造上の欠陥」「指示・警告上の欠陥」があります。このうち「設計上の欠陥」および「指示・警告上の欠陥」は、その欠陥の性質上、被害者が多数におよぶ可能性があります。

設計上の欠陥を避けるには、設計仕様は慎重の上にも慎重を重ねたうえで決めることが必要です（空気残量計の事案）。そのため、多くの実験・分析が必要であり、また、営業面から許容範囲を広くとることの誘惑に克たなければなりません。また、製造工程上、欠陥品がでる場合もあります（オレンジジュースの事案）。安全性とコストのバランスを考える必要があります。

指示・警告上の欠陥を避けるには、少なくとも以下の2点に注意して下さい。

①化粧品の表記について、「敏感肌」が何を指すのかが問題になった裁判例がありました（化粧品顔面皮膚障害事件／東京地裁　平成12年5月22日判決、判例時報1718号3頁）。あ

いまいな表現は避けるようにしましょう。また、概括的な表現も禁物です。病院での呼吸器回路機器の換気不全事件（東京地裁　平成15年3月20日判決、判例時報1864号62頁）では、「他社製人工鼻」との接続を警告する表記がありましたが、この表記が問題となりました。こうした概括的な表記はできるだけ使わないようにします。

②製造者は消費者に情報を提供する義務があります。製造物の長所と短所とを併記して、消費者に購入の選択の機会を与えなければ「指示・警告上の欠陥」とされる場合があります（強化耐熱ガラス製食器の事案）。

また、官庁が示す指針（ガイドライン）や公法（建築基準法、医薬品医療機器等法〈旧薬事法〉等）は、政府とメーカーとの間の約束事にすぎないので、製造物責任が問題となる場合には、これらの規制を守っていたからといってただちに製造物責任を免れるわけではありません。

第4章

知的財産法とは何か

技術を守るために

　技術系の読者のみなさん、たとえば研究者であったり、開発者であったり、工場にお勤めであったり、メーカーの経営者であったり、あるいは、理系の学部・大学院の学生さんであったり、さまざまな立場におられるものと思います。

　そのさまざまな立場にあるみなさんに共通しているのが、自ら技術を学び、理解し、その応用として、どのような点が改良されたら人々の役に立ち、さらなる技術革新（イノベーション）が期待できるかを考え、アイデアをもたれた経験があるということでしょう。アイデアを発展させて、本格的な研究課題とし、研究開発をすすめ、試作品を作り、製品化させ、商業化させていくわけです。

しかし、これらの過程で、自分のアイデアや具体的な技術を盗まれないように注意をしなければ、せっかくの努力が水の泡になりかねません。このような、技術などを守るのが知的財産権です。知的財産権には独占力があり、それにより、他者の侵害から守られるのです。

会社の経営上、重要な発明を利用して事業の展開を図ろうとする場合はとくに注意が必要です。なぜなら知的財産権は、自己が有するときはその独占性から強力な武器となりますが、他者が有するときは、自己の事業をやめさせることのできる力を持つからです。

この章では、知的財産権の基本について概観してみます。

4-1 知的財産の基礎知識

ルーツは明治時代

「知的財産権」という言葉は、みなさん聞いたことがあると思います。ですが、それが何を指すのかを正確に説明できる人は、それほど多くないでしょう。

平成14年に「知的財産基本法」という法律が制定されましたが、同2条によれば「知的財産権」とは、「特許権、実用新案権、育成者権、意匠権、著作権、商標権その他の知的財産に関して法令により定められた権利又は法律上保護される利益に係る権利をいう」とされています。発明やデザインといった知的生産物に関わる権利が、ひととおり含まれている、といっていいでしょう。

これら知的財産権のルーツは、明治時代にさかのぼります。

幕末、わが国は、列強諸国と不平等条約を締結しましたが、海外から輸入品が入るようになると、外国製品のラベルを模倣するという事件などにより、諸外国からの抗議が相次ぎました。また、明治10年の第1回内国勧業博覧会で受賞した綿糸紡績機に、模倣が相次ぐという事件も発生しました。発明の保護法制がなかったため、こうした模倣を取り締まれなかったのです。

そのような背景のもと、明治16年にいわゆる「パリ条約」が成立すると、わが国は、日本の工業力向上とその信用力確保のため、内国法のさらなる法整備を急ぎました。明治18年には、商標条例、専売特許条例が制定されました。また、明治21年にわが国初の意匠条例も制定されています。明治32年には、これら3条例の改正により、特許法、意匠法、商標法が成立しました。これにより、わが国もパリ条約に加盟することができました。現在の中国の知的財産権保護強化の政策と共通するところが少なくないといえるでしょう（『中山』43～45頁）。

このように、特許法をはじめとした知的財産権を保護するための法律は、ずっと昔に制定されましたが、知的財産の創造、保護および活用に関する施策を推進するため制定されたのが、前述の知的財産基本法です。同法ができても、特許権の内容などに影響するわけではありませんが、知的財産の保護を国家として後押しする姿勢を示すための法律として制定されたといってよいでしょう。

知的財産基本法が制定されるまでは、こうした権利には「知的財産権」「知的所有権」「工業所有権」など、さまざまな呼称が付されてきました。ですが最近は、「知的財産権」という用語に一本化されて呼ばれている感があります。なお、章題の「知的財産法」とは、ここで述べられている法律を総称して呼ぶ場合に用いる呼称です。「知的財産法」という名称の法律はありません。

次に、知的財産基本法上の「知的財産」を分類してみましょう（図4－1）。

①発明などの人の創造的活動により生み出される知的創造物に属する権利

特許権、実用新案権、育成者権、意匠権および著作権等が該当し、それぞれ、特許法、実用新案法、種苗法、意匠法、著作権法等の法令で定められています。また、営業秘密などの情報財産も知的創造物に分類されます。「○○権」という名前はありませんが、不正競争防止法などで個別に規定されています。

②商標、商号などの事業活動などに用いられる商品・役務を表示する営業上の標識に関する財産

商標権、商号権が挙げられ、商標法等により定められています。

[図4-1]知的財産権の分類

「知的創造物」と「営業上の標識」に大別される(『研修館特許法概論』8頁を参照)

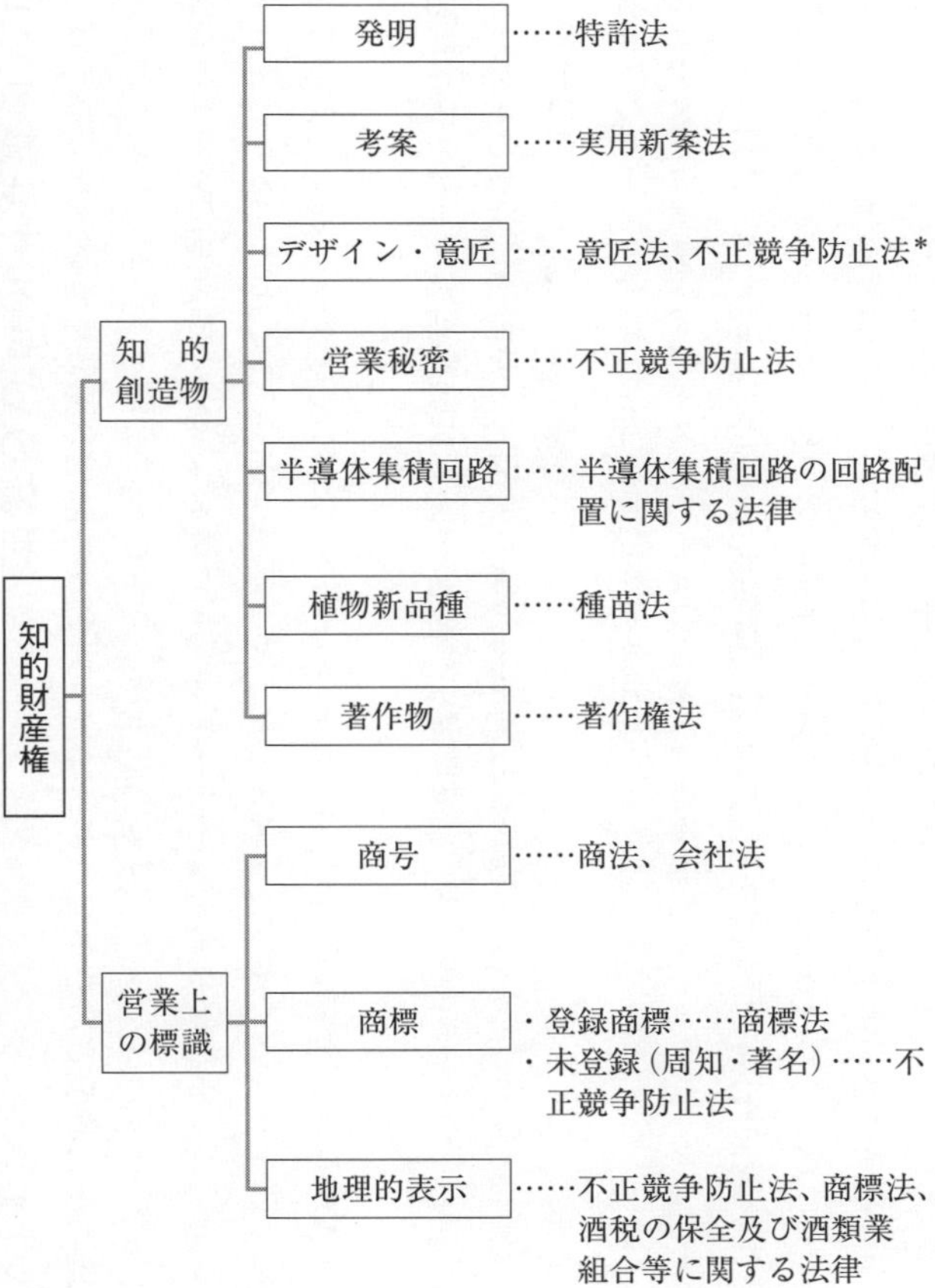

*商標法も意匠法と同様に立体的形状を保護対象としているため、商標法による保護も十分検討に値する

パソコンを構成する6つの権利

では、特許権などの権利が実際の製品にどのように分布しているかについて、よく例として挙げられているパソコンについて説明しましょう。まず、パソコンをパーツに分けてみると、①画像処理装置やデータ処理装置、②ディスプレイ、③キーボード、④半導体チップ、⑤コンピュータプログラムおよびディスプレイ上の画像、⑥「SONY」「NEC」といったパソコン機器メーカーの表示、ブランド名などに分けることができます。これを権利と対応させてみましょう。

①画像処理装置やデータ処理装置に関する発明……特許権
②ディスプレイの形状、構造などに関する考案……実用新案権
③キーボードのデザイン……意匠権
④半導体チップのレイアウト……集積回路配置利用権
⑤コンピュータプログラム、ディスプレイ上の画像……著作権
⑥「SONY」「NEC」などの表示……商標権、商号権、不正競争防止法上保護される利益

このように、パソコンがありとあらゆる権利で構成されていることがわかるでしょう。

なお①～⑥は、それぞれ特許権、実用新案権、意匠権などに対応させていますが、その対応させている権利以外の知的財産権による保護も十分考えられます。

6つの知的財産権の概観

では、特許権等の権利の内容について概観してみましょう。これらの権利は、その権利を有する者が独占的にその権利を使用・利用することができるというものです。なお、特許権、著作権など技術者と関係が深い権利については、第5章以降に、詳述します。

①特許権

特許権は、いわば、技術に関して今までにないものを創作し、そのうち、高度な創作について認められる権利です。特許権は、特許出願、審査請求、審査、登録を経て権利化されます。権利の存続期間は、原則として出願の日から20年です（特許法67条1項）。例外的に、5年を限度として、延長登録の出願により延長できる場合（医薬品の発明等）があります（特許法67条2項）。

②実用新案権

実用新案権は、特許権とは異なり、審査がなく、出願すれば原則（重複するものがあっても）登録されますが、「権利を侵害された」と主張するためには、事前に特許庁の審査を受けておく必要があります。実用新案権の存続期間は、出願の日から10年です（実用新案法15条）。実用新案権のメリットは、出願後すぐに登録されること、費用が特許に比べやや低いことなどが挙げられるでしょう。ただ、存続期間が短いこと、特許庁による審査が事後審査であることから、特許に比べるとあまり活用されていませんので、本書では詳しい説明は省きます。

③育成者権（種苗法）

種苗法とは、植物の新品種の創作に対する保護を定めた法律です。新品種の創作をした者は、それを登録することで、植物の新品種を育成する権利を得られます。この権利が育成者権で、その存続期間は、原則として品種登録の日から25年です（種苗法19条）。

この権利は、特許権との関係で理解しておけばわかりやすいでしょう。特許は品種より上（イネの科、属、種）または下（有用遺伝子）のレベルを保護し、種苗法による品種登録制度は品種（コシヒカリ、ひとめぼれなど）を保護することとして運用されています（農林水産省生産局種苗課編著『逐条解説種苗法』２００３年、16頁）。

④意匠権

意匠権は、同業者が容易に思いつかない「意匠」（デザインなど）について認められます。意匠権の存続期間は、原則として登録の日から20年です（意匠法21条）。

⑤商標権

商標法上の商標とは、簡単にいえば、自己の商品を生産もしくは販売するにあたり、または自己のサービス（役務）を提供するにあたり、他人の商品やサービスと区別するために用いる文字、図形、立体的形状などをいいます（正確な定義は商標法２条１項に規定されています）。

商標には、出所識別機能（誰の製造・販売によるものかを示す機能）、品質保証機能（一定の品質であると購入者に保証する機能）、宣伝広告機能があると説かれています（『豊崎』12～14頁等）。商標権の存続期間は、登録の日から10年ですが、いつまでも更新することができます（商標法19条）。商品のネーミングは、販売成績を左右する重要なファクターですから、商標権侵害に関する諸問題などを後で概観します。

デザインについても、商標法による保護が可能な場合もあります。その点については、後で簡単に紹介します。

⑥著作権

著作権については、①～⑤の権利と異なり、官庁への出願を要さず、また、登録することなく認められる権利です。技術者と関連性が強い問題点について後述します。

第5章

特許権

5-1 特許権が成立するには

学会発表後に特許は取れる?

研究者や技術者が日々携わっている開発・研究で、今まで誰も製造したことのない機械を製作したり、化学物質を製造することに成功すれば、「特許がとれそうだ!」と思われるでしょう。

しかし、創薬を例にとってみますと、どの製薬会社もしのぎを削って新薬の研究・開発競争を繰り広げています。ライバル会社が1日先に全く同じ化学式をもつ薬の主成分となる物質の開発に成功しているかもしれません。そもそも特許権は、その名のとおり、いわば国から付与される

［図5-1］先に出願された特許と後で出願された特許

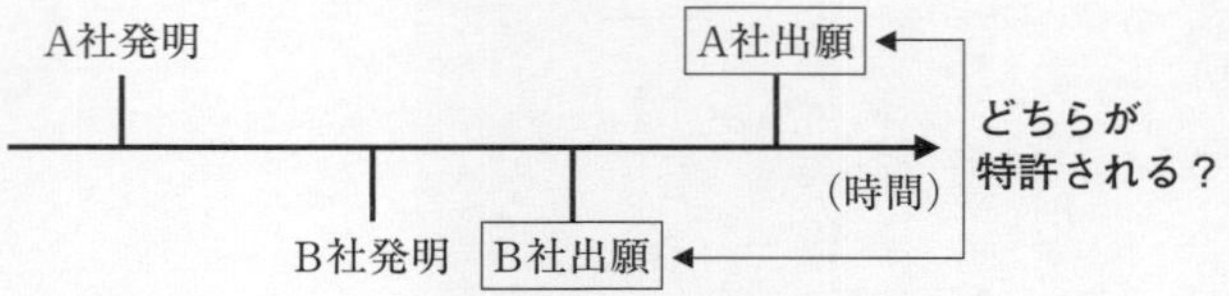

［図5-2］出願前に学会に発表された場合

「特に許された」権利ですから、国に特許を認めてもらうためには、出願をしなければなりません。もし、1日遅く開発に成功した製薬会社Bが、先に開発に成功した製薬会社Aよりも先に出願したら、果たして特許されるでしょうか（図5-1）。

あるいは、大学の研究者である甲さんが、バイオマスに関して、画期的なアルコール化装置を開発しましたが、特許を出願する前に学会で発表してしまった場合、果たして特許をとることができるのでしょうか（図5-2）。

また、脳の機能は解明されていないことが多いですが、その解明に成功したら特許がとれるのでしょうか？　例をかえて、最近はインターネットでの株取引が著しい伸びを見せていますが、個人投資家が、ある株の売買条件について、相場価額がその条件をみたせば自動的に売買の指令を出せるようなシステムを開発したとして、その開発者は、特許を取得することができるのでしょうか？

これらは、すべて「特許がとれるか」という問題に帰着しますが、法律的にいえば、特許がとれる（登録される）ためには以下の要件が必要です。

①「発明」であること
②未完成発明でないこと
③産業上の利用可能性があること
④新規性があること
⑤進歩性があること
⑥公序良俗・公衆衛生を害しないこと

本章では、これら①から⑥の項目に分けて説明します。

このほかに、特許を取得するためには、特許庁に対して出願書類を提出するなどの一定の手続を経ることが必要になります。「特許が認められます」という趣旨の連絡を特許庁から受け、特許庁に対して一定の金員（印紙代）を支払って初めて特許権が成立します。特許権が成立すると登録原簿に登録され、特許庁は、特許公報をインターネット上などに公開することになります。

以下では、これらを順に見ていきましょう。

①「発明」であること

発明の定義は、特許法2条1項で「『発明』とは、自然法則を利用した技術的思想の創作のうち高度のものをいう」と定められています。

この定めに従うと、発明といえるためには、(1) 自然法則の利用であること、(2) 技術的思想であること、(3) 創作であること、(4) 高度であること、が必要となります。以下、順に見ていきましょう。

(1) 自然法則の利用

「発明」といえるためには、まず「自然法則を利用」したものでなければなりません。したがって、「自然法則」そのものは自然法則の利用ではないので、発明とはいえません。

ここでいう自然法則とは、「自然界において経験的に見出される物理学的、化学的、生物学的な法則性をもつ原理のこと」(『研修館特許法概論』10頁) をいいます。それを利用していないものは発明には該当しません。具体的には、単なる精神活動(たとえば、記憶術、陳列方法、メロディーやリズムなど)、純然たる学問上の法則、人為的な取り決めなどは除外されるということを意味しています (『中山』96頁)。

先の「脳の機能は解明されていないことが多いですが、その解明に成功したら特許がとれるのでしょうか?」という例題の回答は、「自然法則の利用」ということができないので、特許はとれないということになります。

次に、「最近はインターネットでの株取引が著しい伸びを見せていますが、個人投資家が、ある株の売買条件について、相場価額がその条件をみたせば自動的に売買の指令を出せるようなシステムを開発したとして、その開発者は、特許を取得することができるのでしょうか?」という例題については、どうでしょうか?

そのようなシステムは、コンピュータプログラムと結合しなければ単なるアイデアにすぎず、「自然法則の利用」にあたりません。しかし、コンピュータプログラムと結合することができれば、「コンピュータ・ソフトウェア関連発明」として特許権を取得できる場合があります。

さらに、「発明」が自然法則の利用であることから、「反復可能性」が必要であるとされています。これは、たとえわずかな確率であっても効果の得られることが確実であれば反復可能性はあると解されています(『中山』98頁)。

この反復可能性という要件を軽視してはいけません。極端な例ですが、この要件を無視してよいとするならば、実験などのデータに信憑性がなくとも、すなわち、実験データに改ざん・偽造があっても、形式さえ整っていれば特許権が取得できるということになってしまうからです。

(2) 技術的思想

「発明」に該当するには、「技術的思想」であることが必要です。技術というからには、実施可能性などが必要であり、当該技術分野で平均的水準にある第三者が行っても同じ結果に到達しうることが必要である（『中山』106頁）とされています。したがって、単なる技量（コツ）、演奏技術、スポーツの技、情報の単なる提示（ただし、平成9年から適用の運用指針で認められた「媒体特許」は例外）などは技術ではない（『中山』106頁）、とされています。

（3）創作

「発明」は、「創作」であることが必要です。もっとも、この要件は、単に既存のものを見つけだしたにすぎない「発見」と区別する程度のものと考えておけばよいでしょう。

先の「脳の機能は解明されていないことが多いということですが、その解明に成功したら特許がとれるのでしょうか？」という例題については、「自然法則の利用」ということができないという理由のほかに、その解明は「発見」にすぎないという理由から、特許はとれないということになります。

しかし、たとえば脳の機能の状態を示す装置を開発したら、これは「自然法則の利用」に該当します。

（4）高度性

法律的には、「発明」は「高度」の創作であることが必要です。「考案」（実用新案法2条1

項）と区別する程度の要件ということになります。

②未完成発明でないこと

発明といえるための要件の２つめが、未完成発明でないことです（特許法29条柱書）。未完成発明とは、一応発明らしい外観を呈しているものの、その発明の課題解決の具体的方法に欠けているものをいいます（『中山』１０８頁）。

「未完成発明」とされるのは、化学の分野で多いといえます。化学の分野では、たとえばアルキル基は、メタン基、エタン基などの総称ですが、すべてのアルキル基について実験による裏づけを得ることが困難であるため、ある程度概括的な記載をすることが通常です。そのとき、当業者が容易に実施できる範囲を超えるような概括的な記載で説明されている特許請求は、「発明未完成」と判断されることになります。ここで「当業者」とは、「その発明の属する技術の分野における通常の知識を有する者」のことを指します。

③産業上の利用可能性があること

３つめの成立要件です（特許法29条1項柱書）。たとえば、医療業は産業ではなく、手術方法、治療方法、予防方法などに特許は付与されません。ただし、その方法を医療器具や医薬品として具体化した場合には、特許されることが可能です。

④新規性があること

ここまでの特許権の成立要件は比較的平易に理解できるかと思いますが、「新規性」という用語の意義は、やや理解しにくいかもしれません（特許法29条1項各号）。

どのような場合に「新規性がある」かというと、

（1）特許出願前に日本国内または外国において、公然知られた発明でないこと

（2）特許出願前に日本国内または外国において、公然実施された発明でないこと

（3）特許出願前に日本国内または外国において、頒布された刊行物に記載された発明またはインターネットを通じて公衆に利用可能となった発明でないこと

これら（1）から（3）の要件をすべてみたした場合に、「新規性がある」ということになります。簡単にいいますと、特許出願された発明とほぼ同一の内容の発明について、公表されると特許を取得できないということです。（3）の刊行物の例として、特許公報や専門雑誌が挙げられます。

したがって、先の例題の「大学の研究者である甲さんが、バイオマスに関して、画期的なアルコール化装置を開発しましたが、特許を出願する前に学会で発表してしまった場合、果たして特

許をとることができるのでしょうか?」の解答は、「原則として特許をとれない」ということになります。

なお、少し専門的な話になりますが、「新規性」が喪失されているというためには、当該請求項の全部が公知技術であることを要します。具体的には、特許法29条1項各号に掲げる発明として引用する発明(引用発明)と請求項に係る発明とに相違点がない場合は、請求項に係る発明は新規性を有さず、相違点がある場合には、新規性を有するということになります(『特許庁特許・実用新案審査基準』第Ⅲ部第2章第1節1頁以下)。請求項の一部分が公知技術であるにすぎない場合は、「進歩性」(特許法29条2項)の問題となります(図5-3)。

新規性判断の時間的基準は、出願の「日付」ではなく、出願の「時間」によります。したがって、学会発表1時間後に出願しても、新規性が喪失されます。

もっとも、例外的に新規性を喪失しない場合(特許法30条)があります。試験の実施、刊行物への発表、インターネットを通じての発表、特許庁長官が指定する学会での文書発表、特定の博覧会への出品、集会・セミナー(特許庁長官の指定のない学会など)、テレビ・ラジオ、販売によって公開された発明などについて、一定の条件を満たした場合です。

なお、国際特許については、新規性喪失の例外事由が異なるので注意を要します。

[図 5－3] 進歩性の判断手順例

(『特許庁特許・実用新案審査基準』第III部第２章第２節３頁より)

(1) 審査官は、請求項に係る発明と主引用発明との間の相違点に関し、進歩性が否定される方向に働く要素に係る諸事情に基づき、他の引用発明（副引用発明）を適用したり、技術常識を考慮したりして、論理付けができるか否かを判断する。

(2) 上記 (1) に基づき、論理付けができないと判断した場合は、審査官は、請求項に係る発明が進歩性を有していると判断する。

(3) 上記 (1) に基づき、論理付けができると判断した場合は、審査官は、進歩性が肯定される方向に働く要素に係る諸事情も含めて総合的に評価した上で論理付けができるか否かを判断する。

(4) 上記 (3) に基づき、論理付けができないと判断した場合は、審査官は、請求項に係る発明が進歩性を有していると判断する。

上記 (3) に基づき、論理付けができたと判断した場合は、審査官は、請求項に係る発明が進歩性を有していないと判断する。

進歩性が否定される方向に働く要素		進歩性が肯定される方向に働く要素
・主引用発明に副引用発明を適用する動機付け (1) 技術分野の関連性 (2) 課題の共通性 (3) 作用、機能の共通性 (4) 引用発明の内容中の示唆 ・主引用発明からの設計変更等 ・先行技術の単なる寄せ集め	⇔	・有利な効果 ・阻害要因 例：副引用発明が主引用発明に適用されると、主引用発明がその目的に反するものとなるような場合等

論理付けのための主な要素

⑤進歩性があること

「進歩性」という用語の意義は、「新規性」以上に理解するのが難しく、また実務的にも、特許が拒絶される理由として、進歩性がないという理由が断トツで多いといえます。

「進歩性」という用語は、特許法上で用いられている用語ではありませんが、特許法29条2項所定の要件をみたさない発明のことを「進歩性のない発明」と呼んでいます。

法律上は、特許法29条2項において、「特許出願前にその発明の属する技術の分野における通常の知識を有する者が前項各号に掲げる発明（公知発明など）に基いて容易に発明をすることができたときは、その発明については、同項（新規性）の規定にかかわらず、特許を受けることができない」と規定されています（カッコ内は筆者が加筆）。

前述しましたが、「その発明の属する技術の分野における通常の知識を有する者」のことを実務上「当業者」と呼んでいます。

「進歩性の有無」の意味は、イメージでいえば「同じ分野の技術者であれば、既存の技術の組み合わせにより容易に思いつくか否か」ということになるでしょう。

進歩性の有無を判断するにあたって、既知のことを「公知」という言葉で代用することがあります。ここでいう「公知」は、新規性喪失における「公知」（特許法29条1項）と異なります。「新規性がない」とは、当該請求項の全部が公知であることを指しますが、請求項の一部分につき公知性が認められないにすぎない場合は、進歩性の問題となります。すなわち、請求項を分解して、一部分は公知であるが、一部分は公知でない場合に、当業者が公知部分に基づいて容易に発明することができたか否かを検討することになります。

この容易に発明することができるか否かの判断は、技術的な判断ですから、技術分野によってさまざまであり、困難な問題です。

新規性と進歩性の関係についてまとめますと、出願の発明とそれにもっとも近似の出願時における公知発明（技術）とを比較して、相違点があれば新規性があるとされ、進歩性の判断に進む、という関係にあります（図5－3）。そこで、同じ分野の技術者が先行技術に基づいて容易に開発できないのであれば、進歩性があると判断されて、特許が成立します（『特許庁特許・実用新案審査基準』第Ⅲ部第2章第2節1頁以下）。

組み合わせる技術（引用発明）の数が3つあれば、進歩性が肯定される可能性はかなり高くなるといえるでしょう。

なお、特許の成立要件の⑥として、公序良俗・公衆衛生を害しないこと（特許法32条）がありますが、この要件は、技術とはあまり関係のない要件なので本書では紹介だけにとどめておきます。

特許の例

既に登録されている特許から、興味深い特許技術を紹介しましょう。

①居眠り運転防止枕〔特許番号第2646200号〕

「就寝中に呼吸が周期的に止まる睡眠時無呼吸症候群を治療し、それによるイビキや居眠り運転を防止する装置」ということです。コンプレッサを枕に装置し、このコンプレッサとつないだパイプを鼻孔に挿入して空気を送り込んで血中の酸素濃度を高めて治療する、といったことなどを特徴としています。

②虫類忌避用の音波発生機能を有したファクシミリ〔特許番号第2811967号〕

「電子ブザーを備えた既設のファクシミリに電子ブザー駆動回路を組み込むことによって、電子ブザーが使用されていない時にはゴキブリの嫌う音波を発生して、ゴキブリなどの虫の接近を防止させるようにした新規な構成のファクシミリ」ということです。

③赤ちゃん遊戯具〔特許番号第2955144号〕

「赤ちゃんの相手をしてもらい、手のチョキ動作を早く確実にできるようにする赤ちゃん遊戯具」で、赤ちゃんの手の動作の入力情報を受け、チョキの動作の有無を判定し、チョキを出したときにミルク臭、マンマの音、オッパイの映像のいずれかを出力する装置ということです。

5-2 特許出願から取得までの手続き

特許出願から特許権取得までの手続きを概観しましょう（図5-4）。

特許出願の手続き

特許権や実用新案権を取得するためには、まず、出願書類（願書）を特許庁長官に提出しなければなりません（特許法36条1項）。

願書には、明細書、特許請求の範囲、必要な図面および要約書を添付します（特許法36条2項）。どこまで具体的な記載を要するかについては、当業者がその発明を実施できる程度に具体的に記載される必要があります。

前述の「ある株の売買条件について、相場価額がその条件をみたせば自動的に売買の指令を出せるようなシステム」を例に取ると、そのようなシステムをどんなSEでも作ることができる程度に具体的に記載される必要があります。

たとえば、かかるシステムを構築するうえで、まずネットワークを示すビジネスチャートを描きます。そして、各コンピュータ等をネットワーク上のどこに配置するか、各コンピュータにど

［図 5 - 4］特許の出願から公開まで
（特許庁編『特許出願のてびき』第 35 版、発明協会、2007 年、12 ～ 13 頁を参考に作成）

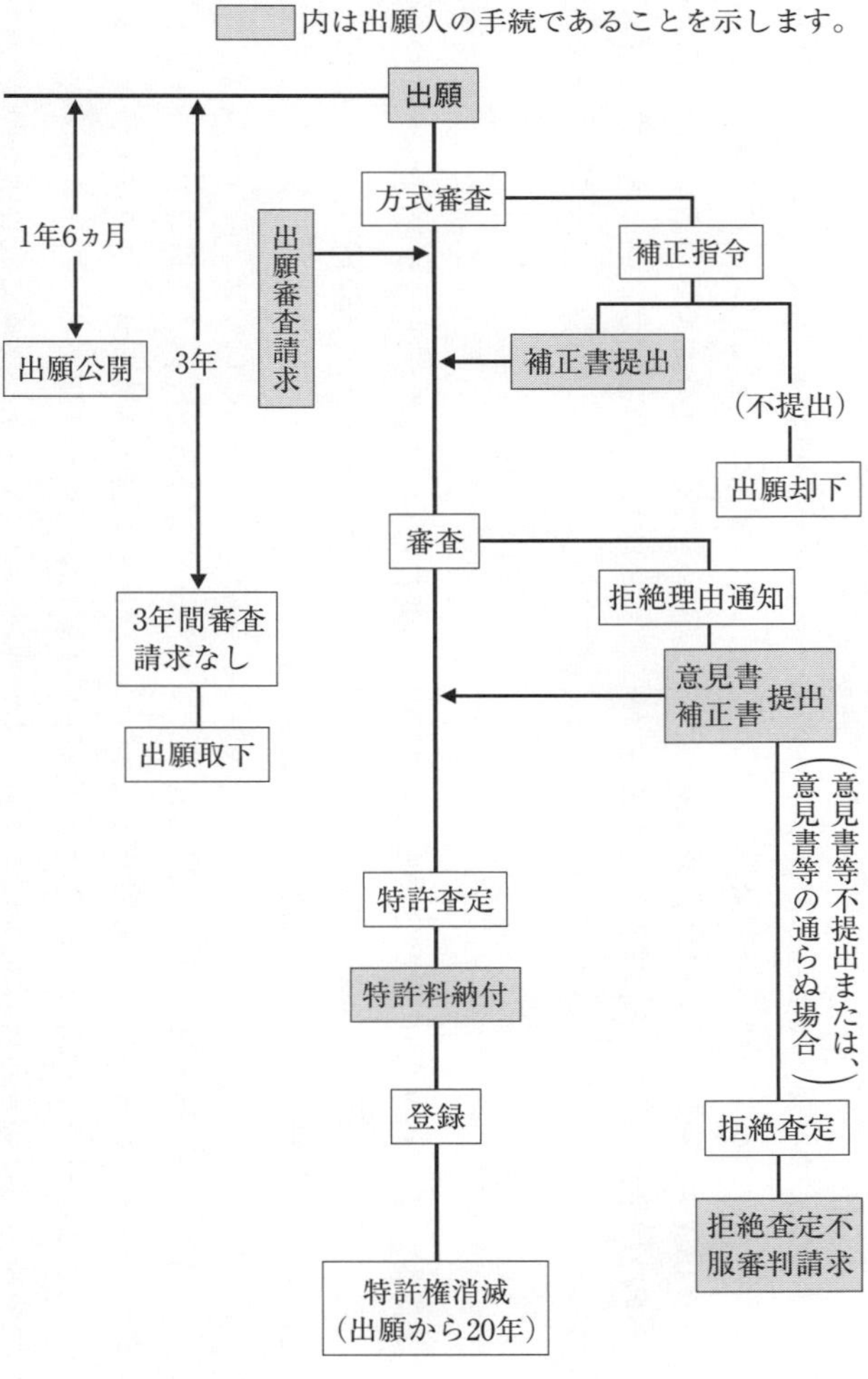

のような機能を有するプログラムをインストールするか、各プログラムはどのようなデータを記憶し、それをどのようにして更新するか、各コンピュータ間でどのような送受信をするのか、プログラムがどのようなハードウェアを制御するか、などの事項を明記したシステム図を作成する必要があります。さらに、システムの全体を示すブロック図、表示画面、データファイルやデータベース、フローチャートなども必要です。

特許権のおよぶ範囲は、原則として、提出する「特許請求の範囲」によって決まる（特許法70条）ので、その記載は慎重を要します。そして、出願後に出願内容を修正する場合（補正）は、出願当初の明細書、特許請求の範囲、または図面に記載した事項の範囲を超える内容（新規事項）のものは許されません。

重要な発明については、次の理由により、専門家である弁理士に依頼されることをおすすめします。弁理士に依頼せずに特許出願されるケースもありますが、その場合、実際に発明したものそのものにしか特許権が成立しておらず、特許権が極めて狭いものとなってしまうことが少なくありません。特許権侵害は、原則として請求項記載の各要素（構成要件）をすべてみたしていなければ少なくとも侵害とはいえません（なお、この構成要件該当性の問題を「特許発明の技術的範囲」の属否の問題ともいいます）。狭い特許権では請求項の記載が具体的であるため、容易にその記載外のものを用いて、発明者の発明品と同等のものを作出することが可能となります。
たとえば、請求項が「a＋B＋C」という構成要件からなっている場合、特許侵害品は、「a＋B＋C」という構成要件からなっている必要があります。しかし、「a」の代わりに「a'」という「a」に含まれない「a」と同じ効果を有するものを使って、「a'＋B＋C」という構成要件からなる製品は、特許侵害品とならない可能性が高まります。「a」と「a'」を含む「A」というものを構成要件として記載すれば、特許権は「A＋B＋C」の範囲で成立するので、「a'＋B＋C」という構成要件からなる製品も特許侵害品となります。aもしくはa'に対し、Aは上位概念にあたります（図5－5）。

［図5－5］上位概念

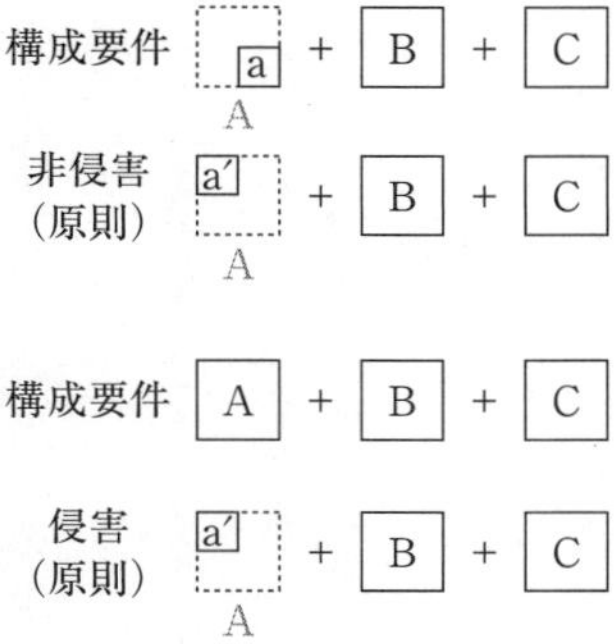

ここで、「A＋B＋C」という構成要件の特許と「A＋B」という構成要件の特許とでは、後者の構成要件の特許権のほうが広くなります。したがって、この点でも請求項の記載が重要になるわけです（図5－6）。

［図5－6］構成要件

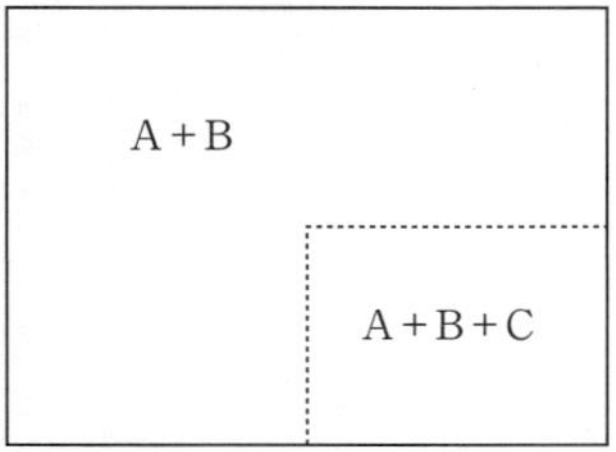

「上位概念」について、もう少し説明しましょう。上位概念とは、同族的もしくは同類的事項を集めて総括した概念、または、ある共通する性質に基づいて複数の事項を総括した概念をいいます（『研修館特許法概論』40頁脚注33）。

たとえば「熱可塑性樹脂」という概念には、不特定多数の具体的事項が含まれ（たとえばポリエチレン、ポリプロピレン等）、それらの具体的事項の共通する性質（この場合は熱可塑性）により特定した上位概念と解することになります。

そうすると、請求項は上位概念の請求項だけでよいのではないか、という疑問が生じます。これについては、請求項は上位、中位、下位概念で発明を階層的に展開することが望ましいといえます（この点については、伊藤忠彦『改訂四版　より強い特許権の取得と活用のために　特許明細書の書き方』経済産業調査会、２００４年、１１２頁以下で詳しく説明されています）。

なぜなら、請求項ごとに新規性および進歩性が判断されるので、上位概念の請求項では解消できない拒絶理由が存在したとしても、拒絶理由のない中位概念での権利化が認められることもあるからです。これに対し、上位概念のみの請求項で拒絶理由通知がなされた場合、補正によって概念をどの程度具体化すればよいかの判断が難しく、権利化に失敗する可能性が高くなるのです。

公開は1年半後

特許を出願すると1年半後に出願内容が公開されます。また、特許出願から3年以内に、出願特許の審査を書面にて請求しなければなりません。この審査は、発明が特許権成立の要件を充足するか否かを、特許庁に判断してもらうものです。

特許出願とは別に審査請求が必要なのは、出願しても必ず発明技術が使用されるわけではないからです。後述しますが、日本は、特許は先に出願したほうが勝ち、という「先願主義」をとっていますから、発明者は「とりあえず出願しておこう」と考えて出願することも少なくありません。そうした出願を特許庁がすべて審査していたら大変です。そのため、本当に必要な特許だけを特許庁が審査すればいいように、出願と審査請求が分かれているのです。審査請求をしないと、一定期間経過後に取り下げたものとみなされます。

もっとも、審査されるまでは、特許される発明なのか否か、どの範囲まで特許が認められるかが判断されない不安定な状態になっていますので、審査請求できる期間がいたずらに長いことは好ましいことではありません。また、出願後、一定期間内に公開されないと、出願の事実を知らないまま他の技術者が同一の発明のための研究をすることになりかねず、技術の進歩の見地から好ましいことではありません。一方、出願後すぐに公開されるとするならば、審査請求するか否かの判断を留保している発明やノウハウとして残したほうが得策である発明をすべて公開してしまうことになるので、出願人の不利益となることが少なくありません。したがって、政策的に特許出願、その後1年半後に公開、出願から3年間で審査請求期間満了という法制度が採用されているのです。

審査待ち

審査は、特許庁の審査官が単独で行います。審査請求後すぐに審査が開始されるわけではありません。審査が開始され、審査官が特許が成立すると判断したら「特許査定」の通知を出し特許が成立します。

特許が拒絶されたら

では、審査官が成立しないと判断したらどうなるのでしょうか。その場合は、審査官は、その理由を示して「拒絶理由通知書」を発送します。

出願人は、「拒絶理由通知書」を受け取ると、一定期間内に拒絶理由に反論するための「意見書」や拒絶理由を解消するための「補正書」を提出することができます。最初の拒絶理由通知は、多くの出願に対してなされますので、ここでめげてはいけません。審査官は、これらの書類を検討して、特許査定するか拒絶査定するかを再検討します。意見書や補正書の提出により、先に通知した拒絶理由が解消されなかった場合は拒絶査定となります。一方、解消された場合には、原則として特許査定となります。なお、補正により新たな拒絶理由を発見した場合には、最後の拒絶理由通知を発し、出願人は、この通知への対応として、意見書や補正書を再提出することになります（図5－7）。

最終的に「拒絶査定」が審査官から通知されても、一定期間内に、特許庁に対し「拒絶査定不服審判の請求」をして、再度、特許成立の要件の有無の判断を仰ぐことができます。この審判は、特許庁の審判官3人で行われますが、審判で特許権が成立しないと判断されても、今度は知的財産高等裁判所に対し、「審決取消訴訟」を申し立てることができます。特許不成立の審判が審決取消訴訟で取り消されるケースは、筆者の感覚では20％ぐらいではないかと思います。

特許の維持にはいくらかかる？

最終的に「特許査定」となれば、一定期間内に所定の金額を納付後、特許権が成立します。その後も、一定の金額を支払い続ければ、出願から20年間（例外的に25年間）、特許権が存続することになります。この「一定の金額」とは、平成27年の改正法が適用される場合、1年目から3年目までは毎年2100円に1請求項につき200円を加えた額で足りますが、徐々に金額が上がり、10年目から25年目までは毎年5万5400円に1請求項につき4300円を加えた額とな

[図5-7]特許の審査の流れ

(『研修館特許法概論』70頁を参照)

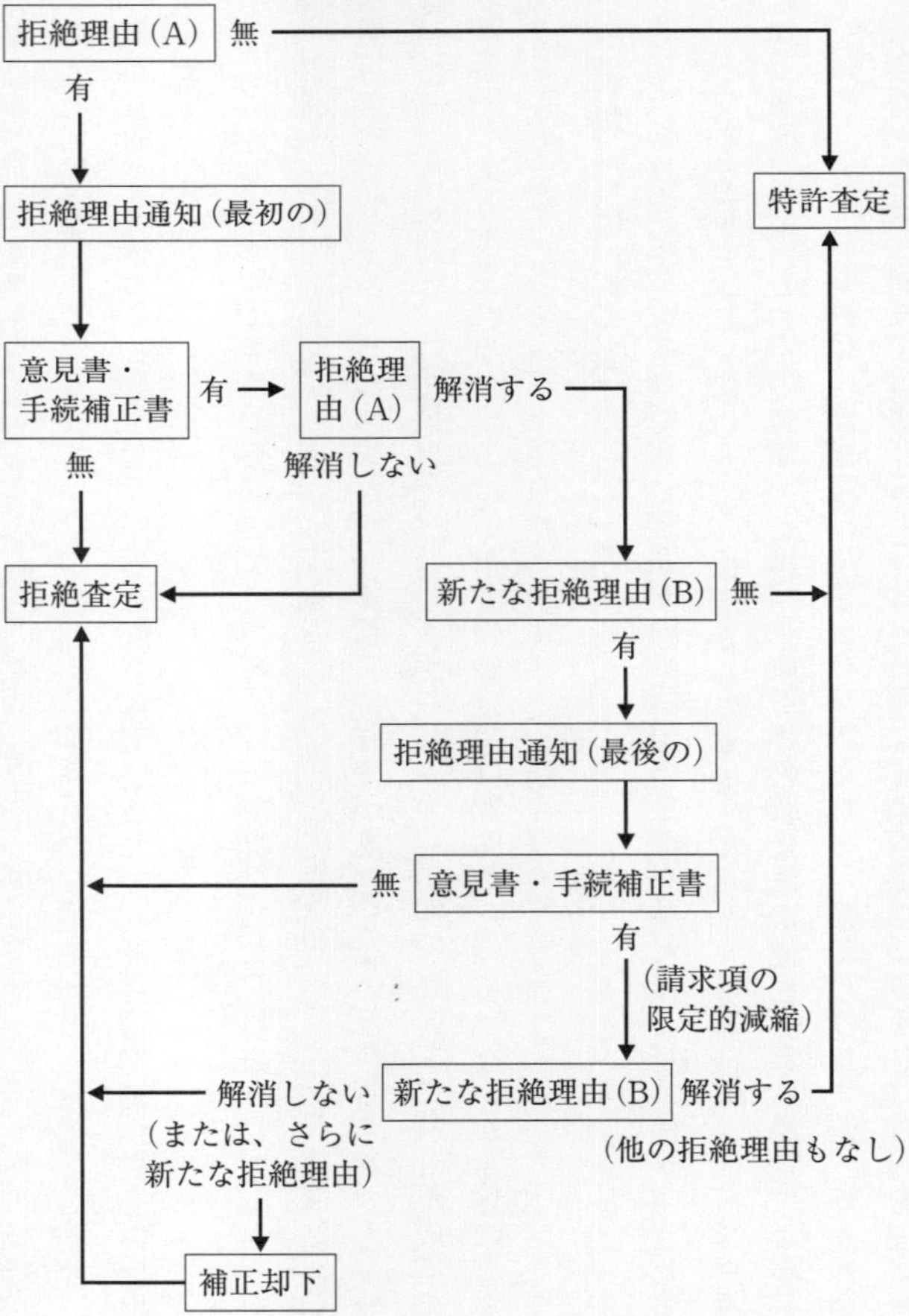

ります。

また、「特許査定」という結果を得ても、第三者から「無効審判」を請求され、審判で特許が無効であると判断されると、特許権は、原則として初めからなかったものとして扱われます。ここで特許が有効であると判断されても、無効であると判断されても、その判断に不服がある者は、知的財産高等裁判所に対し「審決取消訴訟」を提起することができます。

さらに、平成26年特許法改正により創設された新たな特許異議の申立てが、平成27年4月1日から可能となりました。特許異議の申立て制度（特許法113条以下）は、特許付与後の一定期間（特許掲載公報の発行の日から6ヵ月以内）に限って、広く第三者に特許の見直しを求める機会を付与するものです。申立てがあったときは、特許庁自らが当該特許処分の適否について審理し、当該特許に瑕疵のあるときは、その瑕疵を是正する、あるいは特許を取り消すことによって、特許の早期安定化を図る制度であるとされています（パテント2015 Vol.68、No.7、6頁）。

国際出願

国際出願については、日本で国内出願したあと、優先権を主張して外国出願する場合があります。

ここで、優先権とはパリ条約の同盟国である国（第一国）において特許出願をした者が、その特許出願の出願書類に記載された内容について他のパリ条約の同盟国（第二国）に特許出願する場合に、第一国への最初の特許出願の日から第二国への特許出願の日までの期間が1年以内である場合に限り、第二国の特許出願の実体審査における新規性、進歩性等の判断に関し、第二国への特許出願について第一国への特許出願の日において行ったと同様の取り扱いを受ける権利をいいます（パリ条約4条、『研修館特許法概論』53頁参照）。

また、国際出願については、ＰＣＴ国際出願制度があります。これは、特許協力条約（PCT：Patent Cooperation Treaty）に基づく国際出願のことで、ひとつの出願願書を条約に従って提出することによって、ＰＣＴ加盟国であるすべての国に同時に出願したことと同じ効果を与える出願制度です（特許庁ＨＰ内「ＰＣＴ国際出願制度の概要」。http://www.jpo.go.jp/seido/s_tokkyo/kokusai1.htm、以下同じ）。

5−3 発明者が特許権者とは限らない（発明者・特許権者と職務発明）

発明者と職務発明

ここで、極めて重要なことをお話ししておきます。それは、発明者は、必ずしも特許権者ではないということです。それどころか、企業での研究や大学における企業との共同研究の成果についての特許出願は、出願時において、発明者は、発明者名誉権（発明者が、出願書類、特許公報などに発明者として氏名を掲載される権利）を除き、特許に関し何らの権利を有するものではなくなっていることが少なくないのです。

今まで、とくに「誰が特許出願するのか」ということを意識せずに話してきましたが、じつは、特許を出願することができる者は「特許を受ける権利」を有する者に限られています。ここで、出願時には特許が成立していませんので、「特許を受ける権利」といいます。「特許を受ける権利」は、特許成立後、正確には特許登録後、「特許権」という一人前の権利に変化します。

平成27年特許法改正前の制度にあっては、発明者は、発明完成時には常に「特許を受ける権利」を有していましたが、その後、特許出願前に、何らかの理由で「特許を受ける権利」を他者に譲渡してしまっていることが少なくありませんでした。平成27年特許法改正後の職務発明制度には、大まかに次のように規定されています。

①契約、勤務規則その他の定めにおいて、あらかじめ会社等に特許を受ける権利を取得させることを定めたときは、その特許を受ける権利は、発生したときから会社等に帰属するものとする。②従業者等は、特許を受ける権利を取得した場合には、相当の金銭その他の経済上の利益を受ける権利を有するものとする。③経済産業大臣は、発明を奨励するため、産業構造審議会の意見を聴いて、相当の金銭その他の経済上の利益の内容を決定するための手続に関する指針を定めるものとする。

まず、企業での研究についてみてみましょう。

平成27年特許法改正前の制度にあっても、会社員の発明者は多くの場合、出願時には「特許を受ける権利」を有していません。発明者が「相当の対価」の全部または一部を受け取ることによって、特許を受ける権利が会社に譲渡されているからです。この際、「相当の対価」の支払いが合理的なものであれば、特許を受ける権利が会社に譲渡されたとして、問題はありません。「相当の対価」について争われた有名な事件が、当事者の中村修二先生が２０１４年にノーベル物理学賞を受賞したことで改めて注目された「青色発光ダイオード職務発明事件」です。あとで、少しこの事件にふれてみましょう。

手伝っただけでは「発明者」になれない

では、発明に携わった者ならば、誰でも法律上の発明者になるのでしょうか？

発明者とは、当該発明の創作行為に現実に荷担した者だけを指し、単なる補助者、助言者、資金の提供者、あるいは単に命令を下した者は、発明者とはならない（『中山』59頁）、とされています。

裁判例としては、単に指示を受けて発明にかかる装置の製作図面を作成した者は発明者ではない、とされた「穀物処理方法事件」（東京地裁　昭和54年4月16日判決、判例タイムズ３９５号１５５頁）、課題と極めて素朴なアイデアを提供した者は考案者（実用新案権）とはいえないとされた「自動ボイルエビ事件」（東京高裁　平成3年12月24日判決、判例時報１４１７号１０８頁、玉井克哉・ジュリスト１０５０号１８０頁）などがあります。一方、具体的着想をした者とこれを具体化して発明を完成させた者とは共同発明者となる、とされた例に「麻雀ルールパチンコ事件」（東京高裁　昭和51年4月27日判決、審決取消訴訟判決集　昭和51年４４９頁）があります（『中山』60頁）。

特許技術を先に使用していた者がいる場合

同じ発明の発明者が別系統で偶然にも複数存在した場合、先に出願した者のみが特許権を取得することができます。これを「先願主義」といい、特許法39条1項から読むことができます。ただし、先願主義を徹底した場合の不都合を緩和するため「先使用権」（先使用による法定実施権、特許法79条）が認められることがあります。

この先使用権は、実務的には大変重要です。たとえば、A社が発明した技術をノウハウとして使用していたが、別のB社が同じ技術について特許出願しそれが登録されたとき、先願主義を徹底すると、A社はその技術を使用することができなくなります。これでは、道理に合わない気もしますし、現実に不都合も生じます。

そこで、そのような先使用発明の発明者は、別の者によって特許が登録されたあとも、その発明を使用し続けることができるよう定められています。これを「先使用権」といいます。

先使用権の要件は、先使用者が特許出願にかかる発明の内容を知らない場合などであって、その特許出願の際に、日本国内においてその発明の事業をしているか、その事業の準備をしている必要があります。その実施または準備をしている発明および事業の目的の範囲内において、その特許出願にかかる特許権について「通常実施権」（165ページ～5－4参照）を有しているということになります。

これらの事実は、先使用発明の発明者等が証明しなければなりませんので、企業内で、そのような事実を証明する資料を保存しておく必要があります。どのような資料を保存しておく必要があるかについては「先使用権制度の円滑な活用に向けて――戦略的なノウハウ管理のために――」（特許庁、平成18年6月、http://www.jpo.go.jp/shiryou/s_sonota/senshiyouken.htm）が参考になります。

遅くなりましたが、129ページの例題の解答です。「創薬を例にとってみますと、どの製薬会社もしのぎを削って新薬の研究・開発競争を繰り広げています。ライバル会社が1日先に全く同じ化学式をもつ薬の主成分となる物質の開発に成功しているかもしれません。そもそも特許権は、その名のとおり、いわば国から付与される『特に許された』権利ですから、国に特許を認めてもらうためには、出願をしなければなりません。もし、1日遅く開発に成功した製薬会社Bが、先に開発に成功した製薬会社Aよりも先に出願したら、果たして特許されるでしょうか」。この解答は、発明が特許成立要件を充足していれば、製薬会社Bが特許権者となるということになります。

共同発明は権利も共有

特許を受ける権利は全発明者の共有となり、その持ち分は他の共有者の同意を得なければ譲渡できません（特許法33条3項／ある権利が、各自の持分として数人に帰属している状態を「共有」といいます）。したがって、職務発明であっても、自己が属する企業に特許を受ける権利を譲渡するには他の共有者の同意が必要となります。他の発明者の同意を得ることができなければ、たとえ権利承継等の定めがあっても企業は権利承継等ができないのです。

すべての発明者が同じ企業の従業員ならば問題はありませんが、異なる企業に勤める従業員による共同発明の場合には、法律関係が複雑になります。

複数の企業間での研究の場合は、権利関係が極めて錯綜したものになるので、共同研究に際しては、権利の取扱いについて事前に契約で処理しておくことが望ましいといえます。

大学教員と学生の違い

平成16年4月または平成17年4月以降、全国の国公立大学の法人化に伴い、各大学で職務発明に関する学内規程がそれぞれ設置されています。それによれば、大学の教員がした発明につき、特許を受ける権利を大学が承継するか否かを大学が判断することが規定されています。私立大については、従前から、職務発明に関する学内規程が設けられていました。

学生は、大学と使用者・従業者の関係にありませんので、職務発明に関する規程は適用されません。したがって、学生は発明者として原始的に特許を受ける権利を有していることになりますが、多くの場合、指導教官との共同発明ということになるでしょう。

ノーベル賞受賞者も経験した職務発明に関する裁判

職務発明に関する裁判例としては、先にも少し触れた平成26年にノーベル物理学賞を受賞した中村修二先生の「青色発光ダイオード職務発明事件」があまりにも有名です。

在職中に青色発光ダイオードに関する発明（404特許）をした原告（中村修二先生）は、退職後、自己が従事していた会社に対して相当な対価の支払いを求めて東京地方裁判所に訴えを提起しました。

一審の東京地方裁判所は、相当な対価が600億円であると認定しました。これに対し、二審の東京高等裁判所では、6億857万円（利息含まず）を基本として和解が成立しました。このなかには、日本国特許および登録実用新案合計195件、これに対応する外国特許など、すべての職務発明の特許を原告が受ける権利が含まれます。このように、最終的には元従業員たる原告の利益は激減したわけですが、東京高等裁判所も東京地方裁判所と同様に原告の発明が画期的なものであることは認めています。

以下が一審の東京地裁の判決要旨です（二審は和解のため、判決はありません）。原告の研究態度の徹底ぶりは、特筆すべきものがありますので、一審の判決要旨を掲載します。

事例5‐1 青色発光ダイオード職務発明事件（東京地裁　平成16年1月30日判決、判例タイムズ1150号130頁、判例時報1852号36頁など）

被告B社は、蛍光体や電子工業製品の部品・素材の製造販売および研究開発等を目的とする株式会社でした。原告Aは、被告B社の元従業員であり、米国の大学の教授です。

原告Aは、大学工学部修士課程を卒業したあと、被告B社に就職しました。

被告B社は、従来、蛍光体原料（リン酸カルシウム）および蛍光体の製造販売を主たる業務としていましたが、Aの就職当時には、蛍光体以外に新規開拓すべき分野として、赤色LED（発光ダイオード）等の半導体結晶膜の原料となるGaメタル（ガリウムメタル）の精製に取り組んでいました。

Aは、就職後間もないころからGaP（ガリウム燐）の研究開発・製品化に従事し、また、赤外および赤色LEDの原料となるGaAs（ガリウム砒素）の研究開発・製品化に従事していました。さらには、赤色LEDのチップを製造するため、GaAlAs（ガリウムアルミニウム砒素）結晶膜の液相エピタキシャル成長方法の研究開発に取り組んでいました。

裁判では、Aの青色発光ダイオード発明に対する貢献度がポイントとなりました。これについては、以下のような事実が認定されました。

①Aの就職当時、B社は蛍光体などの製造販売を主たる業務とする会社でした。Aは、就職間もないころから約10年間、赤色LED等の原料となるGaメタルの精製、GaPおよびGaAsの製造開発、さらには液相エピタキシャルによるGaAlAs結晶膜の成長に取り組み、半導体に関する基礎工業技術を身に付けました。これらの技術は、既に製品化され、市場が形成されていた赤外ないし赤色LEDの原材料を供給する事業に関するものでした。
②B社においては、当時、赤色LEDの原材料精製などに関する技術の蓄積が多少あったものの、青色LED開発に必要な技術の蓄積は全くありませんでした。したがってB社としては、すでに実用化されていた赤色LEDはともかくとして、青色LEDの開発を手がけることは到底考えられない状況でした。
③そのような状況の下、Aは、次の研究開発のテーマとして自ら青色LEDを選択し、B社の経営陣に働きかけて、青色LEDの半導体結晶膜を成長させる方法として、上記液相エピタキシャルと異なる有機金属気相成長法（MOCVD）を新たに学ぶため、B社の費用で米国の大学に約1年間留学しました。
④当時、青色LEDは、夢の技術といわれ、世界中の大企業や研究機関がしのぎを削って研究開発に取り組んでいましたが、20世紀中の開発は不可能とまでいわれていました。
青色LEDについては、そもそも半導体結晶膜の素材としてどの物質を選ぶかという点から

各研究機関において模索中であり、セレン化亜鉛（ZnSe）、炭化珪素（SiC）および窒化ガリウム（GaN）などが研究対象とされていましたが、世界の趨勢はZnSeを本命視する方向でした。GaNについては、いわゆる格子整合性に難点があって、そもそも実用化に耐え得る結晶膜の成長が難しいとされていて、当時、日本国内でこれに取り組む有力な研究グループとしては、名古屋大学名誉教授のX博士らが挙げられる程度でした。ところがAは、前記留学を終える頃、あえてGaNを素材に選択することを決意したのです。

⑤Aは、平成元年4月頃に留学から帰国したあと、B社の費用（約1億3900万円）で購入した市販のMOCVD装置を用いて、GaN系半導体結晶膜の成長に取り組み始めました。しかし、MOCVD自体が非常に精密な技術であり、わずかな実験条件の違いで結晶膜の成長が左右され、満足のいく質の結晶膜を成長させるのは容易なことではありませんでした。

そこでAは、製品化に耐え得る質の結晶膜を成長させるべく、自らガス配管や加熱器（ヒーター）を改造するなどの工夫をしながら、試行錯誤を重ねました。

⑥この間、Aは、新入社員であったYやZを補助に付けてもらったほかは、独力で開発を進め、平成2年9月頃、本件特許発明をしました。

⑦なお、AがGaN系半導体結晶膜の成長方法の開発に取り組んでいたさなかの平成2年3月末に、別の会社の示唆から、B社の経営陣がAに対して携帯電話のHEMT（高速電子移動トラ

ンジスタ）用のGaAsの開発製造を命じたのに対し、Aは、B社の指示に反してGaN結晶膜の成長方法の研究開発を続行しました。当時B社に一台しかなかったMOCVD装置をGaAs結晶膜の成長に用いると、GaN結晶膜の成長方法の開発は断念せざるを得ないと考えたからです。

裁判所は、このような事実認定をしたあと、以下のような判断をします。すなわちB社には、赤色LEDの原材料精製などに関する技術の蓄積が多少あったものの、青色LED開発に必要な技術の蓄積は全くなかったところ、Aが研究開発テーマとして青色LEDを選んだうえ、その素材としてGaN系化合物を、さらにその結晶膜の成長法としてMOCVDをそれぞれ選択して、独力でMOCVD装置の改良を重ね、本件特許発明をするに至った、ということです。

では、B社が果たした貢献については、どのように判断されるのでしょうか。この点につき、裁判所は、Aの米国留学費用を負担したこと、市販MOCVD装置購入を含む3億円余の初期設備投資の費用を負担したこと、Aによる青色LEDの研究開発期間中、実験研究開発コストを負担したこと、ただちに利益をもたらす見込みのつかない青色LEDの研究に没頭するAに対し、結果として会社の実験施設等を自由に使用することを容認し、補助人員を提供したことなどを挙げています。

当時、競業会社は青色ＬＥＤの分野において、先行する研究に基づく技術情報を蓄積し、研究部門に豊富な人的スタッフを備えていました。それに対して、B社においては、青色ＬＥＤに関する技術情報の蓄積も、研究面においてAを指導や援助する人的スタッフもない状況にあったなか、Aは、独力で全く独自の発想に基づいて本件特許発明を発明したということができます。

つまり本件は、当該分野における先行研究に基づいて高度な技術情報を蓄積し、人的にも物的にも豊富な陣容の研究部門を備えた大企業において、他の技術者の高度な知見ないし実験能力に基づく指導や援助に支えられて発明をしたような事例とは全く異なり、小企業の貧弱な研究環境の下で、従業員発明者が個人的能力と独創的な発想により、競業会社をはじめとする世界中の研究機関に先んじて産業界待望の世界的発明をなしとげたという、職務発明としては全く稀有な事例であると、裁判所は判示しました。裁判所はこうした特殊事情を重視し、本件特許発明について、発明者であるAの貢献度は、少なくとも50％を下回らないという判断を下しました。

5-4 特許発明を実施できる者は誰か

「実施」の意味

特許権者は、その有している特許発明を独占的に「実施」する権利を有しています（特許法68条）。また、特許権者から「実施」することを許諾された者も、当該発明を実施することができます。

ここでは、最初に「実施」という用語の意味について説明し、「実施権」「実施許諾契約」の順で説明します。

「発明」は、大別すると「物の発明」と「方法の発明」に分類されます。さらに「方法の発明」は、「物を生産する方法の発明」と「その他の方法の発明」とに分類されます。この分類に従って、「実施」の内容も異なります。

まず、「物の発明」（プログラム等を含む）について説明しましょう。この場合、その物の生産、使用、譲渡等、輸出もしくは輸入または譲渡等の申出（譲渡等のための展示を含む）をする行為を「実施」といいます（特許法2条3項1号）。ここでの「譲渡等」とは、譲渡および貸渡しをいい、その物がプログラム等である場合には、インターネットを通じた提供を含みます（以下同)。ここで譲渡とは、売買、交換、贈与などをいいます。

「方法の発明」については、その方法の使用をする行為を「実施」といいます(特許法2条3項2号)。

「物を生産する方法の発明」については、その方法を使用する行為、または、その方法により生産した物を使用、譲渡等したり、輸入もしくは譲渡等の申出をする行為を「実施」といいます(特許法2条3項3号)。

特許発明の実施権を登録する

特許発明を実施する権利を「実施権」(ライセンス)といいます。また、実施を許諾する者をライセンサー、許諾を受けた者を「実施権者」(ライセンシー)、実施権者からさらに許諾を受けた者を「再実施権者」(サブライセンシー)と呼びます。なお、実施権者(ライセンシー)は、とくに合意した場合に限り、サブライセンスする権利を有します。

実施権は4種類ある

実施権は、特許法上「専用実施権」と「通常実施権」が規定されています。これらは、特許権が成立したあとに設定や実施を許諾されるものです。

これらに加えて、平成20年特許法改正により、特許出願段階におけるライセンスについて、特許法上の権利として新たに「仮専用実施権」および「仮通常実施権」が設けられました。この仮専用実施権と仮通常実施権は、権利の内容としてはこれまでの専用実施権と通常実施権とほぼ同じですから、本書では、とくにことわりのない限り、専用実施権は仮専用実施権を、通常実施権は仮通常実施権を含めた意味で理解していただいて結構です。

「専用実施権」「通常実施権」という用語は特許法上で用いられていますが、一般の商取引上は、特許法に従った意味と厳密に同じ用法で使われているわけではないので注意を要します。

すなわち、商取引上、「専用実施権」は「実施を受ける者（ライセンシー）はその者だけである」という意味（排他的権利）で用いられ、「通常実施権」は「実施を受ける者（ライセンシー）はその者に限られない」（非排他的権利）という意味で用いられることが少なくありません。

また、「専用実施権」は、さまざまな意味で用いられていることが少なくありません。

①ライセンシー以外の者に実施権（ライセンス）を与えないだけでなく、特許権者（ライセンサー）も特許にかかる技術を実施できず、かつ、実施権者が実施権の登録まで要求している場合

②ライセンシー以外の者に実施権を与えないだけでなく、特許権者も実施できないが、実施権者が権利の登録までは要求していない場合

［図5-8］実施権の種類

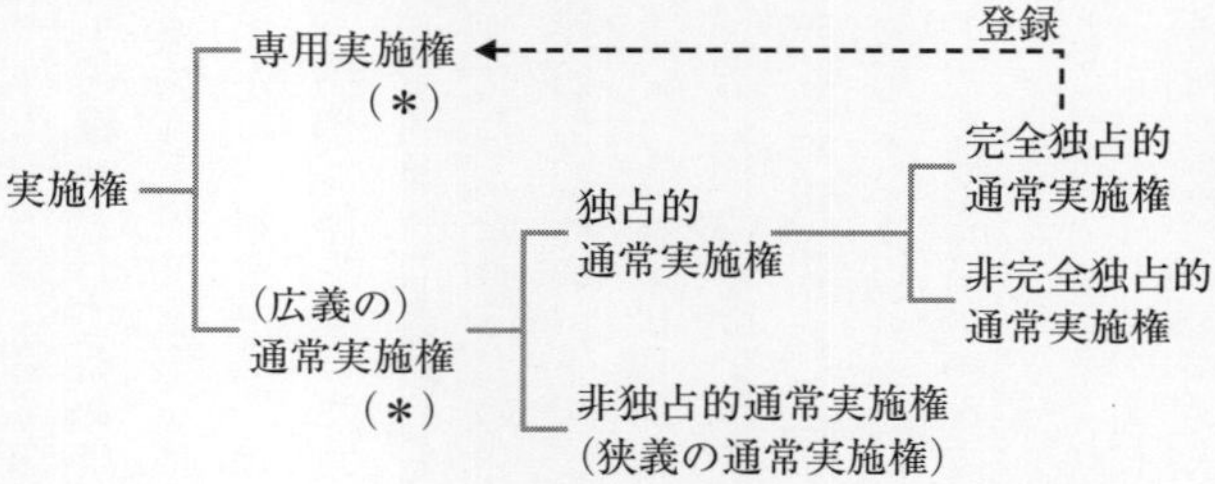

＊仮専用実施権
仮通常実施権も含む

③ライセンシー以外の者に実施権を与えないことのみを要求し、実施権者が特許権者の不実施までは要求していない場合

これらのいずれにも、「専用実施権」という用語が使われていることがありますが、特許法上の「専用実施権」は、①の意味のものをいいます。②③の意味のものは、特許法上は「通常実施権」に含まれます。

以下では、「実施権」の種類を概観してみましょう（図5-8）。

専用実施権は独占的

専用実施権は、特許権者が設定行為（契約書など）で定めた範囲内で、特許発明を独占的に実施しうる権利です（特許法77条。ただし、後述の法定通常実施権が成立する場合を除きます）。特許庁への登録によって効力が発生します（特許法98条1項2号）ので、専用実施権は登録が必要です。専用実施権が設定されると、特許権者自身も、設定行為で定めた範囲内では、専用実施権者の許諾がない限り実施できません。

また、専用実施権の譲渡等には原則として特許権者の同意が必要です。

また、特許権が共有の場合、他の共有者の同意を得なければ専用実施権の設定はできません（特許法73条3項）。

通常実施権

通常実施権といってもその内容は多義的ですが、単に「通常実施権」という用語が用いられた場合、それは、独占性がなく、特許権者が同一内容の実施を第三者にも許諾できる権利であることを意味するのが通例です。

たとえば、A特許の特許権者である甲は、A特許について、乙に対し通常実施権を許諾したあと、丙に対しても乙に許諾した内容と同一の内容の通常実施権を許諾することができます。本書でも、単に「通常実施権」あるいは「非独占的通常実施権」という言葉を用いた場合、このような意味で用いているものとします。

このような実施権は、実施権者にとっては独占的ではないので「非独占的通常実施権」ということもできます。これに対し、実施権者が独占的に実施権をもつ場合を「独占的通常実施権」

（後述）といいます。この非独占的通常実施権と独占的通常実施権をあわせて、「広義の通常実施権」というものとします。

独占的か非独占的か

「非独占的通常実施権」と、「独占的通常実施権」の違いは、以下のとおりです。

①非独占的通常実施権

同一の内容の通常実施権を他者に許諾できるものをいいます。一般的には、特許実施許諾契約によって通常実施権が発生します。

②独占的通常実施権

この権利が設定されると、非独占的通常実施権と異なって独占性があり、特許権者が同一内容の実施を第三者に許諾できません。独占的通常実施権はさらに、「完全独占的通常実施権」と「非完全独占的通常実施権」の2つに分類することができます。

（1）完全独占的通常実施権

この権利が設定されると、特許権者自身も同一内容の実施ができなくなる、という意味で使われます。専用実施権の設定後、登録までの間は、原則として完全独占的通常実施権が設定されているのと同義であるといえるでしょう。完全独占的通常実施権は、登録されれば専用実施権になります。

（2）非完全独占的通常実施権

この権利が設定されても、特許権者自身の実施には影響を与えません。

ところで、特許法上、「通常実施権」は「法定の通常実施権」と「当事者間（特許権者と実施権者間）の合意で発生する通常実施権」の2種類が規定されています。前者は、特許権者と実施権者間で合意がなくても当然に実施権が認められる権利で、先使用権などを指します。ここまで説明してきた「通常実施権」は、おもに後者についてと理解して下さい。法定の通常実施権は、非独占的通常実施権に分類できます。

実施許諾契約（ライセンス契約）

これまで述べてきた「実施権」を設定する場合には、特許権者と実施者の間で「実施許諾契約」を結ぶことになります。

実施を許諾する際には、許諾の対象となる特許、実施権の内容、実施料、守秘義務などの取り決めをしないと、後日紛争が生じる可能性が高くなるからです。

特許実施許諾契約やノウハウ実施許諾契約（ノウハウ＝技術的な秘密情報などの実施を許諾する場合に結ぶ契約）においては、ライセンサーがその優越的地位を利用して一定の製品市場または技術市場における競争秩序に悪影響を及ぼすことがあります。そこで、公正取引委員会は、知的財産の利用に関する独占禁止法上の指針（平成28年1月21日改定）、共同研究開発に関する独占禁止法上の指針（平成22年1月1日改定）などを公表しており、契約締結時などにおいては注意を要します。

5-5 特許権者の許諾がなくても特許発明を実施できる場合

特許権者以外の者は、特許権者から実施許諾を得なければ発明を実施できないのが原則ですが、例外的に、特許権者から実施許諾を得なくとも発明を実施できる場合があります。

試験・研究のための実施には特許権は及ばない

特許権の効力は、試験または研究のためにする特許発明の実施にはおよびません（特許法69条1項）。特許発明の実効性を検討するためには試験が不可欠ですし、試験の結果生じた物が市場に出なければ、権利者としては実質的な損害を被らないからです。

しかし、商品販売のための市場調査目的の試験実施には、特許権の効力は及ぶと解されています（『中山』３１９頁）。

一方、特許権の存続期間満了と同時に製造を始める準備として、特許発明にかかる製品を製造し、そのデータを監督官庁に提出して製造承認を得ておこうとした場合はどうでしょうか。このような、データ提出のための実施は「試験・研究のためにする実施」に該当すると解されています（グアニジノ安息香酸誘導体事件／最高裁　平成11年4月16日判決、最高裁ＨＰ）。つまり、特許権の効力はおよびません。

では、大学が実施する研究についてはどうでしょうか。特許庁は、第24回（平成16年2月26日）科学技術学術審議会産学官連携推進委員会において、以下のような趣旨の見解を示しています。すなわち、大学における試験・研究の中で第三者の特許権を利用するケースは特許侵害になりうるが、第三者の特許権をよりよいものに改良するための研究開発は、特許法69条1項に該当するので、特許権侵害に該当するかどうかは、どういう目的で使われたかによる、というものです。

試験・研究のためにする実施（特許法69条1項）のほかに、単に日本国内を通過するにすぎない交通機関（同69条2項1号）、特許出願時から日本国内にある物（同69条2項2号）、調剤行為および調剤された医薬（同69条3項）といった物についても、特許権の効力はおよびません。

特許権者であっても実施できない場合がある

特許権者もしくは実施権者が常にその発明を自由に実施できるか、といえばそうではありません。たとえば、権利範囲が広い基本的な発明に関する特許権Ａを有したとしても、その基本発明の応用発明につき、特許権Ｂが新たに成立した場合、ＢはＡの権利範囲に含まれますが、Ａの権利者がＢの発明を実施するには、Ｂの発明につき実施権を新たに取得する必要があります。

一方、Ｂの実施権者もＡの実施権を有していなければ、Ｂの発明を実施することができません。

特許実施許諾料はどれくらいか

特許実施許諾料（実施料、ライセンス料、ロイヤリティなどと呼ばれる）は、契約時に支払うもの（イニシャル）、年間一定の料金を支払うもの（特許の維持費名目である場合もあります）、出来高にリンクするもの（ランニング）などがあります。『ライセンス契約実務ハンドブック』（石田正泰監修、発明協会編、２００１年）には、各技術分野のランニングロイヤリティのパーセンテージなどが紹介されています。

これらの実施料は、当該特許の製品・事業等にかかわる度合い、他の代替技術の有無、特許の権利化状況・存続期間などの要素をふまえ、個々の交渉で定められます。

時として、特許の実施許諾を求める企業は、交渉経緯によっては特許の譲渡などを希望する場合があり、そのような場合はとくに当該特許製品・事業の将来の伸びを予測して交渉しなければ、高く売れるものも安く売らざるを得ない羽目になりかねません。

こうした交渉は、専門性が高く、弁護士・弁理士・公認会計士などの専門家とチームを組んで交渉にあたるのが理想的です。

5-6 特許権侵害の発見から訴訟まで

敗訴すれば信用毀損問題に発展する場合も

特許権者が企業の場合、特許権や商標権等の侵害には目を光らせており、その専従の部署を置いているところが少なくありません。また、営業部門の社員が取引先等で自社製品と外観、性能などが似ている製品を発見し、特許権などの侵害品を発見することもあります。そこで特許権者である企業は、侵害品と思われる製品の侵害性を社内で検討し、侵害品の可能性があると一応考えられた段階で弁理士・弁護士に相談することになります。

弁理士・弁護士と相談した結果、侵害品であると判断された場合には、侵害者に対して、どのような手段を講ずるべきかを検討します。通常、特許権者は、侵害者に対して、配達証明付きの内容証明郵便により、侵害品の製造や販売の中止・廃棄を求めると同時に、損害賠償もあわせて求めます。

警告後の裁判前の和解交渉によって決着することが多いのですが、対応を誤ると裁判で不利な戦いを強いられることになります。したがって、内容証明郵便を送る前の段階から弁護士に相談するのが肝要です。なぜなら内容証明郵便は、裁判における証拠となり、裁判になってから主張を翻すことは、裁判上、不利になりかねないからです。

裁判前の和解交渉が決裂した場合、裁判に突入することになります。裁判では、特許権の侵害性のみならず、特許の有効・無効まで争われることが少なくありません。特許権侵害訴訟は企業間の争いがほとんどであり、勝ち負けがはっきりしているケースでは、ほとんどの場合、裁判前の和解交渉で決着がつきます。そのためか、裁判に突入した場合の原告（通常は特許権者）の勝訴率は50％を切ります。

原告、被告とも、負ければ企業の信用毀損問題に発展しかねません。

信用毀損問題とは、たとえば特許権者が、被疑侵害品の製造メーカーではなしに、販売先（小売店など）に内容証明郵便を送付したにもかかわらず、製造メーカーとの裁判に負ければ、そのような内容証明郵便を送付する行為は不正競争防止法上の不正競争行為に該当する可能性があります。「ライバル製品の販売を妨害するために、特許侵害もしていないのに訴えた」と評価されかねないのです。しかも、特許権が無効であると判断された場合には、特許権そのものも失ってしまうことになります。
また、被告（通常は被疑侵害者）になれば、訴訟を提起されるだけで、消費者の買い控えが生じかねず、その信用にヒビが入りかねません。だからこそ、通常の訴訟類型に比して裁判前の和解で終わらせたいというのが当事者の意思であることが多いのです。

一太郎事件

特許権侵害訴訟として有名な「一太郎事件」を例に挙げます。

事例5-2 一太郎事件（東京地裁　平成17年2月1日判決、知財高裁　平成17年9月30日判決、最高裁HP）

被告会社が製造販売している文書ソフトウェアである「一太郎」は、ヘルプモードとなるアイコンをクリックするとヘルプモードに切り替わり、その後、説明を受けたいアイコンをクリックすると、その説明文が画面上に表示されるという機能を有しています。原告会社は、一太郎等の製造販売が、原告所有の特許権を侵害するものとして、東京地方裁判所に対し、一太郎等の製造などの差止めを求めて訴えを提起しました。

結論としては、一審の東京地方裁判所は原告の主張を認め、二審の高等裁判所は、被告（控訴人）の主張を認めました。二審で新証拠が提出され、進歩性が否定されたことが、逆転判決となった理由です。

この裁判で原告会社が勝訴して、被告会社が原告会社から特許発明の実施権の許諾を得なければ、上述の機能を一太郎から除去せざるを得なくなるわけですが、そうすると、最終的に不便を強いられるのは一太郎ユーザーということになります。このようなことが原因であると思われるのですが、一太郎ユーザーの原告会社に対する反発が相当にあったようです。原告会社は、文書ソフトを製造販売していなかっただけに、一太郎ユーザーの反発も強かったのかもしれません。

裁判では差止と損害賠償を請求する

裁判で、原告（特許権者）は被告（侵害者）に対しどのようなことが要求できるのでしょうか。

基本的なパターンとしては、「特許侵害品を製造するな、販売するな、廃棄せよ」などと求める（差止請求権）とともに「今まで特許侵害品で儲けた利益は特許権者の損害であるから、損害金を支払え」（損害賠償請求権）などというものです。ただし、後者を求めない場合もよくあります。

5－7 特許権を共有する場合の注意点と刑罰

全員揃わないと出願できない

短期間に高度に科学技術が発展している21世紀においては、研究開発コストは膨大なものとなっており、共同研究・開発の必要性がますます高まっています。共同研究・開発の成果物は、通常、法的に「共有関係」を生じます。そのため、特許を受ける権利もしくは特許権が共有であることが、今後、増大するものと思われます。

そこで、特許を受ける権利もしくは特許権が共有である場合の制約等について、以下にまとめます。

①共有者全員でなければ出願することはできない（特許法38条）。
②共有者の一人による出願は、拒絶される（同49条2号）。
③共有者の一人による出願は、登録されても無効理由になる（同123条1項2号）。
④各共有者は、特約なき限り、自己の持ち分に関係なく、制限なしに特許発明の実施ができる（同73条2項）。
⑤各共有者は、他の共有者の同意なくしては、その持ち分の譲渡、質権設定ができない（同73条

1項)。

⑥他の共有者の同意なくして専用実施権や通常実施権の設定はできない(同73条3項)。

⑦各共有者は、侵害者に対し、損害賠償請求、不当利得返還請求、妨害排除請求を単独でなしうる。ただし、損害賠償請求および不当利得返還請求の範囲は、自己の共有持分の範囲に限られる。

⑧審判請求は共有者全員でのみなしうる固有必要的共同審判である(同132条3項、審判請求は、共有者のうちの一部の者のみではすることができないという意味です)。

10年以下の懲役も

特許侵害罪(特許法196条)、秘密保持命令違反の罪(同200条の2)などが特許法第11章で規定されています。

代表的なのは、特許侵害罪(特許法196条)です。特許権または専用実施権を侵害した者は、10年以下の懲役または1000万円以下の罰金に処され、またはこの両方の刑罰を受けます。

ただし、この刑罰に問われるのは、明らかな特許侵害とわかりきっているときに、故意に侵害を続けた場合などに限られるものと思われます。民事訴訟で敗訴したのに、なお侵害を続けた場合などが想定されます。

5-8 共同研究と特許出願までの流れ

ここまで特許制度の概要を説明してきましたが、この項では、研究から特許出願までの具体的な流れをみてみましょう。最近は、とくに共同研究が多くなされる傾向にありますので、それを例として説明していきます。

特許調査はインターネットでできる

既に研究・開発されているものについて研究を開始することは、得策ではないでしょう。したがって、他の研究者・会社がどのような研究、開発に成功したかといった情報を入手することが必要であることは、いうまでもありません。インターネットがなかった時代には、学会や雑誌を通じて、あるいは人的交流を通じて、そういった情報を入手してきました。

しかし、科学技術が発達した現代社会においては、研究目的・対象も、急速に変化しており、とくにインターネットを通じた情報量は膨大なものがあります。

公開された特許は、1年半前の発明のものですが、インターネットの特許庁（正確には工業所有権情報・研修館）の「特許情報プラットフォーム（J-PlatPat）」から検索することが可能ですし、特許の検索や検索ソフトの販売を業とする会社も少なくありません。弁理士も、特許出願する際に、通常、先行技術調査（特許調査）を行います。特許調査をすれば、どのような分野がまだ特許化されていないか、許諾を受けるべき特許はないか、を知ることができますし、ライバル会社がどのような分野の研究、開発に重心を置いているかを知ることも可能です。

共同研究の前から秘密保持契約を結ぶ

さて、研究開発の対象・目的が定まったとしましょう。しかし、それが莫大な研究・開発コストを要する分野ならば、共同研究を検討する場合も少なくありません。その際には、注意しなければならないことがあります。

共同研究を模索するにあたっては、当事者は、自らのアイデアを開示することが不可欠となります。とはいえ、開示したアイデアを勝手に第三者に利用されてはたまったものではありません。したがって、共同研究を検討するにあたっては、秘密保持契約を締結する必要があります。

共同研究の検討の場面に限らず、特許実施許諾を検討する場合にも、技術の開示がなされる場合に秘密保持に関する注意が必要です。特許実施許諾は、技術移転の一態様です（技術移転の態様としては、このほかにM＆A、特許権の譲渡、ノウハウの実施許諾などがあります）。しかし、いきなり技術移転という商談が決まるのではなく、双方もしくは特許権者が特許公報に記載されていないノウハウなどの秘密情報の開示をして、情報の受領者は技術移転の可能性を探ります。このとき、秘密情報が第三者に漏れると、一方または双方に不利益が生じるおそれがあります。そこで、技術移転の打診・引合の段階では、まず秘密保持契約を締結します。

共同研究であれ技術移転であれ、重要な情報を開示する場合には、必ず秘密保持契約を結んで下さい。なお、一方の当事者が一方的に秘密を開示する場合などでは、秘密開示料を設定する場合もあります。

共同研究契約書に記入すべき内容

秘密保持契約の締結後、両当事者が共同研究を行うことで基本的に合意したと仮定します。後日の紛争を避けるため、ここでも契約書を締結することが必要です。

共同研究契約は、二者以上が共同して研究する場合に締結する契約であって、研究内容、研究の分担、研究費用の分担、成果物（実験データ並びに研究によって得られた発明、著作物、ノウハウ等の知的財産権など）の帰属、成果物に関する特許出願等について取り決めます。

研究内容、研究の分担、研究費用の分担等は、すぐにでも発生する問題であり、予測に基づき契約条項を定める（提案する）ことが可能です。一方、成果物については、共同研究をすれば必ず生じるものですが、どのような成果物が生じるかがわからない場合も多く、当事者間で成果物の評価が異なることもありえるので、取り決めに慎重を要する条項といえます。

また、特許権の各共有者は、特約した場合を除き、他の共有者の同意を得ないで特許発明の実施ができます（特許法73条2項）。

なお、共同研究契約も、特許実施許諾契約の場合と同様、共同研究開発の参加者の事業活動を不当に拘束し、共同研究開発の成果である技術の市場やその技術を利用した製品の市場における公正な競争を阻害するおそれがあります。たとえば、研究開発の成果である発明に関する特許を受けたとき、その権利の帰属、当事者・第三者への実施許諾の条件の定め方によっては、次の新しい研究開発の意図的な妨害をもたらす可能性があるのです。こうしたことは、独占禁止法上問題となりえます。

そこで公正取引委員会は、共同研究開発に関して独占禁止法上の指針（ガイドライン。平成22年1月1日改定）を公表しており、注意を要します。

試作品製作契約、試料提供契約

特許実施許諾などの技術移転の可否を検討する際は、特許公報などの文書では情報が足りないことが少なくありません。そのような場合には、特許権者は試作品または試料を技術の開示先に提供することになります。ここでは、試作品または試料の製造にはコストもかかりますし、ノウハウも含まれているので、その対価を開示先に求めることが多いです。

試作品や試料の提供は、技術移転の可否を検討するためのものですから、当該技術について開示先が実施許諾を受けるか否か、または共同研究を行うか否かを、期限を定めて決定するような内容の契約を締結することが多いでしょう。

発明が完成したら共同出願契約

共同研究（開発）によって、発明という成果が生じれば、共同研究（開発）契約中の条項に従って、もしくは新たな合意をして、特許を出願するということになります。この場合、共同出願契約書を作成することもあります。

第6章

著作権

6-1 著作権とは何か

子供の絵にも著作権

著作権は、特許権などと比べると、身近な権利といえるでしょう。たとえば、ある程度の年齢に達した子供のお絵描きは、著作権法2条1項1号に定められている思想または感情を創作的に表現したものであり、文芸、学術、美術または音楽の範囲に属するものといえます。この場合は「絵」が著作物にあたりますので、小学校に上がる前に、すべての人は、絵の著作者・著作権者になっているわけです。

2020年の東京オリンピックのエンブレムを決める際、そのデザインが他者の作品を盗用したものではないかと騒動になりました。これも著作権が関係してくる問題です。このような意味で用いられる「著作権」という用語は、もっともよく使われ、かつ、もっとも狭い意味で用いられています（最狭義の著作権）。

次に、「著作者人格権」という権利があります。この権利は、著作者であれば当然に認められる権利であり、かつ、他人に譲渡することができません。お絵描きの例でいえば、子供が著作者ですから、子供に著作者人格権があるわけです。では、著作者人格権の内容はどのようなものかといいますと、絵を公表するか否かを決める権利（公表権、著作権法18条）、絵にその子供の実名や変名を著作者名として表示する権利（氏名表示権、著作権法19条）および、絵や絵の題名を改変する権利（同一性保持権、著作権法20条）があります。先ほどの最狭義の著作権と著作者人格権をあわせて、「著作権」と呼ぶ場合があります（狭義の著作権）。

最狭義の著作権、著作者人格権のほかに、「著作隣接権」があります。著作隣接権は、実演家（俳優、舞踊家、演奏家、歌手その他実演を行う者および実演を指揮し、または演出する者。著作権法2条1項4号）、レコード製作者、放送事業者などに認められる権利です。これらをすべて含めたものが「広義の著作権」です（図6－1）。

本書では、最狭義の著作権をもって、「著作権」ということにします。

［図6-1］著作権の種類

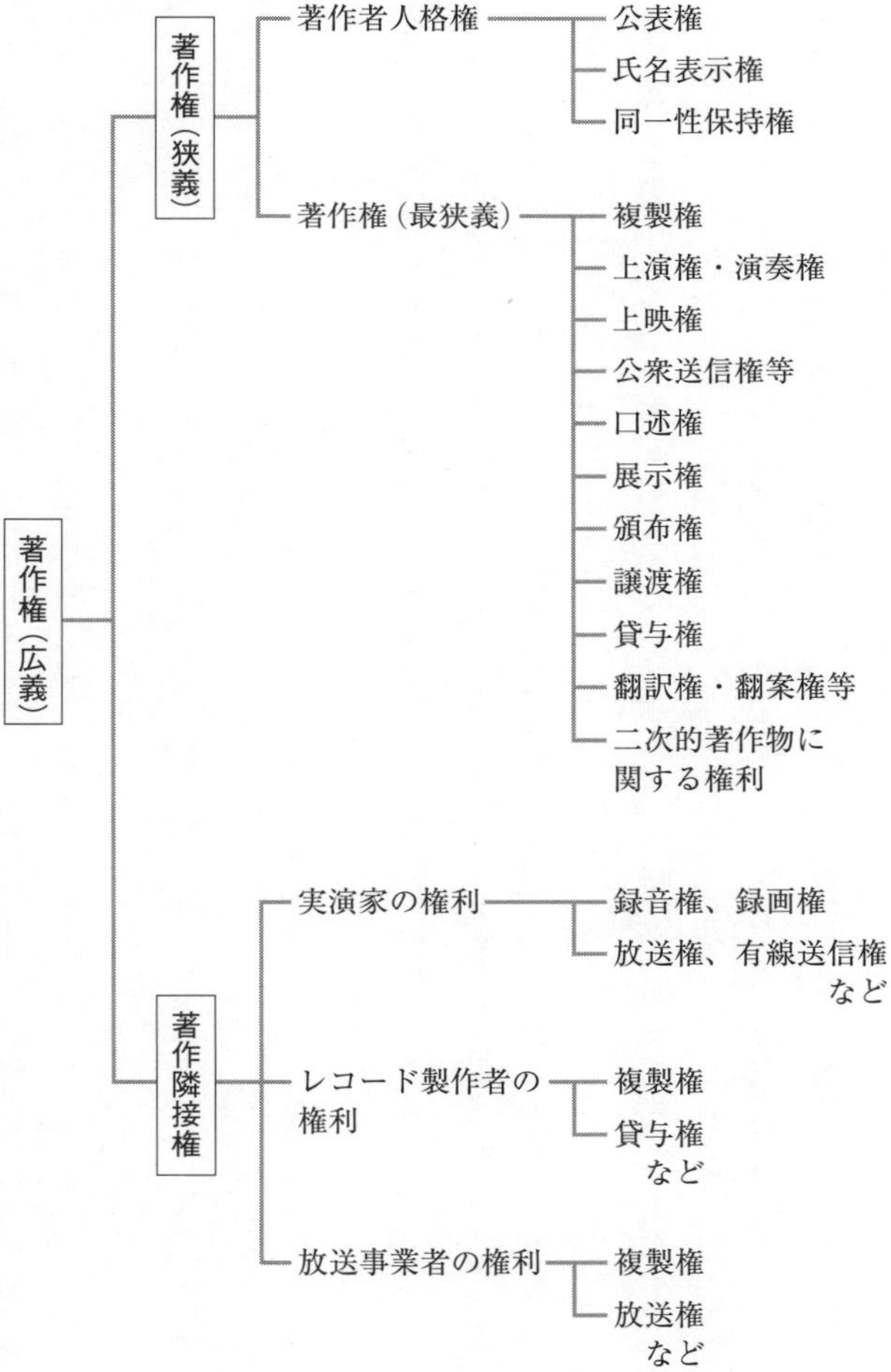
著作権（広義）
著作権（狭義）
著作者人格権
公表権
氏名表示権
同一性保持権
著作権（最狭義）
複製権
上演権・演奏権
上映権
公衆送信権等
口述権
展示権
頒布権
譲渡権
貸与権
翻訳権・翻案権等
二次的著作物に関する権利
著作隣接権
実演家の権利
録音権、録画権
放送権、有線送信権 など
レコード製作者の権利
複製権
貸与権 など
放送事業者の権利
複製権
放送権 など

また、「著作者」とは「著作物」を創作した人のことをいいます。一般的には「著者」ということもありますが、法律用語では「著作者」と呼びます。

事例6-1 恋愛シミュレーションゲーム「ときめきメモリアル事件」（最高裁 平成13年2月13日判決、最高裁HP）

これは、コンピュータ用ゲームソフトについて著作者人格権を有するXが、本件ゲームソフト用のパラメータをデータとして収めるメモリーカードを輸入、販売するYに対して、著作者人格権たる同一性保持権の侵害を主張して、損害賠償などを求めた事案です。

本件ゲームソフトは、ゲームを行う主人公（プレイヤー）が架空の高等学校の生徒となって、卒業式の当日、憧れの女生徒から愛の告白を受けることを目指して、自らの能力を高めていくという内容の恋愛シミュレーションゲームです。

プレイヤーの能力値は、9種類の表パラメータ（体調、文系、理系、芸術、運動、雑学、容姿、根性、ストレス）および3種類の隠しパラメータにより表現され、プレイヤーは、初期設定の能力値からスタートし、これを向上させていきます。この能力値の達成度に応じてストーリーが展開され、プレイヤーが最終的に到達したパラメータの数値により、女生徒から愛の告白を受けることができるか否かが決定されるものでした。

ところが、Ｙのメモリーカードには、プレイヤーの操作のみでは達成し得ない高い数値のパラメータが設定されており、これを用いると、入学当初から本来は登場し得ない女生徒が登場したり、ゲームスタート時点から卒業間近の時点に飛んだりして、ほとんどプレイをしなくても憧れの女生徒から愛の告白を受けることができるようになるものだったのです。そこでＸは、本件メモリーカードは、低い数値から女子生徒にふさわしい形で能力を高めていくという本件ゲームソフトのストーリーを改変するものであるとして、１１３条に基づき、その輸入・販売を行うＹに対して、同一性保持権侵害による損害賠償等を求めたのでした。

著作権法20条1項は「著作者は、その著作物及びその題号の同一性を保持する権利を有し、その意に反してこれらの変更、切除その他の改変を受けないものとする」と定めています。

一審、二審で判断が分かれましたが、最高裁は、おおむね次のとおり判示しました。

すなわち、パラメータにより主人公の人物像が表現され、その変化に応じてストーリーが展開されるゲームソフトについて、パラメータを本来ならばあり得ない高数値に置き換えるメモリーカードの使用によって、主人公の人物像が改変され、その結果、ゲームソフトのストーリーが本来予定された範囲を超えて展開されている。したがって、当該メモリーカードの使用により、ゲームソフトのストーリー自体が改変されたものといえるとして、不法行為に基づく損害賠償請求を認める。

何を創れば著作権が発生するか

この問題は、著作権侵害を検討するうえで重要なポイントとなります。なぜなら、著作権は、著作物にしか発生しないからです。

著作権法2条1項1号において、著作物とは「思想又は感情を創作的に表現したものであって、文芸、学術、美術又は音楽の範囲に属するものをいう」と定められています。先に述べたとおり、ある程度の年齢に達した子供のお絵描きは、これに当てはまるので、著作物だといえます。

著作物は著作権法に定められているとおり「表現」されていることが必要ですから、アイデアそのものは著作物とはいえません。また、「思想又は感情」を表現することが必要なので、自然法則やルールは、著作物とはいえません。上記の事例6-1では、少なくとも、ゲームのストーリーにおいて思想または感情が創作的に表現されており、ゲームソフトは著作物に該当します。

以下では、技術者や研究者に関連のある著作物に関して、どのような場合に著作物といえて、著作権が発生するかを説明することにします。著作物に該当する場合には、他人の著作物を利用するにあたって著作権者から著作物の利用の許諾を得る必要がありますし、他人の著作物からヒントを得て表現物を作成する場合にも注意が必要になります。

6-2 論文などの著作物（言語の著作物）

論文を書くとき、他者の論文をどこまで参考にできるか

前述のとおり、著作物とは「思想又は感情を創作的に表現したものであって、文芸、学術、美術又は音楽の範囲に属するものをいう」とされていますので、単に事実を説明したにすぎない表現や創意工夫の余地がない表現は、著作物とはいえないことになります。

そうしますと、論文の場合、専門用語（テクニカルターム）や数式とその説明文は、著作物性が肯定されず、論文全体としてみれば、著作物性が認められる範囲ないし程度が、小説などに比べて狭くなります。研究者・技術者の立場からすれば、苦労して研究した成果である論文の著作権が認められる範囲（著作物性が認められる範囲）が小説よりも狭い、などと聞くと、おもしろくないかもしれません。

しかし、仮に、論文にも小説と同様に広範囲にわたって著作物性が認められるとなると、困ったことが起こります。たとえば、〝F=Ma〟といったニュートンの法則をニュートンが論文中で初めて発表した場合、以後、〝F=Ma〟という表現を他の研究者は、ニュートンに無断で使用することができなくなってしまいます。このような事態を認めるならば、およそ科学技術は発達し

ないことになり、妥当でないことは明らかでしょう。

判例を見てみますと、「脳波数理解析共同研究論文事件」(詳細は後述)で、大阪高裁 平成6年2月25日判決(判例時報1500号180頁)は、概略、以下のように判示しています。

数学に関する著作物の著作権者は、そこで提示した命題の解明過程およびこれを説明するために使用した方程式については、著作権法上の保護を受けることができません。一般に、科学についての出版の目的は、それに含まれる実用的知見を一般に伝達し、他の学者等をして、これをさらに展開する機会を与えるところにあります。この展開が著作権侵害となるとすれば、出版の目的が達せられないことになります。科学に属する学問分野である数学に関しても、その論文中に表現された方程式の展開を含む命題の解明過程などを前提にして、さらにそれを発展させることができないことになるからです。このような解明過程は、思想(アイデア)そのものであると考えられます。もし、命題の解明過程で文章などの表現形式に創作性があれば、そこに著作権法上の権利を主張することはできるかもしれません。しかし、解明過程そのものは著作権法上の著作物に該当しないのです。

論文以外の学術に関する言語の著作物

論文以外の学術に関する言語の著作物についてはどうでしょうか。医学部の教授Bにより学生用に執筆された『解剖学実習』製本テキストが、同医学部の先任の元教授Aにより執筆された解剖実習の基本書である『解剖実習の手引き』（以下、「本件書籍」という）を複製ないし翻案（72ページ参照）したか否か（Aの著作権の侵害の有無）が争われた事件があります。この判示に沿って説明しましょう。

事例6-2　解剖学実習テキスト事件（東京高裁　平成13年9月27日判決、最高裁HP）

本件書籍は、主として医学部の学生を対象とした解剖学実習のための手引書で、合計4年間にわたる米国での解剖学実習の指導を終えて帰国したAが、訴外Cとの共著として出版したものでした。解剖の手順・手法や、人体の各器官の構造、各器官相互の位置関係などの説明だけでなく、臨床的な説明をも盛り込んでいます。また、細かい解剖学名をなるべく省略し、暗記より理解を重視するとの方針の下に、形態学的な面白さや臨床的な意義をできるだけ多く織り込もうとしたものでした。このように本件書籍は、他の解剖実習書とは異なる特色を持ったものでした。そのため裁判所は、全体としてみれば、著者の思想を創作的、個性的に表現した学術の著作物であると判示しました。

しかし、本件書籍にも記載されているような、人体の各器官の構造や位置関係などについての客観的な事実そのものに関する記述は、もちろん著作物とはいえません。さらに、解剖の手順・

手法も、これらに関する考え（アイデア）も、それ自体は、本来、誰に対しても自由な利用が許されるべきものであり、特定の者に独占させるべきものではありません。したがって、解剖実習書である本件書籍において、著作権法上の著作物となる根拠としての「表現の創作性」が認められるのは、客観的事実、解剖の手順・手法やアイデアではなく、表現上の創作性が存在する部分に限られます。

本件書籍のような学術の著作物においては、解剖の手順・手法、人体の各器官の構造、各器官相互の位置関係などの客観的事実について、これを正確に表現することが重視されるため、個々の具体的な表現においては、個性的な表現が抑制される傾向が生じることは避けられません。これらのことがあいまって、客観的事実やそれを前提とした単一の特定のアイデアを記載するときには、個々の文として見る限り、著作権法上の著作物としては認められないか、認められても範囲は非常に狭くなる場合が多くなるのです（図６－２）。

結局、裁判所は、元教授Aが執筆した本件書籍全体としての著作物性を肯定しましたが、個々の各記述については、著作物性を認めることはできないと判示しました。本件書籍の各記述は、一つまたは二つの短い文からなり、正確を期すべき学術の著作物としての制約もあることを考慮すると、そこに表現上の創作性あるいは個性を認めることは困難である、というのが理由です。

医学部の教授Bにより学生用に執筆された「解剖学実習」製本テキストが、先任の元教授Aによ

[図 6-2] テキストと本件書籍の表現の比較

（最高裁 HP より）

被告テキスト 対照頁および行	本件書籍 対照頁および行
p.66、26〜32行目 8. 頸膨大・胸部・腰膨大で脊髄を横断し、その断面を観察する。中央に脊髄を縦に貫く中心管がある。脊髄の中心部を占め、多くの神経細胞が存在するH字形の*灰白質と、それを取り囲む白質を区別する。白質は有髄線維を多く含むため肉眼的に白く見える。	p.93、28行目〜p.94、6行目 頸膨大・胸部・腰膨大で脊髄を横断し、その断面を調べよう。まず*灰白質とそれを取り巻く白質を区別せよ。固定の条件によっては灰白質がむしろ白く、白質がむしろ灰色に見えることもある。正中部では、中心管が灰白質の中にかすかに見える。 *灰白質と白質の面積の比は頸・胸・腰各部でどのように異なるか？
白質で前索、側索、後索を観察する。灰白質で前角（または前柱）、後角（後柱）および胸髄と頸髄下部に存在する側角（側柱）を観察し、前根・後根の線維との関係を調べる。 *頸部・胸部・腰部で脊髄の横断面の形、灰白質・白質の面積がどのように異なっているか観察する。	白質では前索、側索、後索を見る。灰白質では前角、側角（主に胸部だけに存在する）、後角を観察し、これらと前根・後根の線維との関係を調べる。これにはルーペを使うとよい。（前角・側角・後角はそれぞれ前柱・側柱・後柱ともいう。）

り執筆された解剖実習の基本書である「解剖実習の手引き」を複製ないし翻案したとはいえない、すなわち、Aの著作権は侵害されていないというのが裁判所の結論であり、妥当な判断といえるでしょう。

もうひとつ、別の判例を見てみましょう。

事例6-3 チャート事件（東京地裁　平成17年11月17日判決、最高裁HP）

蒸気を熱源とする熱交換器におけるドレン滞留防止に関する設計上の熱交換器の負荷率を簡便に算定するためのチャート（左縦軸に温度、右縦軸に圧力、横軸に負荷率を設定した方眼状のもの）について、チャート図表の著作物性を否定しました。しかし、チャートの具体的作図方法を説明した文については、その説明に使用し得る用語や説明の順序、具体的記載内容は、多様な表現が可能なものであるとしました。そのため、そうした説明文は、作成者の個性が表れた創作性のある文章であり、言語の著作物に該当すると判示しました（図6-3）。

「適正な引用」の条件

ここまで、どのようなときに著作物性が認められるかを見てきました。では、本題の「論文を執筆するとき、他者が書いた論文をどこまで参考にできるか」という問題について考えてみま

［図6-3］ドレン滞留チャート
（最高裁HPより）

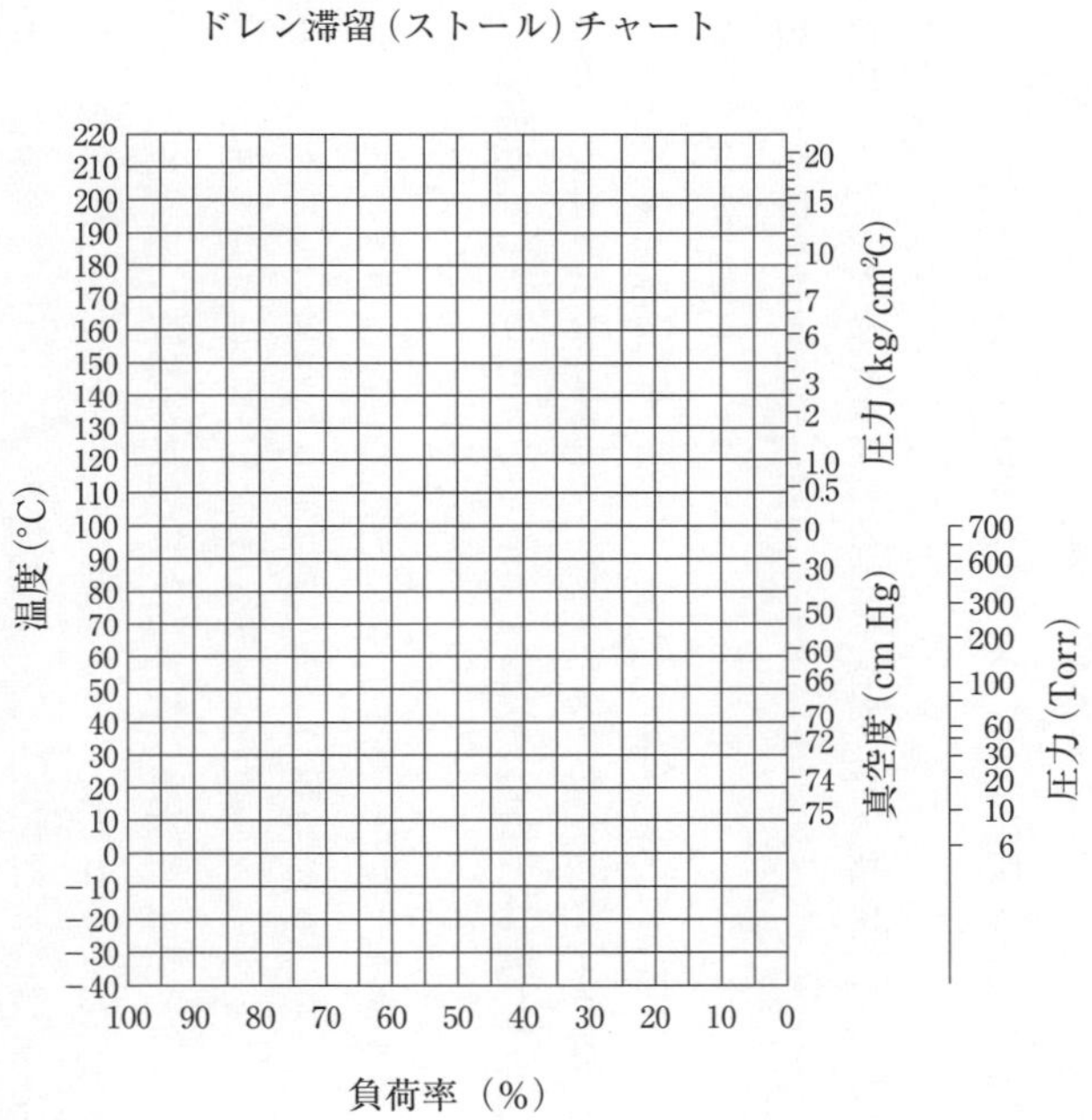

しょう。

まず、他者の著作権が発生する箇所（著作物性が認められる箇所）を参考にして新たな論文を執筆する場合には、原則として他者（著作者）の許諾が必要になります。しかし、このような原則を貫くと、大変手間がかかることでしょう。新たな論文を執筆することを過度に阻害することにもなりかねません。

そこで著作権法は、32条1項で「公表された著作物は、引用して利用することができる」と定めています。

それには条件があり、「その引用は、公正な慣行に合致するものであり、かつ、報道、批評、研究その他の引用の目的上正当な範囲内で行なわれるもの」でなければなりません。

引用が適正であるための具体的な条件は、最高裁昭和55年3月28日判決（最高裁ＨＰ）で以下のように示されています（『作花』３０６頁以下）。

①引用目的が正当であること（報道、批評、研究など）

②明瞭区分性があること（自己の文章なのか、引用してきたものか区別できること。たとえば、かぎカッコでくくることなど）

③主従関係がはっきりしていること（自己の文章と比較して、引用される文章はあくまでも従たる存在でなければなりません。他人の著作物を紹介する目的で、簡単なコメントを付して他人の著作物を長文で引用〈紹介〉することは、主従関係の要件を満たさないと解されています〈『荒竹』３１３頁〉）

④引用に必然性があり、最小限度であること

⑤人格権への配慮がなされていること（著作者人格権や名誉権などの人格権に配慮しなければなりません）

⑥引用した著作物の明示がなされていること（出版物の引用の場合は、著作者名、出版社名や掲載雑誌名、版や巻、頁など、また、ホームページの場合は、ＵＲＬ、タイトル、掲載場所など

で特定でき、かつ容易に検索できる必要があります。なお、この要件については、著作権法48条に規定されていることから、解釈問題がありますが、割愛します）

他人の論文のどの部分に著作物性が認められるかの判断は、高度に法律的な専門性を有する場合が少なくありません。ですが、こうした「適正な引用」をしておけば、後日の紛争（著作権侵害など）を事前に防止できるでしょう。

まとめると、「他者が執筆した論文」を参考にした場合は、「適正な引用」をしたうえで新たな論文を執筆できる、ということになります。もちろん、著作権者の許諾を得れば、こうした引用の要件には縛られません。

なお、他人の学説を紹介したり批判したりするときの引用は、他人の論文上の表現を利用しているとまではいえない場合も多く、この場合は、著作権法32条1項の規定の適用を受けるまでもなく、当然に許されます。

共同研究論文で、著作者は誰？（オーサーシップの問題）

特許権のところでも説明しましたが、科学技術の著しい進歩により、複数の者が共同研究して、その成果たる発明等を共同で特許出願することが多くなっています。論文についても同様で、共同で執筆し、発表することが非常に多くなっています。ではこの場合、すなわち、複数の者が関与した共同研究の成果を論文で発表するに際し、著作者（オーサー）として表示する者は、どのような人でしょうか。

この点、共同著作物とは「二人以上の者が共同して創作した著作物であって、その各人の寄与を分離して個別的に利用することができないもの」（著作権法2条1項12号）とされています。したがって、創作活動に単に補助的な役割を果たしているにすぎない者は、共同著作者とはいえません。

前述の「脳波数理解析共同研究論文事件」を例に、もう少し詳しく見てみましょう。

事例6-4 脳波数理解析共同研究論文事件（大阪高裁 平成6年2月25日判決、判例時報1500号180頁）

まず、この研究は、医学、数学、物理学にまたがる学術的研究で、医師、測定技師、理論家の三者の緊密な連帯なしには成果を挙げられないものでした。

Aは医師としてA病院を経営するかたわら、昭和44年頃から研究者を集めて、A病院における脳波測定技術を活用し、脳波の測定および解析等に関する共同研究を主宰していました。この共同研究には当初、測定技師B、理論家Cが参加していましたが、理論家である原告Dおよび被告Eも昭和47年前後にこの共同研究に加わり、ここにA～Eの5名の共同研究が始められました。

主としてBがA病院で脳波の測定をし、Aが医学的見地から脳波の生理的検討をなし、理論家であるC、D（原告）、E（被告）が脳波の数理的解析にあたりました。D、Eはこの数理的解析のため甲大学数理解析研究所の大型電子計算機を活用し、共同研究を行いました。本件で問題となった研究論文および学会発表は、D（原告）、E（被告）が加わった以後のA～E5名の共同研究の成果についてであり、これらは一部の例外を除きA～Eの5名の連名で発表されてきたものでした。

この共同研究会はおおむね週1回夕刻からA病院で行われ、各自がその専門的立場からその分野について自由な発言をしていたものです。各自他に本業をもっていたため、5名が定刻に出席するとは限らず、全員が揃わないままで随時研究上の報告や発言がなされていました。毎回の研究内容はあらかじめ決められておらず、研究討議の記録も取られていませんでした。また、学会報告などの作成にあたっても分担執筆はせず、指定された特定の人が一人で執筆していました。

このように、共同研究の主体としての結果は強固とはいえませんでしたが、研究内容が、医師、測定技師、理論家の共同作業なしには成立しえないもので、かつ、毎年の日本ME（Medical Electronics）学会および日本脳波・筋電図学会にA～Eの5名の名義でその共同研究として学会発表がされていました。その発表原稿は、事前に研究会の席で会員に閲覧されていました。

裁判で問題になったのは、A～E5名の連名で発表されなかった2つの論文、すなわち、昭和55年のE（被告）の単独名の論文（第1論文）と、同58年のC、D（原告）を除くA、B、Eの3名の連名の論文（第2論文）です。これらは、国際的に著名な学術雑誌に発表されましたが、この2つの論文に著作権侵害があるとして、DがEを訴えたのです。

第1論文および第2論文には、以下の11編の文献が参考文献として掲記されなかった点を原告Dは問題としました。参考文献とは、前述の共同研究期間中、その成果の取りまとめとして、A～Eの5名の連名、無記名、一部の者を除く連名で作成された学会発表用の小論文、一部の者を除く連名で作成された学会発表用の小論文・審査原稿、学会講演の予稿、学会講演の抄録計11編（以下、「本件文献」という）のことです。そして、D（原告）は、E（被告）に対し、第1論文および第2論文において、本件文献を参考文献として掲記すべきであったのにこれを怠り、また本件文献を無断で複製、もしくは翻案したとして、Dが本件文献について共有する著作権と著作者人格権の侵害を理由に、慰謝料の支払いおよび新聞紙上への謝罪広告の掲載を請求したのです（図6－4）。

大阪高等裁判所は、本件文献の著作者はA～Eの5名である趣旨の判示をしましたが、第1論文および第2論文は、当該研究会の構成員全員の共同著作物である本件文献とは取り扱う命題を

[図6-4]脳波数理解析共同研究論文事件の構図

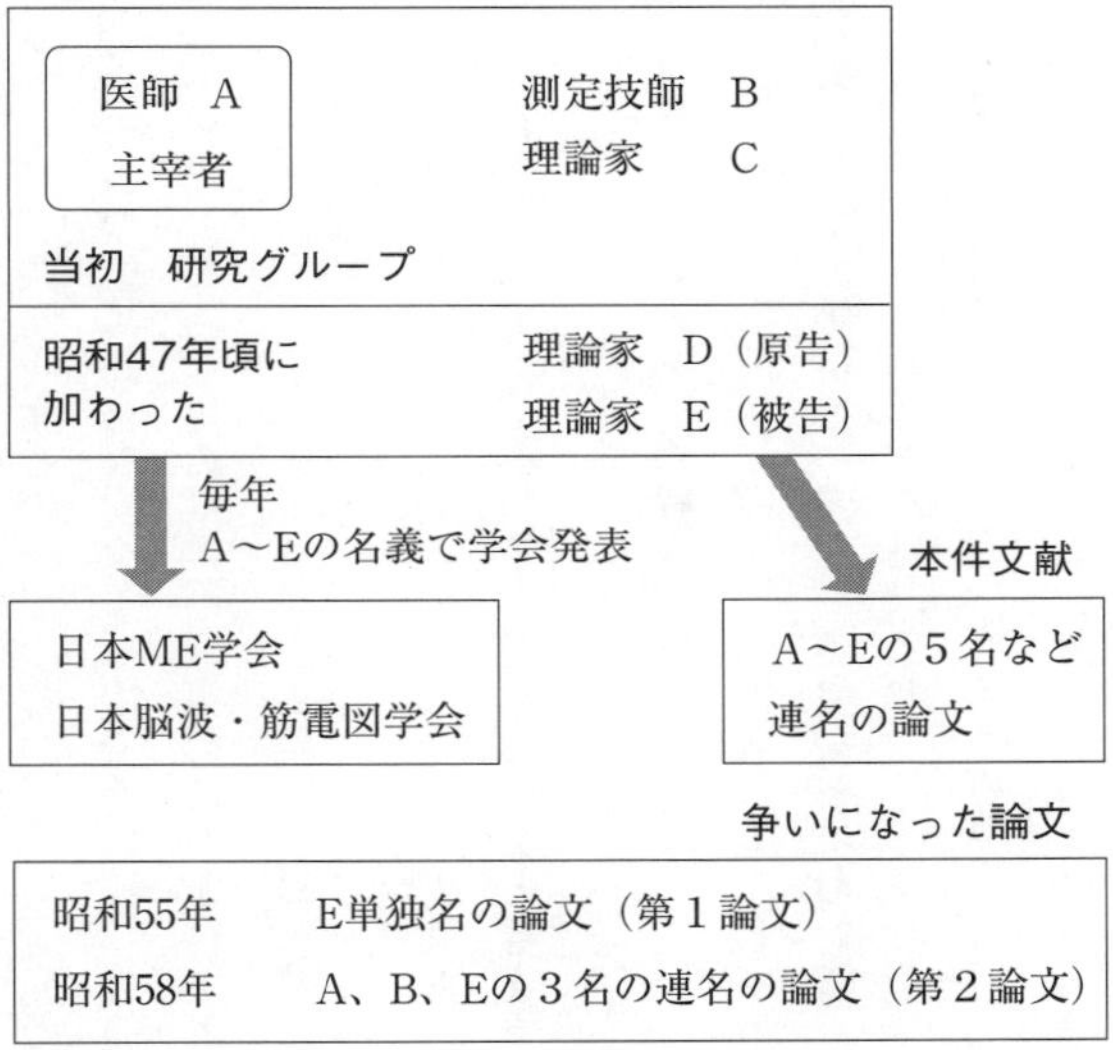

異にし、また、表現形式を共通にするものということもできないから、本件文献の複製または翻案にあたらず、共同著作物たる本件文献の著作権を侵害しないと判示しました。

この判示は何を意味しているのでしょうか。

まず、共同研究者であって論文を実際に執筆した者および、執筆していなくとも、共同研究が共同作業なしには成立せず、発表前に論文の閲覧をしていた者は、少なくとも著作者に該当するということになるでしょう。また、先に執筆された論文と後で執筆された論文とで、共同研究の成果の発表という面では共通しているとしても、論文の命題を異にし執筆内容も共通でない場合には、著作権侵害にはならない、ということになるでしょう。

要するに、共同研究者の一部の者が、共同研究の成果の発表を独自に行うことは、その発表の命題や内容が既出論文と異なるものであれば、可能であるということです。もっとも、そのような発表であっても、他の共同研究者の理解を得ておいたほうが無難でしょう。

著作者の基準

では、著者といえるための要件についての基準はあるでしょうか。
この点については、第11章で述べることとします。

先駆者としての名誉

それでは、ある研究に関して、他者に先んじて当該研究を手がけた研究者Aが、他者Bに対し先駆者としての地位を主張し、学会などにおいても当該研究の先駆者としての評価を受け、尊重されるという地位の有無の判定を求めて、裁判を提起することはできるでしょうか。
東京地裁 平成4年12月16日判決（判例タイムズ832号172頁、判例時報1472号130頁）は、その研究の属する分野の学者・研究者等に委ねられるべきものであり、裁判所において判断することはできない旨を述べています。

取扱説明書は著作物か

取扱説明書に著作物性は認められるでしょうか。取扱説明書に関しては、使用上の注意点や手入れ方法は共通するところが多く、表現の選択の余地は限られており、言語による表現として思想または感情を創作的に表現したものといえる場合は、多くないでしょう。

裁判例として、フライパンの商品取扱説明書（大阪地裁 平成10年1月20日判決、第一法規判例体系）、浴湯を均一に保温させる商品の取扱説明書（大阪地裁 平成17年12月15日判決、最高裁HP）について、それらの著作物性を否定したものがあります。なお、フライパンの商品取扱説明書に関しては、言語の著作物性が争われましたが、編集著作物性（後述）は争われませんでした。一方、浴湯を均一に保温させる商品の取扱説明書については、（少なくとも高裁では）言語の著作物性は争われず、編集著作物性が争われました。商品の取扱説明書における章立て、文章、イラスト、絵表示の配列などに著作物性があると主張したものです。しかし、これらは取扱説明書としてありふれたものであれば、編集著作物性も、認められないことになります。

6-3　美術品、写真、デザインなどの著作物（非言語の著作物）

応用美術は著作物か——美術の著作物と美術工芸品

絵画、彫刻、漫画、イラストなどが美術の著作物の範疇に含まれます。ただし、画風、作風、イメージは当該表現物から離れた抽象的概念ということで、著作物性が否定されます。そして、もっぱら鑑賞目的で創作される美的創作物（純粋美術）が著作物として、著作権法上の保護を受けることも理解できるでしょう。

では、鑑賞目的の純粋美術とは異なり、実用品に美術を応用したもの（応用美術）も、同様に著作権法上の保護が認められるのでしょうか。この点、美術工芸品（応用美術の中で壺や茶器などの大量生産品ではない一品製作的なもの）は、明文で保護されています（著作権法2条2項）。しかし、美術工芸品以外の応用美術については、特段の規定がありません。

物品の形状、模様、色彩などは、特許権などと同様に特許庁に意匠出願することによって、意匠権を取得することができます。したがって、応用美術も意匠法、不正競争防止法などによってしか保護されないようにも思えます。しかし、たとえば大阪高裁 平成17年7月28日判決（最高裁ＨＰ）は、応用美術であっても、実用性や機能性とは別に、独立して美的鑑賞の対象となるだけの美術性を有するに至っていて、一定の美的感覚を備えた一般人を基準に、純粋美術と同視し得る程度の美的創作性を備えていると評価される場合は、「美術の著作物」として著作権法による保護の対象となる場合があるものと解するのが相当であると判示しています。

もっとも、知財高裁（第2部）平成27年4月14日判決は、「実用に供され、あるいは産業上の利用を目的とする表現物」たる応用美術には「様々なものがあり、表現態様も多様であるから、明文の規定がなく、応用美術に一律に適用すべきものとして、『美的』という観点からの高い創作性の判断基準を設定することは、相当とはいえない」としています。これらを理由に応用美術の著作物該当性の基準に関し、「応用美術につき、他の表現物と同様に、表現に作成者の何らかの個性が発揮されていれば、創作性があるものとして著作物性を認めても、一般社会における利用、流通に関し、実用目的又は産業上の利用目的の実現を妨げるほどの制約が生じる事態とまでは、考え難い」と判示しました。

この知財高裁判決は、従来の裁判例と異なり、純粋美術と同視し得る程度の美的創作性の有無を問題とせず、何らかの個性の発揮の有無のみを基準とするものとして、画期的意義があると評価する向きもあります。

このほか、応用美術の著作物性を裁判所が肯定した例としては「チョコエッグ・フィギュア」

(妖怪フィギュアのみ、大阪高裁同判決)、博多人形、仏壇彫刻、アメリカTシャツなどがあります。裁判所の否定例としては、ファービー人形、装飾街路灯、佐賀錦袋帯、木目化粧紙などがあります。

設計図は判断が分かれる――図面の著作物

地図または学術的な性質を有する図面、図表、模型などは「図形の著作物」の範疇に入ります。

では、設計図には著作物性が認められるでしょうか。この点、著作権法による保護の対象はあくまでも、技術的思想を記述するときの作図上の工夫である(『荒竹』53頁)とし、技術思想そのものに個性があっても著作物性肯定の理由にならないとする見解があります(同趣旨の裁判例として、東京地裁 平成9年4月25日判決、判例時報1605号136頁、判例タイムズ944号265頁)。一方、大阪地裁 昭和54年2月23日判決(判例タイムズ387号145頁)や大阪地裁 平成4年4月30日判決(判例時報1436号104頁)は、技術思想に個性があることを理由に著作物性を認めており、判断が分かれているといってよいでしょう。

次に、科学技術に関する図表に著作物性は認められるでしょうか。この点、事例6－3のとおり、東京地裁 平成17年11月17日判決(最高裁HP)は、蒸気を熱源とする熱交換器におけるドレン滞留防止に関する設計上の熱交換器の負荷率を簡便に算定するためのチャート（左縦軸に温度、右縦軸に圧力、横軸に負荷率を設定した方眼状のもの）の図表の著作物性を否定しました。横軸および縦軸の設定や目盛り付けは、技術的知見あるいはアイデアをそのまま表現したものにすぎず、このような表現自体について創作性を見出すことはできないというのがその理由です。

また、東京地裁 平成17年5月12日判決（最高裁ＨＰ）は、国・地域別旅行案内書（ガイドブック類）に記載された空港案内図が他社の空港案内図の著作権を侵害したとして裁判になった事案で、他社の空港案内図の著作物性を認めました。ただ、類似性の有無の判断（類否判断）においては著作権侵害を否定しています。

モデルハウスの著作権は？——建築の著作物

建物、塔、庭園、橋は建築の著作物に該当します。では、一般住宅も著作物といえるのでしょうか。この点につき、実際の裁判を例に説明しましょう。

事例6-5 モデルハウス事件（大阪地裁 平成15年10月30日判決、最高裁ＨＰ）

まず、一般住宅に著作物性は認められるでしょうか。この判決では「通常のありふれた建築物は、著作権法で保護される『建築の著作物』には当たらないというべきである」と判示しています。その理由については、以下のように述べています。

「一般住宅の場合でも、その全体構成や屋根、柱、壁、窓、玄関等及びこれらの配置関係等において、実用性や機能性のみならず、美的要素も加味されたうえで、設計、建築されるのが通常であるが、一般住宅の建築において通常加味される程度の美的創作性が認められる場合に、その程度のいかんを問わず、『建築の著作物』性を肯定して著作権法による保護を与えることは、同法2条1項1号の規定に照らして、広きに失し、社会一般における住宅建築の実情にもそぐわないと考えられる」

そのうえで、一般住宅が「建築の著作物」であるということができる場合については、以下のように述べています。

「一般人をして、一般住宅において通常加味される程度の美的要素を超えて、建築家・設計者の思想又は感情といった文化的精神性を感得せしめるような芸術性ないし美術性を備えた場合、すなわち、いわゆる建築芸術といい得るような創作性を備えた場合であると解するのが相当である」

この裁判は、A社（被告）が建設したモデルハウスが、B社（原告）の建築、販売する建物を複製または翻案したものであるとして、原告が被告に対し、著作権法に基づき、被告建物の建築等の差止め等を請求したものでした。判決では、上記のような一般論を述べたあと、以下のように判示しました。
「モデルハウスのように一般人向けに多数の同種の設計を行う場合は、一般住宅が備える程度の美的な創作性が感じられる場合であっても、建築家・設計者の思想又は感情といった文化的精神が感じられ、美術性や芸術性を認識させることは、一般的に、極めてまれである」

結局、本件では原告主張の建築物については著作物性が認められませんでした。

同じ事件において、被告はモデルハウスのチラシを制作していました。B社のカタログ等に掲載された原告建物の玄関側を撮影した写真を無断で被告が複製し、自社商品ではない建物をチラシに掲載したとして、この写真が掲載された住宅のチラシの廃棄等を求めました。

原告の写真は、具体的には、構図や光線の照射方法を選択、決定し、調整したうえで、キャッチフレーズに沿うように、不要なものを消去し、玄関先、バルコニー、テラスなどに樹木等を配し、建物周辺にも敷石や樹木等を配するなどのCG出力処理を施した写真でした（写真6－1とは別の写真です）。これにつき、同判決は「被写体の選定、撮影の構図、配置、光線の照射方法、撮影後の処理等において創作性があるものと認められ、原告の思想又は感情を創作的に表現したものとして、著作物性を有するものというべきである」としました。

さらに同判決は、原告写真と被告写真をスキャニングし、原寸でOHPフィルムにて出力したものを重ねあわせたうえで、屋根、窓、玄関、インナーバルコニーその他の構成部分がほぼ一致するなどとして、そういった共通点により、原告写真と被告写真の各被写体の建物は、建物の形状、屋根、壁面、窓、玄関、バルコニーなどの配置、色彩等を含め、全体として極めてよく似た外観として表示されているとし、被告写真は原告写真に依拠して原告写真を複製して作製されたものであると認められると判示しました。

結局、同判決は、問題となった原告の建物について建築の著作物性を否定したものの、それとは別の原告の建物を被写体とした写真の著作物性、著作権侵害を肯定し、被告の写真の印刷、複写、その写真を掲載したチラシその他の印刷物の配布を禁じたわけです。

なお、原告の建築物はグッドデザイン賞を受賞していましたが、この点について同判決は「一般に、グッドデザイン賞の選定に当たっては、単に外観の美しさだけではなく、工業製品としての機能や、同じ外観の製品の大量生産が可能か否かという工業製品の生産性に関わる事項(『再現性』等)も相当程度考慮されていることが認められる」ことなどを理由に、「グッドデザイン賞の受賞から、原告建物に美術性、芸術性が具備されていると認めることはできない」と判示しています(写真6-1)。

さらに、この建物については、原告は、被告のモデルハウス(被告商品)が原告の建物を形態模倣したものとして、後で紹介する不正競争防止法2条1項3号、4条に基づき、損害賠償を求めています。同判決は「被告商品が原告商品の商品形態を模倣したか否かの判断に当たっては、

［写真6－1］上・原告の建物、
下・被告の建物
（最高裁HPより）

原告建物

被告建物

玄関側（正面）の外観だけではなく、それ以外の部分の外観も考慮に入れて、全体として形態の同一性を判断すべきである」としました。

具体的には、原告建物と被告建物を、玄関側（正面）以外の面で対比すると、各面の外観に現れる屋根と壁面の形状、屋根の大きさ、窓の個数・配置・大きさなどが顕著に異なり、少なくとも玄関側以外の外観上は、原告建物と被告建物の形態が同一ないし実質的に同一といえるほどに酷似しているとはいえない、と判示しました。

また、原告建物と被告建物とは、それぞれの玄関側（正面）の外観においても、実質的に同一といえるほどに酷似しているとはいえないとして、両者は、外観において相違があり、形態が同一ないし実質的に同一であるとはいえないから、被告建物が原告建物を模倣した商品であると認めることはできない、とも判示しました。

写真の著作物性は認められやすい――写真、動画の著作物

写真の著作物性は、一般論としては認められることが多いですが、被写体、構図、アングル、光量、シャッター速度、現像などさまざまな要素があり、侵害が認められるかどうかの判断については千差万別であるといえます。

動画については、美術の著作物または写真の著作物と同様に考えることができます。

ゲームソフトも「映画」に該当――映画やゲームソフトの著作物

映画に関する著作物は、他の著作物と比べ、著作者の範囲、著作権の帰属、存続期間など（著作権法16条、26条、29条、54条等）でその内容が異なります。

最高裁平成14年4月25日判決は「本件各ゲームソフトは、コンピュータ・グラフィックスを駆使するなどして、動画の影像もリアルな連続的な動きを持ったものであり、影像に連動された効果音や背景音楽とも相まって臨場感を高めるなどの工夫がされており、アニメーション映画の技

法を使用して、創作的に表現されている」と判示したうえで、ゲームソフトが映画の著作物に該当すると判示しましたが、権利内容は、純粋な映画の著作物とは異なります。

次に紹介するのは、被告が配信したゲームの制作・配信行為が原告の著作権を侵害したといえるかなどが問題となった事例です。

事例6-6 「プロ野球ドリームナイン」ゲーム事件（知財高裁（第1部）平成27年6月24日判決、最高裁HP）

本件は、『プロ野球ドリームナイン』というタイトルのゲーム（以下「Xゲーム」という）をソーシャルネットワーキングサービス（SNS）上で提供・配信しているXが、『大熱狂!!プロ野球カード』というタイトルのゲーム（以下「Yゲーム」という）を提供・配信しているYに対して起こした裁判です。YがXゲームを複製または翻案して、Yゲームを制作したことなどを理由にXがYに対し損害賠償請求等を請求しました。

Xゲームは、利用者が選手カードを「スカウト」や「選手ガチャ」といった方法を用いて収集して、プロ野球チームを独自に作成し、理想とするチームを編成することを内容とするものです。社団法人日本野球機構から承認を受けており、選手カードを実在の選手名にし、基本料金は無料にしていました。

そしてXゲームは、「選手ガチャ」「スカウト」「オーダー」「強化」「試合」という5つの部分が相互に関係するように構成されていて、概略、以下のように進行するものでした。①利用者は、選手ガチャおよびスカウトを実行して、所持する選手カードを増やしていく。②利用者は、①で収集した選手カードを強化する。具体的には、収集した選手カードから2枚を選択し、うち1枚の選手カードにもう1枚の選手カードを合成して、選手カードのレベルを上げることができる。③利用者は、欲しい選手カードを入手したり、能力値の高い選手カードを入手したりしたときには、現在の野手オーダーや投手起用法（先発、中継ぎ、抑え）を見直し、オーダーの組み替えを行う。④利用者は、上記①ないし③によって作成、強化した自己のチームを、携帯電話回線等を通じて、他の利用者などのチームと対戦させる。⑤利用者は、上記選択肢のうち必要と思われる行為を適宜選択し、これを繰り返しながらチームを強化し、理想とするチームを作り上げていく、というものです。

（1）ゲーム構成要素の共通性

ゲームの構成としては共通する部分が多いものの、SNSゲームに共通する遊び方や進行方法であって、それ自体アイデアにすぎず、YゲームはXゲームの翻案にあたるとはいえない、と判断しています。

（2）ゲーム全体

ゲームソフトは通常の映画と異なりインタラクティブ性を有しており、ある種の画像は、操作性を重視せざるをえないため、作成者がその思想・感情を創作的に表現する範囲は、自ずと限定的なものとならざるを得ません。さらに、本件における両ゲームは、一定の制約（スポーツのルール、実在の選手等の画像などを利用すること、トレーディングカードゲームの形態やルールに由来）があるから、とくに特徴的な点あるいは独自性がない限り、創作性は認められない、などと判示しました。

（3）選手カード

ダルビッシュ有選手の選手カードについては、中島裕之選手のカードと同様、本体写真のポーズおよび配置、背景の炎および放射線状の閃光の描き方などの具体的な表現が共通していました。この表現によって、ダルビッシュ選手の力強い投球動作による躍動感や迫力が伝わってくるため、両選手のカードは表現上の本質的特徴を同一にしており、その部分において思想または感情の創作的表現があると認められました。

これに対し、ダルビッシュ選手についての各相違点が上記共通点から受ける印象を凌駕するものとはいえないことは、中島選手と同様である。したがって、Yゲームのダルビッシュ選手の選手カードは、中島選手についてと同様に、Xゲームのダルビッシュ選手のカードを翻案したものと認められる、と判示しました。

（4）損害額

本件2選手のカードの著作権侵害によってXが被った損害は、12万3322円と算定され、これとは別に弁護士費用相当額として20万円の賠償金が認められました。

「プログラム言語」は著作物ではない――コンピュータプログラム

プログラムの著作物（著作権法10条1項9号）としての保護の対象は、同2条1項10の2号等から、プログラム言語で表現されたものであるとされています。したがって、プログラミングの前段階で設計されるドキュメント（基本設計書、詳細設計書など）は、プログラムの著作物には該当しないということになります。

また、著作権法10条3項によれば、「プログラム言語」「規約」「解法」そのものも、プログラムの著作物に該当しません。ここで「プログラム言語」とは、「プログラムを表現する手段としての文字その他の記号及びその体系をいう」（同10条3項）とされています。日本語や英語の表記や文法そのものに著作物性が認められないのと同様で、新たな言語を開発したとしても、著作物として保護されないということになります。

「規約」とは「特定のプログラムにおける前号（著作権法10条3項1号）のプログラム言語の用法についての特別の約束をいう」とされています（同10条3項2号）。具体的には、プログラム言語以外の現実にプログラムを機能させるための約束ごとを指し、インターフェースやプロトコルがこれに該当するとされています（『荒竹』69頁）。

「解法」とは「プログラムにおける電子計算機に対する指令の組合せの方法をいう」とされています（著作権法10条3項3号）。具体的にはアルゴリズムがこれに該当します。つまり、インターフェース、プロトコル、アルゴリズムなども、著作物として保護されません。

商品カタログも場合によっては著作物に該当——編集著作物

著作権法12条によれば、「編集物（データベースに該当するものを除く。以下同じ）でその素材の選択又は配列によって創作性を有するもの」は著作物として保護されます。

編集著作物として著作物性が肯定されたものとしては、職業別電話帳（タウンページ／東京地裁　平成12年3月17日判決、最高裁ＨＰ）、カーテン用副資材等のカタログ（大阪地裁　平成7年3月28日判決、最高裁ＨＰ）、会社案内（東京高裁　平成7年1月31日判決、判例時報１５２５号１５０頁）、レッスン情報誌のうちの一部分（東京高裁　平成17年3月29日判決、最高裁ＨＰ）、時事英語用語辞典（東京高裁　昭和60年11月14日判決、最高裁ＨＰ）、用字苑（名古屋地裁　昭和62年3月18日判決、判例時報１２５６号90頁）などがあります。このうち、カーテン用副資材等のカタログについてみてみましょう。

事例6-7 カーテン用副資材カタログ事件（大阪地裁　平成7年3月28日判決、最高裁HP）

カーテン用副資材等のカタログに掲載された写真および説明図が著作物に該当するか、カタログが全体として編集著作物に該当するか、カタログが全体として一個の著作物に該当するかなどが問題となった裁判です。

判決は、カタログに掲載された写真すべてにつき著作物性を認めました。一方、説明図および説明文については、著作物性を認めませんでした。また、カタログが全体として編集著作物に該当するかについては、これを肯定しました。判決では、以下のように述べられています。

まず本件カタログは、①カーテン用副資材の製造販売を業とする訴外会社の商品を紹介するものでした。この会社の商品は、他の副資材メーカーに比べてフックの商品のバリエーションが多いことを考慮して、カタログでは、カーテンフック類がカタログの冒頭にくるように配列されていました。②トリミング材については、白いレース系のトリミング材とその他の着色されたフレンジ（トリミング材）とを区別し、それぞれを一章にまとめるなどの工夫がされていました。③さらに、各章の冒頭部分には当該章において紹介する商品の機能、用途、特質、商品開発の基本思想をまとめた短文を配し、個々の商品の紹介部分にも商品を実際に使用する際の使用方法や留意点について説明文を付していました。④また、別々に撮影したギャザーテープまたはバルーンテープの写真と、これを使用したカーテンの写真とを、上下二段あるいは左右に並べて、それぞれの形状とその具体的使用方法が一日瞭然に理解できるように工夫していました。

これらから、本件カタログは、編集物でその素材の選択、配列によって創作性を有するので、全体として編集著作物に該当する、とされました。

情報の集合物も場合によっては著作物に該当——データベース

著作権法2条1項10の3号は、データベースを「論文、数値、図形その他の情報の集合物であって、それらの情報を電子計算機を用いて検索することができるように体系的に構成したものをいう」としています。同12条の2において、このようなデータベースのうち「その情報の選択又は体系的な構成によって創作性を有するもの」について著作物性が認められます。

編集著作物として著作物性が肯定されたものとしては、タウンページ・データベース（東京地裁　平成12年3月17日判決、最高裁ＨＰ）、新築分譲マンションに関する情報の集合物としてのコアネット・データベース（東京地裁　平成14年2月21日中間判決、最高裁ＨＰ）などがあります。

6-4 他人の著作物を参考にした場合

複製や二次的著作物になるケースも

Ａの著作物を参考にして他人であるＢが作成した表現物に、Ａの著作権はどこまで及ぶのでしょうか。すなわち、ＢがＡの著作物にどの程度オリジナリティーを加えたら、もはやＡの著作権は及ばなくなるのでしょうか？

Ａの著作物と全く同一か、実質的に同一であると評価されるＢの表現物は、Ａの著作物の「複製」といえ、原則として著作権侵害となります。

次に、Ａの著作物の大筋をまねて細かい点を変えて作り直したにすぎないが、新たなＢの創作性が認められる表現物はどうでしょうか。この場合は、原則として、著作物の翻案権（著作権の一部）侵害となりますが、Ｂ固有の著作物性も認められます。このようなＢの表現物を「二次的著作物」といいます。このＢが作成した二次的著作物を第三者Ｃが利用する場合、ＡおよびＢから許諾を得て利用しなければ、原則としてＡおよびＢの著作権侵害となります。

また、他人Ａの著作物からヒント、アイデアを得て作成されたにすぎず、もはや大筋をまねたとはいえない新たな創作性が付与されたＢの著作物は、二次的著作物とはいえず、Ａの著作権が及ばない全く別個の著作物ということになります。

6-5 仕事上の創作物の著作権（職務著作）

従業員が作成した著作物は会社のもの

技術系のみなさんが、会社で職務に関連する論文を業務命令で書き、発表した場合、その論文の著作権は誰に帰属するのでしょうか。これはいいかえれば、会社で働いている従業員が職務上創作した著作物の権利（職務著作）はどうなるのか、という問題になります。

これについては、法人等の発意に基づいて従業者が職務上創作した著作物で、その法人等の名義の下に公表するものの著作者は、その作成時における契約、勤務規則その他に別段の定めがない限り、法人等の使用者とされています（著作権法15条）。つまり、著作権はすべて会社に帰属してしまいます。特許権の場合の職務発明とは異なる制度になっています。また、プログラムの著作物の場合は、公表の有無・態様に限られず、会社の著作物となります（著作権法15条2項）。簡単にいえば、従業員が仕事上で創作した著作物の著作者は、別に定めのない限り、原則として会社である、ということになります。

では、大学教授が論文を作成した場合はどうなるのでしょうか。この場合、論文の作成が「法人等の発意」（この場合は大学の発意）とはいえないと思われます。論文作成は教授の職務には含まれないのが一般的であり、かつ、職務上の裁量の範囲が広いからです。したがって、著作者は大学ではなく教授になります。学生は「従業者」ではないので、職務著作の規定が適用されません。つまり、卒業論文の著作者は、基本的には指導教官と学生ということになります。

6-6 複数で共同して作成した場合（共同著作）

複数の者が共同で著作物を作成した場合の著作者は、著作物に関与したすべての者ということになるのでしょうか。

共同著作物とは

著作権法2条1項12号は、共同著作物とは「二人以上の者が共同して創作した著作物であって、その各人の寄与を分離して個別的に利用することができないものをいう」としています。したがって、創作活動に単に補助的な役割を果たしているにすぎない者は、共同著作者とはいえません。なお、映画の著作物の著作権の帰属については別に定めがあります（著作権法29条）が、ここではふれません。

共同著作者の一人が反対しても出版できるか

共同著作物の著作者人格権は、著作者全員の合意によらなければ、行使することができません（著作権法64条1項）が、各著作者は、信義に反して合意の成立を妨げることはできません（同条2項）。「信義に反して」とは、各著作者の間で明示または黙示に形成されている約束や了解事項に反することを意味する（『作花』179頁）、とされています。たとえば、共同論文を本にすることは複製権の行使にあたりますが、これに反対する共同著作者の理由に正当性がなければ、この者の同意がなくとも本を出版することができるわけです。

また、共同著作物の各著作者または各著作権者は、他の著作者または他の著作権者の同意を得ないで、差止請求（著作権法112条）またはその著作権侵害による自己持分の損害賠償請求、不当利得返還請求をすることができ、共有の著作権または著作者隣接権についても同様です（同117条）。

裁判例を挙げておきますと、前出の事例6－4の「脳波数理解析共同研究論文事件」で問題となった「本件文献」は、共同著作物であることが肯定されています。

また、翻訳原稿について、単語等に対する指摘や修正および具体的な修正の指摘がない下線などによる注意喚起のみを行った者は、著作権を取得できる程度の創作的活動とはいえず、翻訳著作物の共同著作者とは認められないとされた事例（京都地裁　平成16年11月24日判決、判例時報

1910号149頁、控訴）があります。翻訳のチェックをした程度では、共同著作権者にはなりません。

次に紹介するのは、論文を学会の機関誌に掲載するに当たり、無断で第1著者と第2著者の著作順位を変更することが不法行為を構成するとされた事案です。

事例6-8 著作順位変更事件（東京地裁　平成8年7月30日判決、判例タイムズ940号222頁）

Xは、平成2年4月、A大学大学院B研究科に入学し、平成4年3月、「α」を修士論文として同大学院に提出し、同修士課程を修了しました。この論文の中核である「β」部分を抽出して、Y1学会の発行する月刊誌「C」に投稿掲載することとなった際、同誌の編集委員であるY2とY3が共謀のうえ、論文・研究レポート欄に論文の第1著者を「D」、第2著者を「X」と故意に誤記して掲載発刊しました。Xは、このことで著作者人格権と名誉を侵害されたと主張し、Yらに対して350万円の損害賠償の支払いと謝罪広告の掲載を求めたのです。

これに対しYらは、この雑誌に掲載された論文は、Xの修士論文を基礎としてXとY2が共同作業の結果完成させたものであるから、掲載論文・研究レポート欄の著者名の掲載によってXの著作者人格権や名誉を毀損することにはならない、などと主張しました。

本判決は、Ｘが修士論文を完成させるに至った経緯、修士論文の概要、修士論文と掲載論文の同一性等について検討したうえ、掲載論文は、Ｘが作成した修士論文にＹ２がＸとともに検討を加え、さらにＹ２自身で検討した結果であるとしても、結局、修士論文と理論構築上同一であるから、その主要な著者は、Ｘであると認めるのが相当であるとしました。そのうえ、Ｙ２が掲載論文の第1著者としてのＸの承諾なくして著作順位を変更して、Ｙ１学会の機関誌に掲載論文を提出した行為は不法行為を構成すると判断し、Ｙ２に対して１２０万円の損害賠償の支払いを命じましたが、Ｙ１、Ｙ３に対する請求を棄却しました。

6-7 許諾なく著作物を利用できる場合

著作物を利用しようとする者は、著作権者から許諾を得て利用するのが原則です。しかし、著作権法は「文化的所産の公正な利用」（著作権法1条）などのため、著作権者による許諾を受けずに著作物を利用できる場合を定めています（権利制限規定）。なお、この権利制限規定によって著作物の利用が認められている場合でも、利用態様に応じて、出所の明示が義務づけられている場合があります。

私的使用のための複製は可能

著作物は、私的使用を目的とするときは、一定の場合を除き、その使用者が複製することができます（著作権法30条）。ここで私的使用とは、個人的にまたは家庭内その他これに準ずる限られた範囲内において使用することをいいます。たとえば、レンタルCD店で借りてきたCDを録音することなどです。

しかし、一定の場合、相当な額の補償金を著作権者に支払わなければならないという制度（私的録音・録画補償金制度。著作権法30条1項）があります。

また、私的使用でも複製が許されない場合（著作権法30条1項各号）があります。

第一は、一般の人が使用することを目的として設置されている自動複製機器による複製（著作権法30条1項1号）の場合です。たとえば、店頭に置かれたダビング装置でビデオなどをダビングすることは、著作権侵害になります。ただし、コンビニエンスストアなどに設置されたコピー機を用いて行う私的使用の複製は、現在のところ自由にできます（著作権法附則5条の2）。

第二は、技術的保護手段の回避により複製が可能となり、または複製の結果に障害が生じないようになった場合に、その事実を知って行った私的使用のための複製は、著作権の侵害になります。たとえば、DVDに「コピー不可」「コピー一世代だけ可」「コピー自由」などの信号を選択して記録できるCGMSという技術的保護手段がありますが、この「コピー不可」の信号を「コピー自由」の信号に改変する行為が「技術的保護手段の回避」に該当するわけです。他人がこのようなコピー防止信号の改変を行ったＤＶＤを使って自己のＤＶＤ－ＲＡＭにダビングする行為は、著作権侵害行為に該当します。

いわゆる「写り込み」の他人の著作物の利用（平成24年改正法）

たとえば、写真撮影やビデオ収録の際、背景に著作物であるキャラクターが写り込んでしまうといったことや、キャラクターが写り込んだ写真をブログ等に掲載するといったことがありま す。こうした写り込んでしまった著作物の利用は、通常、著作権者の利益を不当に害するものではありませんが、これまでは著作権侵害に問われるおそれがありました（文化庁ＨＰ）。この点について、当該侵害に問われないことが、平成24年の著作権法の改正によって明文化されました。

すなわち、著作権法30条の2第1項は、写真の撮影、録音または録画（以下、「写真の撮影等」という）の方法によって著作物を創作するに当たって、①写真などの著作物にかかる撮影等の対象とする事物、②音から分離することが困難であるため付随して対象となる事物や音にかかる他の著作物（当該写真等著作物における軽微な構成部分となるものに限ります。以下、「付随対象著作物」という）は、当該創作に伴って複製または翻案することができるとしています。ですが、当該付随対象著作物の種類や用途並びに当該複製・翻案の態様に照らして著作権者の利益を不当に害することとなる場合は、この限りではありません。

また2項では、1項の規定により複製または翻案された付随対象著作物は1項に規定する写真等著作物の利用に伴って利用することができるが、当該付随対象著作物の種類、用途並びに当該利用の態様に照らし著作権者の利益を不当に害することとなる場合は、この限りでない、と定めています。

この付随対象著作物は、撮影後には画像処理等によって消去することが可能な場合がありますが、本条2項では「分離することが困難であること」を要件としていません。つまり、「付随対象著作物」を「写真等著作物」から分離することが可能であっても、著作権者の許諾を得ることなく利用することができるということです（文化庁HP）。

本条の対象となる著作物の利用行為としては、以下のような例が考えられます（ただし、本条の対象となるかどうかについては、最終的には個別具体の事例に応じ、司法の場で判断されることになります。以下、他の条文の対象となる著作物の利用行為の例についても同様です）（文化庁HP）。

・写真を撮影したところ、本来意図した撮影対象だけでなく、背景に小さくポスターや絵画が写り込む場合

・街角の風景をビデオ収録したところ、本来意図した収録対象だけでなく、ポスター、絵画や街

中で流れていた音楽がたまたま録り込まれる場合
・絵画が背景に小さく写り込んだ写真を、ブログに掲載する場合
・ポスター、絵画や街中で流れていた音楽がたまたま録り込まれた映像を、放送やインターネット送信する場合

一方、以下のような著作物の利用行為は本条の対象とならず、原則として著作権者の許諾が必要となります（文化庁ＨＰ）。
・本来の撮影対象として、ポスターや絵画を撮影した写真を、ブログに掲載する場合
・テレビドラマのセットとして、重要なシーンで視聴者に積極的に見せる意図をもって絵画を設置し、これをビデオ収録した映像を、放送やインターネット送信する場合
・漫画のキャラクターの顧客吸引力を利用する態様で、写真の本来の撮影対象に付随して漫画のキャラクターが写り込んでいる写真をステッカー等として販売する場合

企画書にキャラクターを使うのはＯＫ？
——検討の過程における利用（平成24年改正法）

従来、著作物の利用行為として、たとえば企業がキャラクター商品の開発や販売の企画を行う

に当たり、そのキャラクターの著作権者の許諾を得る前に、企画書などにキャラクターを掲載することがあります。こうした著作権者の許諾を得ることを前提とした行為は、通常著作権者の利益を不当に害するものではありませんが、これまでは著作権侵害に問われるおそれがありました（文化庁ＨＰ）。この検討の過程における利用については、当該侵害に問われないことが、平成24年の著作権法の改正により、明文化されました。

著作権法30条の３では、著作権者の許諾を得るか、著作権法上の規定による裁定を受けて著作物を利用しようとする者は、これらの利用についての検討の過程においては、その必要と認められる限度で当該著作物を利用することができると定めています。ただし、当該著作物の種類および用途、並びに当該利用の態様に照らし著作権者の利益を不当に害することとなる場合は、この限りではありません。

技術の開発または実用化のための試験の用に供するための利用（平成24年改正法）

従来、録画機器などの著作物の利用を目的とした機器の開発などの際には著作物の利用が広範に行われており、たとえば、企業が録画機器を開発するに当たって、実際に映画等の著作物を素材として録画するといった行為が行われています。こうした行為は、通常は著作権者の利益を不当に害するものではありませんが、著作権侵害に問われるおそれがありました（文化庁ＨＰ）。この点につき、当該侵害に問われないことが、平成24年の著作権法の改正により明文化されました。

すなわち著作権法30条の4は、公表された著作物は、著作物の録音、録画その他の利用に係る技術の開発または実用化のための試験に用いる場合には、必要と認められる限度において利用することができる、と定めています。

情報提供の準備に必要な情報処理のための情報通信技術の利用（平成24年改正法）

デジタル化・ネットワーク化の進展は、著作物の利用の飛躍的な多様化をもたらしており、たとえばクラウドサービスなどの各種インターネットサービスにおいては、データの処理速度を速めるという目的で、サーバーにおいてデータを大量複製するといった行為が行われています。こうした行為は通常、著作権者の利益を不当に害するものではありませんが、これまで著作権侵害に問われるおそれがありました（文化庁ＨＰ）。この点につき、当該侵害に問われないことが、平成24年の著作権法の改正により法文上、明文化されました。

すなわち著作権法47条の9は、著作物は、インターネット等の情報通信の技術を利用して、情報の提供を円滑かつ効率的に行うための準備に必要な情報処理を行うときは、必要と認められる限度において、記録媒体への記録または翻案（これにより創作した2次的著作物の記録を含む）を行うことができる、と定めています（文化庁ＨＰ）。

さらに、本条の対象となる利用行為は「記録媒体への記録又は翻案」に限られます。このため、本条の対象はサーバー上の記録等に限られ、情報提供そのものを行う際に必要となるインターネット送信などは、本条の対象とはなりません（文化庁ＨＰ）。

正当な引用も許される

公表された著作物は一定の条件のもと、著作権者の許諾なくして引用して利用することができます（著作権法32条）。具体的な引用の条件は、「論文などの著作物」の１９３ページからを参照して下さい。論文以外の著作物でも、原則は同じです。

パソコンソフトのインストールは「複製」にあたる

パソコンソフトを購入して、自分のパソコンにインストールすることも、著作権法上の「複製」にあたります。これについては、プログラムの著作物の複製物の所有者は、パソコンなどの電子計算機において利用するために必要と認められる限度において、そのプログラムの複製または翻案（これにより創作した二次的著作物の複製を含む）をすることができると定められています（著作権法47条の3第1項本文）。

また、特定の電子計算機においては利用できないプログラムをその電子計算機において利用できるようにするため、またはプログラムをより効果的に利用できるようにするために必要な改変も許されます（著作権法20条2項3号）。

簡単にいえば、ソフトウェアを購入した人は、自らの利用のために必要な限度でパソコンにインストール（複製）することができ、そのソフトウェアを効果的に利用するために、プログラムを変えることができます。

しかし、購入したソフトウェアが違法な海賊版で、購入時にそのような事情を知っていた場合には、インストールすらできません（著作権法47条の3第1項但書）。

また、購入したソフトウェア、あるいは、そのソフトウェアの複製物を譲渡したあとは、その者は、残ったソフトウェア（購入したもの、新たな複製物を問わない）を保存することが許されません（著作権法47条の3第2項）。自分のパソコンにインストールしたあと、他人にソフトを売ったりあげたりしたら、自分のパソコンからもソフトを削除しなければ、著作権侵害になります。

また、ハードディスクをそのままコピーすれば、インストールされたソフトウェアも複製されてしまいます。これについては、平成19年7月1日施行の著作権法47条の4により、記録媒体内蔵複製機器（パソコンなど。この段落では以下、単に「パソコン」という）の保守または修理を行うために、パソコンに内蔵されているハードウェアに記録されている著作物を、必要な限度で他の記録媒体に一時的に記録し、保守または修理後にそのハードウェアに再び記録することが明文で認められました（同1項）。パソコンに製造上の欠陥または販売に至るまでの過程において生じた故障があるため、パソコンを同種の機器と交換する場合も同様です（同2項）。なお、一時的に他の記録媒体に記録した者は、これらの保守、修理、交換後、他の記録媒体に記録された当該著作物の複製物を保存することが許されません（同3項）。

そのほかの利用

そのほか、著作物の利用が認められている場合には、次のようなものがあります。

図書館等における複製（著作権法31条）、教科用図書等への掲載（同33条）、学校教育番組の放送等（同34条）、学校その他の教育機関における複製（同35条）、試験問題としての複製（同36条）、営利を目的としない上演等（同38条）、時事問題に関する論説の転載等（同39条）、時事の事件の報道のための利用（同41条）、裁判手続等における複製（同42条）、放送事業者等による一時的固定（同44条）、美術の著作物等の原作品の所有者による展示（同45条）、美術の著作物等の展示に伴う複製（同47条）、プログラムの所有者による複製等（同47条の3）、保守・修理等のための一時的複製（同47条の4）、送信可能化された情報の送信元識別符号の検索等のための複製等（同47条の6）、情報解析のための複製等（同47条の7）、電子計算機における著作物の利用に伴う複製（同47条の8）、情報通信技術を利用した情報提供の準備に必要な情報処理のための利用（47条の9）など。

6-8 許諾を得て利用するには

利用許諾と譲渡

他人の著作物を利用する場合は、著作権者の許諾がなくても利用できる前述の場合を除いて、著作権者の利用許諾を得る必要があります（場合によっては著作者の同意も必要です）。この場合も特許実施許諾の場合と同様に、後日の紛争防止のため、利用許諾契約書を作成したほうがよいでしょう。

さらに、著作権は譲渡することができます。複製権のみの譲渡など、著作権の一部だけを譲渡することもできます。この場合、「著作権譲渡契約」によって、譲渡を受けた側は、著作物の自由な利用が可能となります。注意を要するのは、「著作権譲渡契約」と「著作物の複製物の譲渡契約」とは全く分けて考えなければならないことです。たとえば、ソフトウェア（著作物の複製物）を購入した際には「著作物の複製物の譲渡契約」が成立していますが、「著作権譲渡契約」はなされていないのです。

6-9 著作権侵害を判断するには

自己診断について

他人の著作物を利用する場合は、当然、著作権侵害に該当するか否かを検討しなければなりません。特許権の場合は、特許庁による審査を経て権利化され、特許公報である程度の権利侵害性が判断できます。特許権侵害については、会社が主体となって慎重に検討しますし、弁理士、弁護士といった専門家に対し報酬を支払って侵害性を判断しますから、慎重な検討が必要なことは、いわば予定された行動の範囲内といえるでしょう。

しかし、著作権の場合は、特許庁による審査を経て権利化されるわけではなく、また、特許公報といった公の判断資料もありません。また、執筆や資料の作成にあたって、著作権侵害の有無に関し、弁護士などの専門家の意見を聞くというのも、大げさな感がする場合も多いでしょう。

そこで、自己の判断のみで、著作権の侵害性をある程度判断できることが必要です。

まず、著作権侵害に関する紛争の流れを説明しておきます。一般的には、著作権者が、内容証明郵便による警告で著作物を利用した表現物の廃棄などを求め、それにあわせて損害賠償を請求します。警告を受けた者が素直に著作権侵害を認めれば、損害賠償額は、訴訟に至る場合に比べて低額なものとなることが一般的です。

したがって、著作権という権利の概要を理解されたうえで、著作権者の名誉を尊重し常識的な行動をとれば、著作権侵害の問題はあまり生じないと思われます。侵害性の判断が自己のみでは困難と思われた場合は、弁護士などの専門家に相談しましょう。

著作権侵害の判断の順序

ここで、著作権侵害の判断の順序の概略を説明しておきます。

①参考とした表現物に著作物性が認められるか

まずは、自分が文章を執筆する際に、参考とした表現物が著作物といえるかどうかを判断します。表現物の種類によっては、著作物となるか否かの広狭に差がありますので、ある程度、類型的に判断することも可能だと思います。「何を創れば著作権が発生するか」（192ページ）を参考に判断して下さい。

前述したように、論文、設計図、建築、説明書などに著作物性が認められる範囲（量）や程度（質）は、小説や美術の場合と比べて、狭いといえます。先に紹介した「解剖学実習テキスト事件」（195ページ）は、基本書全体の著作物性を認めたものの、個々の記述自体の著作物性を否定したものと理解されます。結局、表現物全体に著作物性が認められるとしても、専門書、説明書など表現上の工夫の余地が乏しいものほど、個々の文章にまで著作物性が認められる範囲は狭くなると言えるでしょう。

すなわち、書籍は、一つ一つの文がありふれたもの、あるいは、表現上の工夫が乏しいものでも、全体としてみれば作成者の創作性を感得できることが少なくありません。このような場合には、書籍全体の著作物性が肯定される一方で、個々の文章の著作物性が否定されるという法解釈も理解できるのではないでしょうか。

あとで述べますが、ウェブサイトにおける書き込みの書籍への転載に関する訴訟でも、裁判所は同じような判断手法を採ることが少なくありません。

②著作物性があると判断した表現物と自己が作成した表現物が類似しているか

次に、参考とした著作物性のある表現物と新たに作成した表現物が類似していないかを判断します（専門的には、「著作物の保護範囲内か否か」が問題とされる局面です）。この判断も、専門書、説明書など表現上の工夫の余地が乏しいものほど「著作権侵害と評価される類似性」は否定されるでしょう。

③同一または類似している場合には、適正な引用等をしているか

前記したような、適正とされる条件（198ページ～）にしたがって引用されているか否かを判断する必要があります。

6-10 ウェブサイトにおける他人の著作物の利用

ウェブサイトにおける公開は「私的使用」の範囲を超える

ウェブサイト上の著作権について、まずは一般論を説明しましょう。

最近は、自己のホームページを作成する方やフェイスブックやブログなどに書き込みをされる方も数多くいます。これらのウェブサイトの作成や書き込みにあたって、写真や動画を用いることも多いでしょう。このとき、写真などは自由に使うことができるのでしょうか。また、書き込み可能なウェブサイト（掲示板など）を作成している場合に、名誉毀損的な書き込みがなされたら、これを削除しなくても問題がないのでしょうか。さらに、書き込みを集めた本を出版することも問題がないといえるのでしょうか。

まず、著作権法についてとくに注意すべきことは、ウェブサイトは他人が閲覧可能な状態になっていれば、写真などの著作物の利用は「私的使用のための複製」の範囲を超えていることに

なるということです。したがって、他人が撮影した写真を掲載した場合、著作権法上の「引用」などに該当しなければ、著作権侵害になってしまいます。

その他の各論については、以下に述べることにします。

他人の書籍の要約は許されるか――ウェブサイトにおける文章の利用

（1）文章をウェブサイトで利用する際の一般論

前述のとおり、ウェブサイトにおける他人の著作物の複製は、著作者の許諾が不要である「私的使用のための複製」の範囲を超えています。そのため、著作者の許諾が不要な他の事由、たとえば、著作権法32条の「引用」などに該当しなければ、著作者の許諾なくして著作物を利用できません。

（2）自己が運営するウェブページにおいて、名誉毀損的表現、プライバシー侵害、著作権侵害に該当する書き込みがあった場合の対応

プロバイダ責任制限法（正式名称は「特定電気通信役務提供者の損害賠償責任の制限及び発信者情報の開示に関する法律」）3条1項によれば、情報の流通により他人の権利が侵害されたときに、管理者は、他人の権利が侵害されていることを知っていたとき、あるいは他人の権

利が侵害されていることを知ることができたと認めるに足りる相当の理由があるときは、その他人に対する賠償責任を負うことになります。

他方、正当な理由のない一方的な削除により、契約違反などの損害賠償責任を負う可能性もあります。たとえば、氏名、住所、電話番号、学校や会社などの所属先が示されることにより、特定される人のプライバシーを侵害する書き込みについて削除等の要請があった場合には、原則として削除できます。ですが、要請があったのに削除しなかった場合は、損害賠償責任を負うことになります。

社団法人テレコムサービス協会のホームページ（http://www.telesa.or.jp/）において、こういった問題についてのガイドラインが示されているので参考になります。名誉毀損、著作権侵害、商標権侵害については、削除しても問題がないか否かは、プライバシーの場合に比べてより判断が難しいので、ガイドラインなどを参考にして、判断されることをお勧めします。

画像のウェブサイト上での利用

写真や動画のような画像が他人の著作物である場合には、前述した文章の場合と同様です。自己が撮影したものであっても、被写体が人物である場合には、原則として、その人の承諾が必要です。

名古屋地裁　平成16年7月16日判決（判例タイムズ１１９５号１９１頁）では、コンビニエンスストアの経営者が買い物客の姿を防犯カメラによって撮影し、その画像をビデオテープに録画したこと、およびこのビデオテープを警察官に提出したことがいずれも違法とはいえないとされました。

一方、東京地裁　平成17年9月27日判決（判例時報１９１７号１０１頁）では、東京の最先端ストリートファッションを紹介する目的で、公道を歩いている原告の写真を無断で撮影し、ウェブサイトに掲載したことが肖像権の侵害にあたるとして、35万円の損害賠償請求（請求額は３３０万円）が認容されました。

さらに、最高裁　平成17年11月10日判決（最高裁ＨＰ）は、以下のような基準を示しました。

「人は、みだりに自己の容ぼう等を撮影されないということについて法律上保護されるべき人格的利益を有する（最高裁　昭和44年12月24日大法廷判決・最高裁判所刑事判例集23巻12号１６２５頁参照）。もっとも、人の容ぼう等の撮影が正当な取材行為等として許されるべき場合もあるのであって、ある者の容ぼう等をその承諾なく撮影することが不法行為法上違法となるかどうかは、被撮影者の社会的地位、撮影された被撮影者の活動内容、撮影の場所、撮影の目的、撮影の態様、撮影の必要性等を総合考慮して、被撮影者の上記人格的利益の侵害が社会生活上受忍の限度を超えるものといえるかどうかを判断して決すべきである」

「また、人は、自己の容ぼう等を撮影された写真をみだりに公表されない人格的利益も有すると解するのが相当であり、人の容ぼう等の撮影が違法と評価される場合には、その容ぼう等が撮影された写真を公表する行為は、被撮影者の上記人格的利益を侵害するものとして、違法性を有するものというべきである」

同判決では、法廷内での被疑者の容ぼう等を隠し撮りした写真の撮影および公表ならびに法廷内での被告人の容ぼう等を描いたイラスト画の一部の公表を違法と判断しました。

ウェブサイトを利用したビジネスでは

ウェブサイトをビジネスに用いる場合、他人の著作権や商標権に関して注意を要します。本書では詳しく触れませんが、前出の経産省「電子商取引に関する準則」には、前述の利用規約の有効性、リンクなどの他に、消費者契約法、景品表示法、特定商取引法の適用関係などが示されており、参考になります。

また、個人情報流出防止に関する法令、特定の業種に関する特別法（たとえば、ネットオークションの場合は古物営業法）もケアしなければなりませんし、電子マネー、電子署名などについても、特別な法令があります。

6-11 著作権侵害をしないためのポイント整理

「引用」でほとんど防げる

文章、図、カタログ、プログラムなどの表現物を作成する場合には、他人の表現物を参考にするのが一般的です。そうした表現物をそのまま利用する場合、「引用」の条件（198ページ〜）に適正にあてはまるようにしましょう。それで、ほとんどの著作権侵害は防げます。

「引用」ができない場合は、まず参考にする表現物のどこに創作性が認められるか、すなわち、いかなる部分に著作物性が認められるかを判断しなければなりません。著作物性が認められると判断した部分を応用する場合には、応用して作成された表現物が参考とした表現物に「似ている」と感じたときは、当該著作物の翻案権を侵害している可能性が十分にあるので、要注意です。

6-12 著作権の保護期間と刑罰

終期は著作者の死後50年(例外あり)

著作権の存続期間の始期は、著作物の創作のときです(著作権法51条1項)。

著作権の存続期間の終期は、以下のように分類されます。

①原則(②から④に規定のない著作物)

著作者の死後50年が終期となります。共同著作物については、最終に死亡した著作者の死後50年が終期となります(著作権法51条2項)。

②無名又は変名の著作物

原則として公表後50年が終期となります(同52条1項)。

③団体名義の著作物

原則として、公表後50年が終期となります。創作後50年以内に公表されなかったときは、創作後50年が終期となります(同53条1項)。

④映画の著作物

原則として、公表後70年が終期となります。創作後70年以内に公表されなかったときは、創作後70年が終期となります（同54条1項）。

10年以下の懲役

著作権法違反で刑事責任が問われるケースもあります。たとえば、著作権、出版権または著作隣接権を侵害した者は、10年以下の懲役もしくは１０００万円以下の罰金に処され、またはこの両方の刑罰を受けます（著作権法１１９条1項）。これは、平成19年7月1日から施行されました。

ファイル共有ソフトＷｉｎｎｙ（ウィニー）を使用してインターネット利用者に映画の情報を自動公衆送信しうるようにした行為が、著作権法違反になるとされた事例（京都地裁　平成16年11月30日判決、最高裁ＨＰ）では、懲役1年執行猶予3年の判決（確定）となりました。

6-13 ＴＰＰ協定で著作権はどう変わるか

環太平洋パートナーシップ（ＴＰＰ）協定とは、日本を含む環太平洋地域の計12ヵ国による包括的な経済連携協定です。２０１５年10月のアトランタ閣僚会合において、大筋合意に至りました。外務省は、２０１５年12月7日付のＨＰにおいて、今後、各国と連携しつつ、協定の早期署名・発効を目指していく、としています。

ＴＰＰ協定で対象となる知的財産の一つに著作権があります。内閣官房ＴＰＰ政府対策本部が平成27年10月５日付で公表した「環太平洋パートナーシップ協定（ＴＰＰ協定）の概要」によれば、著作権に関する大筋合意の内容は概略以下のとおりです。

（1）保護期間

著作物（映画を含む）、実演またはレコードの保護期間を以下のとおりとする。

①自然人の生存期間に基づき計算される場合には、著作者の生存期間および著作者の死から少なくとも70年

②自然人の生存期間に基づき計算されない場合には、次のいずれかの期間

ｉ 当該著作物、実演またはレコードの権利者の許諾を得た最初の公表の年の終わりから少なくとも70年

ii 当該著作物、実演またはレコードの創作から一定期間内に権利者の許諾を得た公表が行われない場合には、当該著作物、実演またはレコードの創作の年の終わりから少なくとも70年

（2）非親告罪化

故意による商業的規模の著作物の違法な複製等を非親告罪とする。ただし、市場における原著作物などの収益性に大きな影響を与えない場合はこの限りではない。

（3）損害賠償制度の拡大

著作権等の侵害（および商標の不正使用）について、法定損害賠償制度または追加的損害賠償制度を設ける。

（4）その他

WTO・TRIPS協定やACTA（偽造品の取引の防止に関する協定）と同等またはそれを上回る規範を導入する。

例）

・営業秘密の不正取得、商標を侵害しているラベルやパッケージの使用、映画盗撮に対する刑事罰義務化

・衛星放送やケーブルテレビの視聴を制限している暗号を不正に外す機器の製造・販売等への刑事罰および民事上の救済措置を導入

第7章

デザインと商標の保護

ヒット商品の権利を尊重する

ヒット商品には売れ筋があり、たとえば自動車にしても、ボディが角張った形状のものが売れるときもあれば、丸みを帯びたものが売れることもあります。

技術者が、爆発的にヒットしている他社の商品の形態（デザイン等）を模倣して、そっくりの商品を開発し、販売することが倫理に反するのは当然です。しかし、ヒット商品にヒントを得て、別の新たな商品を開発することもまた技術者にとって必要なセンスといえるでしょう。

そこで本章では、商品を含む物品がどのように法律上保護されており、他者の権利をどう尊重すべきかについて述べたいと思います。

7-1 デザイン保護の法的根拠

意匠法、商標法、著作権法等による保護

商品のデザインに関する権利のうち、もっとも強力な知的財産権が「意匠権」です。物品の形状、模様もしくは色彩などで視覚を通じて美感を起こさせるものについては、特許庁に意匠出願することにより、意匠権による保護を受けることができます。

登録要件として、今までにない新しい意匠であるか（新規性）、容易に創作をすることができたものでないか（創作非容易性）、先に出願された意匠の一部と同一または類似でないか、ひとつの出願に複数の意匠が表されていないか（一意匠一出願）などがあり、これらの有無が審査されます。意匠権の存続期間は、設定登録の日から20年間です（意匠法21条）。

商標法も意匠法と同様に立体的形状を保護対象とし、また、商標には図形等も含まれることから（商標法2条、意匠法2条）、デザインの商標法による保護も十分検討に値します。

商標法上、商標として保護可能なデザインとしては、文字、図形、記号、立体的形状（立体商標）、それらの組み合わせ等が考えられます。

文字の例として、アサヒビールのアサヒの字（図7-1）、図形の例として、出光興産（石油）

の顔のマーク（図7－2）、文字と図形を組み合わせた例として、花王の「花王」という文字と月（図）が組み合わされたもの（図7－3）、立体的形状（立体商標）の例として、不二家のペコちゃんの人形があります。

不正競争防止法で保護される場合も

それでは、登録をしていない場合は、その商品のデザインを模倣（デッドコピー）されても法的な保護を受けられないのでしょうか？　このような場合は、不正競争防止法により、模倣された商品の譲渡等を差し止めたり、損害賠償等を求めることができます（不正競争防止法2条1項3号、3条、4条等）。

［図7－1］文字商標の例（アサヒビール）

Asahi

［図7－2］図形の商標の例（出光興産）

［図7－3］図形と文字の組み合わせ商標の例（花王）

花王

不正競争防止法2条1項3号は、他人の商品のデザインを模倣した商品を譲渡・販売したり、貸したりすることを禁止しています。保護の対象となる商品は、日本国内における最初の販売の日から3年以内のものです（不正競争防止法19条1項5号イ）。また、サンプルとしての出荷、見本市における展示も含まれると解され、取引先から具体的な受注があれば最初に販売された日を経過したものと認めてよい（「ハートカップ事件」神戸地裁　平成6年12月8日決定、知的財産関係民事・行政裁判例集26巻3号1323頁）とされています（『田村』311頁）。

もっとも商品のデザインは、同種の商品が通常有する形態のものである場合には、保護されません。同種の商品がない場合には、その商品と、その機能および効用が同一または類似の商品とを比べて、デザインが独自のものかどうか（通常性）を検討することになります。

意匠法と不正競争防止法による保護の違いは、前者は登録が必要で出願から20年の保護、後者は登録が不要で最初の販売日から3年間の保護、と理解しておけばよいでしょう。

7-2 デザインをめぐる裁判例

意匠法、不正競争防止法の裁判例

自分（自社）で創作した商品のデザインを他人に真似された場合に、真似されたことを主張する際の法的根拠は、主に意匠法と不正競争防止法2条1項3号です。以下では、意匠法、不正競争防止法2条1項3号が問題となった事案について紹介します。

[図7-4] 事例7－1の被告意匠登録図（右）と、原告商品（左）

被告意匠を原告商品が侵害したと認められた（最高裁HPより）

斜視図

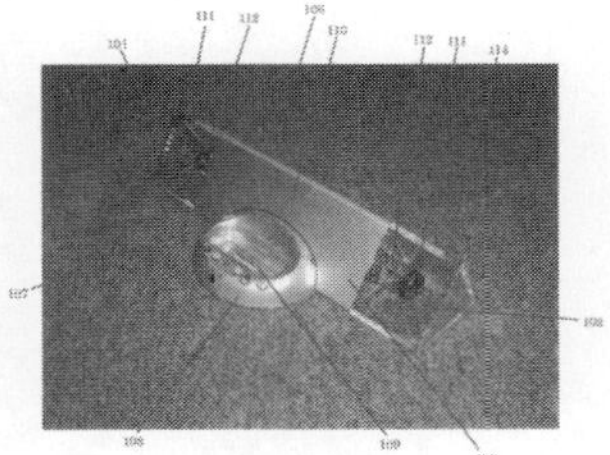

原告製品意匠　斜視図

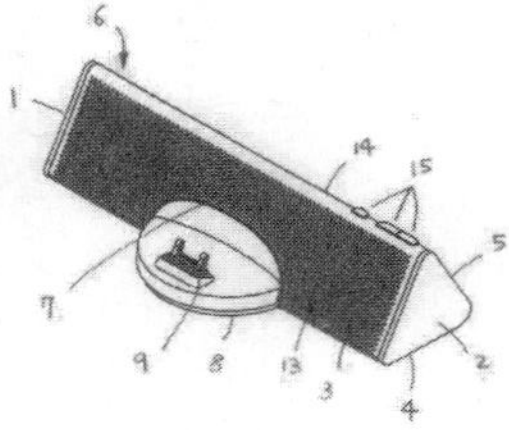

正面図

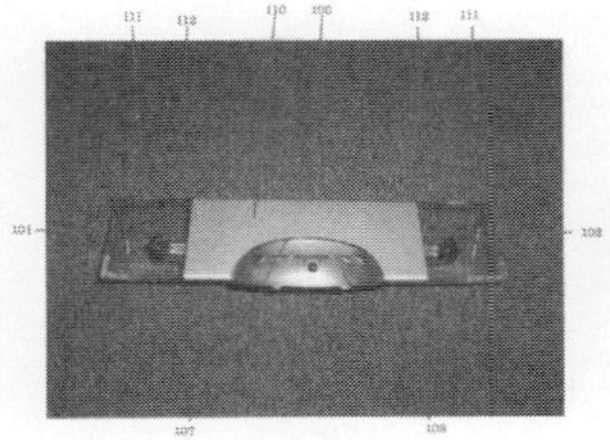

原告製品意匠　正面図

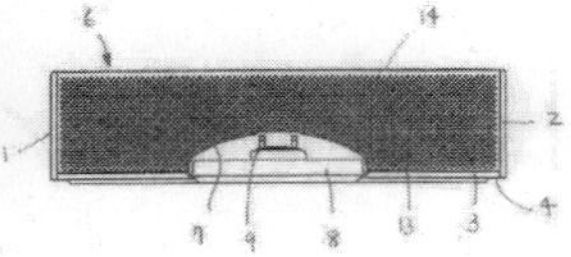

背面図

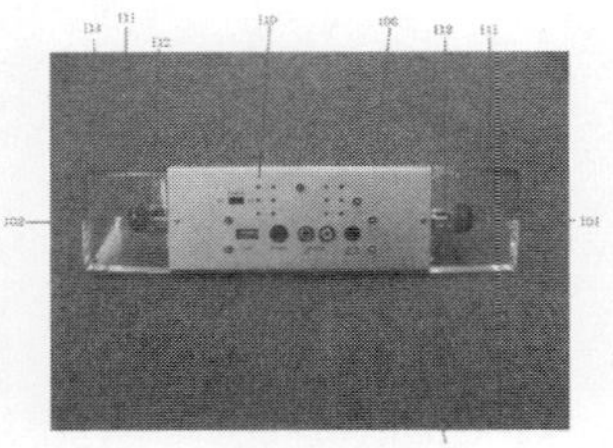

原告製品意匠　背面図

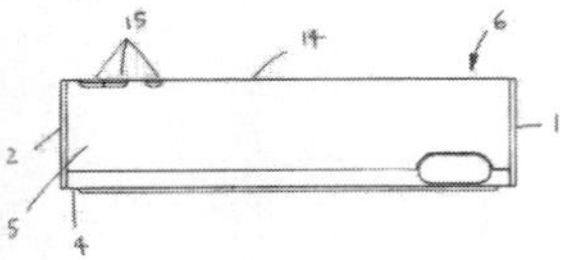

（1）意匠法の裁判例（図7－4）

事例7－1 増幅器付スピーカーの意匠権侵害（東京地裁　平成19年4月18日判決、最高裁HP）

増幅器（アンプ）を販売するA社が、B社製品の増幅器付きスピーカーの登録意匠に類似するとして、B社から、この増幅器の販売の差止めを求められました。A社は、これに類似しないとして、差止請求権が存在しないことを求めて提訴しました。裁判所は、原告A社の請求を認めず、A社の増幅器は被告B社の意匠権を侵害していると判示しました。

（2）不正競争防止法の裁判例（図7－5）

事例7－2 リュックの形態模倣（大阪地裁　平成18年11月16日判決、最高裁HP）

本件は、被告の販売するリュックは原告の販売しているリュックの形態を模倣したものであって、これを販売する被告の行為は不正競争防止法2条1項3号に定める不正競争行為に該当すると主張して、原告が被告に対し、被告商品の譲渡等の差止め、廃棄、損害の賠償を請求した事案です。リュックについて、原告製品と被告製品の共通点、相違点を比較し、全体として形態が同一であるとは解されず、実質的にも同一とはいえないとして原告の請求を棄却しました。

［図 7-5］事例 7 － 2 の商品
左が原告、右が被告のもの。上が正面、下が背面。形態模倣は認められなかった（最高裁 HP より）

原告商品

原告商品図面 1

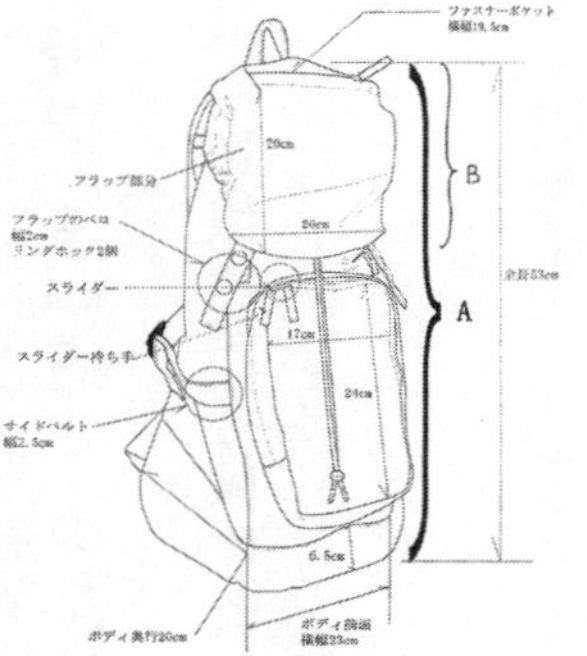

被告商品

被告商品図面 1

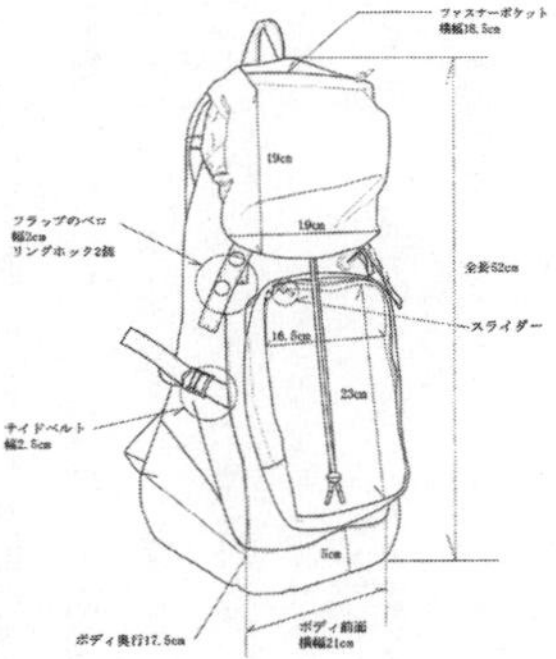

原告商品図面 2

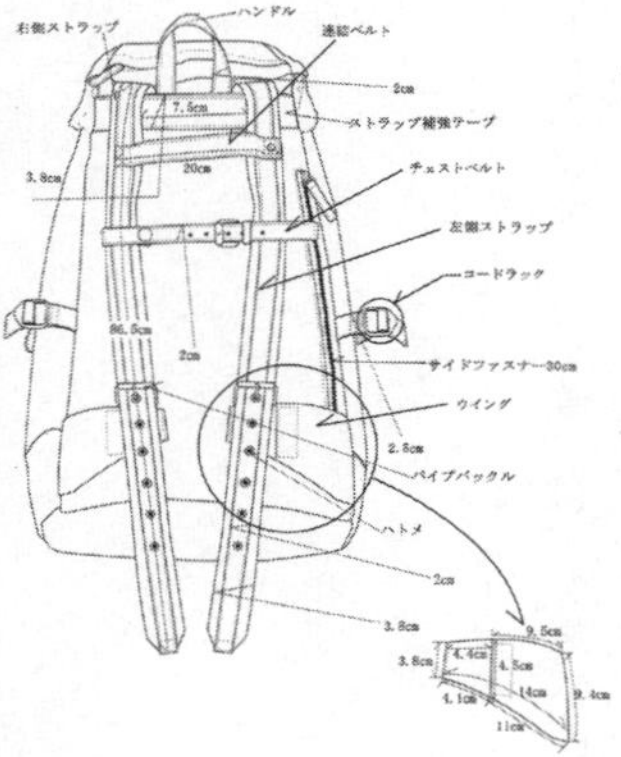

被告商品図面 2

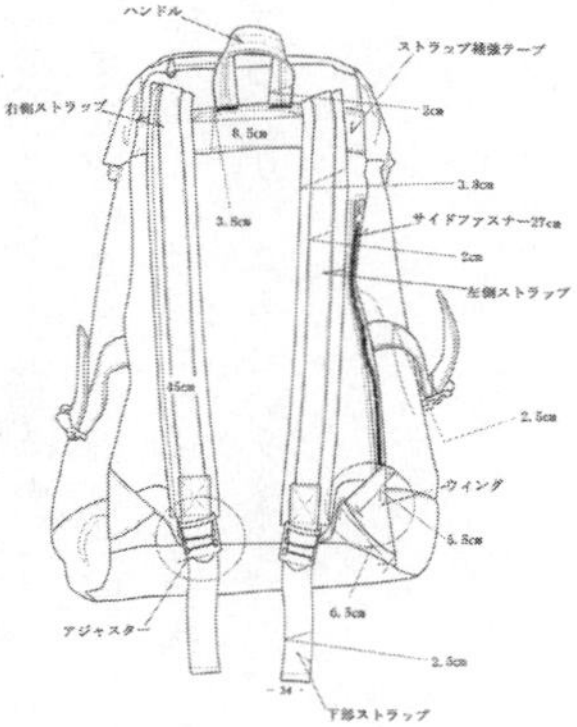

7-3 意匠権侵害を回避するための分析手法

創作性の程度や類似性が考慮される

意匠権侵害かどうかは、どのように判断されるのでしょうか。

まず、意匠権として登録されている物品の形状等（デザインなど。「登録意匠」）を基準にして、設計、製作がなされた物品の形状等（「対象意匠」）の類否を判断します。その類否は、登録意匠と対象意匠とが美感を共通にするかどうかによって判断されます。その際には、登録意匠の創作性の程度、対象意匠の物品と登録意匠の物品の同一性や類似性などが考慮されます。

そして、この判断のために、登録意匠と対象意匠の基本的構成態様と具体的構成態様を分析します。基本的構成態様とは、基本的な態様であり、具体的構成態様とは、より詳しく観察した態様と考えて下さい。これらを分析して、両者の類否を検討するのがベストといえます。

具体的な手順を以下に説明していきましょう。

（1）物品自体の類似性

まず、物品自体の類似性を判断します。

前出の事例7－1の増幅器付きスピーカーの意匠権侵害を認めた東京地裁 平成19年4月18日判決の例では、登録意匠の物品（登録物品）が増幅器付きスピーカーであり、対象意匠の物品（対象物品）は増幅器であり、両者の物品は同一ではありません。しかし、両物品の用途・機能などからそれらの類似性を検討すると、登録物品は、増幅器およびスピーカーという2つの機能を有する、いわゆる多機能物品であり、増幅器の機能において対象物品と機能を共通にします。したがって、両物品は類似するということになります。

（2） 形態面の類似性

次に、意匠の形態面における類似性を判断することになります。

この類否の判断は、登録意匠にかかわる物品の取引者・需要者が見て、もっとも注意を惹かれる部分（これを「要部」という）をその意匠の中から抽出します。そして、要部の共通点および差異点を検討し、さらに要部以外の部分の共通点および差異点についても検討します。これらを勘案した結果、全体として美感を共通にするか否かを判断します。

①まず、「要部」が前述の基本的構成態様と具体的構成態様のどの部分に該当するかを把握しなければなりません。

登録意匠の要部を把握するときは、登録意匠の出願時点で、既に公知または周知されている意匠等を考慮に入れ、登録意匠の新しい創作性への評価を踏まえて検討することになります。

②次に、登録意匠と対象意匠との基本的構成態様と具体的構成態様ごとに共通点および相違点を抽出します。

抽出後、対象意匠が登録意匠の要部と共通の構成態様を有していれば、対象意匠は、登録意匠に類似していると判断されやすくなるでしょう。したがって、このような場合には、登録意匠の要部と共通しないように、対象意匠に修正を加えなければ、意匠権侵害と判断されやすくなります。

以上は、裁判における判断手法におおむね従ったものです。これが煩雑であるというのであれば、登録意匠の物品において、視覚を通じてもっとも注意を惹かれる部分（要部）は、どこにあるかを直感で判断し、要部は絶対に類似させない、という姿勢が必要です。

7-4 形態模倣となることを回避するための分析手法

基本は意匠権と同じ

7-3で紹介したのは、意匠権侵害を回避するための分析でしたが、形態模倣（不正競争行為）を回避するための分析方法も、基本は同じです。

7-5
商標の保護

商標出願について

ここまで、デザインの保護について説明してきましたが、ここからは、商標権に関する諸問題についてお話ししましょう。

商標権は、たとえば自社商品にどのような商品名をつけるか、という場面で登場する権利です。この際に、既に競合する他社が商標権を取得している商標（標章）と類似の商標を使用すれば、商標権侵害が問題となります。さらに、商標権が取得されていない場合でも、先発の他社商品等の表示として需要者の間に広く認識されているものと類似の表示を使用して取引を行い、他社商品等と混同を生じさせた場合（周知表示混同惹起行為）や他社の著名な商品を示す表示と類似する表示を自社商品などに使用して取引を行った場合（著名表示冒用行為）には、それぞれ不正競争防止法上の不正競争行為に該当します（同2条1項1、2号）。原則として、製造・販売の差止めや損害賠償請求の対象となります。

まず、商標出願について説明します。

ある商品の商品名を自己が独占的に使用することを望む場合、特許庁へ商標登録の出願をします。出願の際には、商標登録を受けようとする商標として、その商品名を記載するほか、指定商品および商品の区分も指定しなければなりません。たとえば、商品がコーヒーの場合、指定商品はコーヒー、商品の区分は第30類となります（もっとも狭く指定した場合）。商品名を「イノヤンコーヒー」とするならば、商標登録を受けようとする商標も、「イノヤンコーヒー」もしくは「イノヤン」ということになるでしょう。

また、商品だけでなく、役務も指定できます。たとえば、喫茶店において主としてコーヒーを提供する場合は「コーヒーを主とする飲食物の提供」が指定役務となり（もっとも狭く指定した場合）、役務の区分は第43類となります。なお、この場合、喫茶店の名前がたとえば「イノヤン」であれば、商標登録を受けようとする商標も「イノヤン」とするのが一般的でしょう。

なお、商標出願しても、所定の要件（商標法3条、4条など）を満たさなければ、商標登録を受けることはできません。たとえば一般的に用いられている名称や、ありふれた商標は、登録を受けられません。

新しいタイプの商標の導入

平成27年4月1日に施行された新商標法で、動き商標、ホログラム商標、色彩のみからなる商

［図7－6］新商標法で登録された5つの新しいタイプの商標

動き商標	文字や図形等が時間の経過に伴って変化する商標 ……たとえば、テレビやコンピューター画面等に映し出される変化する文字や図形など
ホログラム商標	文字や図形などがホログラフィーその他の方法により変化する商標 ……たとえば、見る角度によって変化して見える文字や図形など
色彩のみからなる商標	単色又は複数の色彩の組合せのみからなる商標（これまでの図形等と色彩が結合したものではない商標） ……たとえば、商品の包装紙や広告用の看板に使用される色彩など
音商標	音楽、音声、自然音等からなる商標であり、聴覚で認識される商標 ……たとえば、ＣＭなどに使われるサウンドロゴやパソコンの起動音など
位置商標	文字や図形等の標章を商品などに付す位置が特定される商標

標、音商標、位置商標が導入されました（特許庁ＨＰ／図7－6）。

継続的使用権

新商標法の施行日前から使用している新しいタイプの商標については、商標登録をしなくても、従来の業務範囲内で使い続けることができます（継続的使用権）。

なお、位置商標については、従来から保護が認められていた商標について、その商標を付す位置が特定されるにすぎないものであることから、継続的使用権を設けておりません（特許庁ＨＰ）。

新しいタイプの商標に関する審査の概要（特許庁HP）

（1）自他商品・役務の識別力についての審査について

「動き商標」「ホログラム商標」「位置商標」を構成する文字や図形等が自他商品・役務の識別力を有しない場合には、原則として、商標全体としても自他商品・役務の識別力を有しないものとします。色彩のみからなる商標は、原則として自他商品・役務の識別力を有しないものとします。

多くの商品が通常発する音、単音、自然音を認識させる音、楽曲としてのみ認識される音などの要素からなる「音商標」については、原則として自他商品・役務の識別力を有しないものとします。

※「自他商品・役務の識別力」とは、その商標を付した自社の商品または役務を他社の商品または役務と区別させる商標の基本的機能のことをいいます。

（2）商標の類否の審査について

商標の類否の審査は、出所の混同が生じ得ると考えられるものについては、商標のタイプを越えて類否の判断を行います。

※商標の機能には、出所表示機能、品質保証機能、広告宣伝機能があり、出所表示機能とは、その商標が付された商品、役務の出所（生産者、販売者など）を需要者に認識させる機能を

［図７－７］平成27年4月1日から同年10月23日までに出願・登録された新しいタイプの商標の内訳（特許庁公表）

	合計	音	動き	位置	ホログラム	色彩
登録された数	43	21	16	5	1	0
【参考】平成27年4月1日の出願件数	481	151	32	103	3	192
平成27年10月23日までの出願総数	1,039	321	70	214	11	423

いいます。

利用状況

平成27年4月1日から同年10月23日（暫定）までの新しいタイプの商標の審査結果について、特許庁が公表した結果は図７－７のとおりです（特許庁ＨＰ）。

特許庁が登録を認めた新しいタイプの商標の商標権者には以下の企業があります（平成27年10月27日公表）。今後、ますますの出願、登録が期待されます。

音商標：久光製薬、味の素、大正製薬（ファイトーイッパーツ）、伊藤園（おーいお茶）など

位置商標：ドクターシーラボ、富士通、エドウイン、セイコーマートなど

動き商標：東レ、小林製薬、久光製薬、エステー、富士通など

ホログラム商標：三井住友カード

商標権侵害について（商標の類否判断）

商標権者は、登録商標と類似する商標を、指定商品（もしくは指定役務）に同一もしくは類似する商品（もしくは役務）に使用している者に対して、損害賠償やその侵害の差止めを請求することができます（商標法36〜38条等）。したがって、ある商品の商品名を検討する際には、登録商標との類否を検討する必要があります。たとえば、「イノヤンコーヒー」という登録商標（指定商品はコーヒー）が存在する場合、「イソヤンコーヒー」という商品名のコーヒーを販売するに先立ち、「イノヤンコーヒー」と「イソヤンコーヒー」との類否判断が必要となります。

このような自社商品のネーミングにおいて、他社の商標権に関してもっとも注意すべき点は、既に登録商標となっている競合他社商品名との類似性にあるといえます。そのため、本書ではこの点に絞って説明します。

では、類否の判断はどのような基準でなされるのでしょうか。この点、最高裁 昭和43年2月27日判決（氷山・しょうざん事件。登録拒絶審決に対する取消訴訟についての上告判断）は、以下のように判示しました。侵害訴訟における上告審判断である「小僧寿し事件」（最高裁 平成9年3月11日判決。最高裁判所民事判例集22巻2号399頁、最高裁HP）でも踏襲されています。

「商標の類否は、対比される両商標が同一または類似の商品に使用された場合に、商品の出所につき誤認混同を生ずるおそれがあるか否かによって決すべきであるが、それには、そのような商品に使用された商標がその外観、観念、称呼等によって取引者に与える印象、記憶、連想等を総合して全体的に考察すべく、しかもその商品の取引の実情を明らかにしうるかぎり、その具体的な取引状況に基づいて判断するのを相当とする」

「商標の外観、観念または称呼の類似は、その商標を使用した商品につき出所の誤認混同のおそれを推測させる一応の基準にすぎず、従って、右三点（外観、観念、称呼）のうちその一において類似するものでも、他の二点において著しく相違することその他取引の実情等によって、なんら商品の出所に誤認混同をきたすおそれの認めがたいものについては、これを類似商標と解すべきではない」（カッコ内は、筆者が加筆）。

この事案は、以下のようなものでした。

事例7-3 氷山・しょうざん事件（最高裁　昭和43年2月27日判決、最高裁判所民事判例集22巻2号399頁、最高裁HP）

A社が出願した商標は、氷山の図形のほか「硝子繊維」「氷山印」「日東紡績」の文字を含むものでした。それに対し、既に登録されていたB社の登録商標は単に「しょうざん」の文字のみからなる商標でした。これについて判決は、両者が外観を異にすることは明白であり、また後者から氷山を意味するような観念を生ずる余地はないと判断しました。

「しょうざん」の称呼をもつ商標は、糸一般を指定商品としていました。一方、「ひょうざん」の称呼を持つA社の商標は硝子繊維糸のみを指定商品としていました。となると、両商標は外観および観念において著しく異なりますし、硝子繊維糸の取引では、商標の称呼のみによって商標を識別し、ひいて商品の出所を知り品質を認識するようなことはほとんど行われていません。このような場合は、両者は類似でないと認めるのが相当であるとしています。

もうひとつ、別の判決を見てみましょう。

事例7-4 大森林・木林森事件（最高裁 平成4年9月22日判決、最高裁HP）

原告は、「大森林」の漢字を楷書体で横書きした登録商標（化粧品、香料などを指定商品とする）の使用を薬用頭皮用育毛剤の製造会社に許諾していました。被告は化粧品等の製造販売業者で、頭皮用育毛剤とシャンプーに「木林森」の漢字を行書体で書いた標章を付して販売していました。この事件で、一審、二審は商標権侵害を否定しましたが、最高裁は、おおむね次のように判断しました。商標権侵害のおそれがあるとして、二審判決を破棄し、事件を東京高等裁判所に差し戻したのです。

両商標は、使用されている文字が「森」と「林」の2つにおいて一致しており、一致していない「大」と「木」の字は、筆運びによっては紛らわしくなる。また、被告商標「木林森」は意味を持たない造語にすぎない。さらに両者は、いずれも構成する文字からして増毛効果を連想させせる樹木を想起させるものである。こうしたことから、全体的に観察して対比してみて、両者は少なくとも外観、観念において紛らわしい関係にあることが明らかであり、取引の状況によっては、需要者が両者を見誤る可能性は否定できず、ひいては、両者が類似する関係にあるものと認める余地もあるものといわなければならない。

原審（二審）は、観念による類否について説示するにあたり、両商標が付されている頭皮用育毛剤の需要者は育毛、増毛を強く望む男性であり、こうした需要者は当該商品に付された標章に深い関心を抱き、注意深く商品を選択するものと推認される。しかし、必ずしもこのような需要者ばかりであるとは断定できないことは、経験則に照らして明らかである。

原告は、本件商標権について通常使用権を許諾し、通常使用権者は薬用頭皮用育毛剤に本件商標を付してその関連会社に販売させていると主張している。この主張事実から現れる可能性のある商品の取引の状況も勘案した上、本件商標と被上告人標章との類否判断がされなければならない。したがって、原審がした右の推認事実だけでは、両者が類似しないとする理由として十分ではない。

このような判断を示し、最高裁は、原審の判決には違法があると判示しました。

登録商標が取り消される場合もある

商標が登録されても、継続して3年以上日本国内において商標権者、専用使用権者または通常使用権者のいずれもが各指定商品または指定役務についての登録商標の使用をしていないときは、誰でも、その指定商品または指定役務にかかる商標登録を取り消す審判を請求することができます（商標法50条1項）。

また、商標が普通名称化してしまう場合もあります。ここで普通名称とは、商品についていえば、「指定商品の属する特定の業界において当該商品の一般的名称であると認識されるに至っているもの、すなわち、指定商品を表す普通名詞を意味する」とされています（東京高裁 平成14年12月26日判決、最高裁ＨＰ）。出願前の商標が普通名称化すれば、商標登録の要件を欠くことになりますし（商標法3条1項1号）、登録商標が普通名称化すると、商標権の効力が及ばなくなります（同26条1項）。

普通名称と判断された事例として、以下ものがあります。

事例7-5 正露丸事件（大阪高裁 平成19年10月11日判決、最高裁ＨＰ）

クレオソートを主剤とする胃腸用丸薬である被告Ｙが製造・販売した商品の包装に「正露丸」「ＳＥＩＲＯＧＡＮ」の標章を使用したことが、同医薬品の普通名称を普通に用いられる方法で表示したにすぎないとして、同医薬品を指定商品とする原告Xの登録商標「正露丸」「SEIROGAN」に係る商標権の効力が及ばないとされました。

団体商標と地域団体商標

団体商標は、平成8年の法改正により導入された制度です。団体商標とは、出願人自身は商標を使用しなくとも、その団体の構成員に使用させることをもって、使用の意思が認められるものです（商標法7条2項）。中小企業等協同組合法に規定された事業協同組合などの法人は、団体商標の商標登録を受けることができます（商標法7条）。

地域団体商標は、平成17年の法改正によって導入されました。「地域名＋商品名（またはサービス名）」からなる地域ブランドのうち、一定の要件をみたすものが「地域団体商標」として商標登録を受けることができるようになりました（商標法7条の2）。平成27年12月31日時点で、「京漬物」「信楽焼」「北山杉」「泉州タオル」「有馬温泉」「吉野杉」「和歌山ラーメン」など合計587件の商標が登録査定を受けています。特許庁ホームページ（http://www.jpo.go.jp/）にて確認できます。

7-6 商標権や意匠権を取得していない場合

周知の商品名などの保護

商標権や意匠権を取得していなくても、不正競争防止法による保護を受けられる場合があります。周知されている商品名などが該当し、以下の要件を満たす必要があります。①商標、形態などの表示（商品等表示）を商品や営業に使用し、その表示が日本国内の一定地域で需要者に広く認識されている場合（周知性）、②他人が、その表示と類似（同一を含む）の表示を商品や営業に用いている場合（類似性）、③商品や営業に混同を生じさせるおそれがある場合、の3点です。

これらの要件をすべて満たす場合、その他人の行為は不正競争行為（周知表示混同惹起行為）に該当し、原則として、かかる行為をやめさせ、損害賠償を請求することができます（不正競争防止法2条1項1号）。

裁判例を挙げてみましょう。

事例7-6 とんかつチェーン店事件

横浜市のとんかつ料理のチェーン店Aが「勝烈庵」という営業表示を使用していたところ、横須賀市のとんかつ料理店Bが「勝れつ庵」という営業表示をしたので、その差止めを請求したところ、裁判所は、Aの「勝烈庵」の表示は横浜市を中心とするその近傍地域において周知であり、横須賀市もその地域に含まれると認定して、請求を認容しました（東京地裁　昭和51年3月31日判決、判例タイムズ344号291頁、『田村』38頁）。

次にAは、神奈川県鎌倉市大船の「かつれつ庵」および静岡県富士市の「かつれつあん」に対し差止め等の請求を行ったところ、「勝烈庵」という営業表示が鎌倉市大船では周知であるが、静岡県富士市では周知でないとして、大船の「かつれつ庵」に対する請求は認容されたものの、富士市の「かつれつあん」に対する請求は棄却されました（横浜地裁　昭和58年12月9日判決、無体財産権関係民事・行政裁判例集15巻3号802頁、『田村』39頁）。

事例7-7　ジーンズ刺繍事件（東京高裁　平成13年12月26日判決、最高裁HP）

ジーンズの後ろポケット部分に施された弓形の刺繍につき、不正競争防止法2条1項1号所定の商品等表示に当たるとして、これに類似する標章を付したジーンズの販売行為の差止請求が認められた事例です。

裁判所は、写真7-1の原告標章目録1、2の弓形の刺繍は原告の商品または営業を表示する

［写真 7－1］原告標章目録 1、2 と被告標章目録 1、2 は類似性が強いと判断され、被告 1、2 の販売は禁じられた。被告標章目録 3、4 との類似性は否定された（最高裁 HP より）

原告標章目録 1

原告標章目録 2

被告標章目録 1

被告標章目録 2

被告標章目録 3

被告標章目録 4

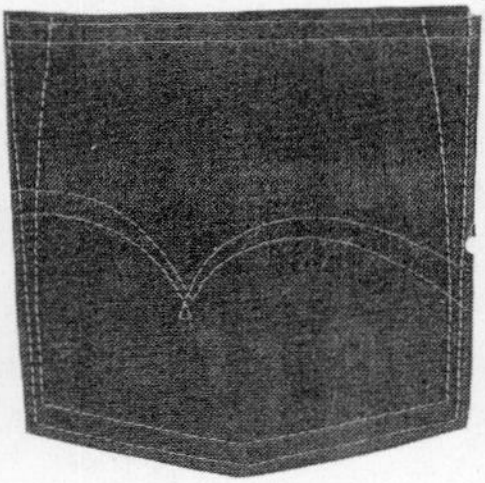

ものとして相当程度広く認識され、被告標章目録1、2とは、重要な点において多く共通し、類似性が強いことが認められる、としました。一方、被告標章目録3、4とは共通している点もあるが、重要な点において相違していると判示し、被告標章目録1および2の標章を付した被服の販売禁止と廃棄を命じました。

では、一体、周知性はどのような認知度があれば認められるのでしょうか。一般消費者を対象としたアンケートで10%を超える程度の認知度でも周知といってよいのではなかろうか、という見解があります（『田村』46頁）。

著名なブランド名の保護

著名なブランドは、商標権や意匠権を取得していなくても、不正競争防止法による保護を受けられる場合があります。以下の2つの要件を満たす必要があります。

①商標、形態などの表示を商品や営業に使用し、その表示が著名である場合（著名性）
②他人が、その表示と類似（同一を含む）の表示を商品や営業に使用している場合（類似性）

これらの要件をみたす場合、その他人の行為は不正競争行為（著名表示冒用行為）に該当し、原則として、かかる行為をやめさせ、損害賠償を請求することができます（不正競争防止法2条1項2号）。

［写真7－2］被告商品は原告商品と類似すると判断された（最高裁HPより）

原告商品　　被告商品

前項の周知表示混同惹起行為の場合と異なり、この請求は、商品や営業に混同が生じない場合、すなわち、全く畑違いの商品や営業に関してもなすことができます。ただし、著名性は、周知性よりも認知度が高い場合に認定されます。

この規定は、営業努力などによって高い名声、信用および評価が備わったブランドに、「ただ乗り」され（フリーライド）、あるいはそのブランドイメージに傷がつくといった問題が生じることから、これを防止すべく設けられました。

裁判例を挙げておきます。

事例7-8　アリナミン事件（大阪地裁　平成11年9月16日判決、最高裁ＨＰ）

写真7－2の被告のビタミン製剤の商品名「アリナビッグA25」は、著名な原告の商品名（アリナミンA25）に類似するとして、ビタミン製剤に「アリナビッグA25」の文字を使用してはならないなどと命ぜられました。

第8章

技術情報の漏洩禁止（不正競争防止法）

8-1 企業の秘密情報と裁判例

転職する技術者の秘密情報の扱い

会社にとっては、特許権などの権利のほか、自社の技術、顧客情報などの秘密情報（営業秘密）が重要な財産であることは論をまたないところです。一方、転職した技術者は、転職前に在籍していた会社の秘密情報に接していたわけですが、自ら従事した研究などのキャリアなどを買われて転職するわけです。となると、転職前の会社からすれば、自社の秘密情報がライバル企業で悪用されないか、ということを危惧するのも当然のところです。

企業秘密（営業秘密）に関しては、不正競争防止法2条1項4号ないし11号に規定がありますが、それらを個別に紹介するのは本書の目的にいささか沿わないところがありますので、同法で保護される営業秘密の内容を説明したうえで、技術情報の漏洩に関する実際の判例を紹介することにします。また、会社を退職する際に提出する誓約書については、8-2で説明します。

企業情報が営業秘密と認められるための要件

まず、企業の営業情報が法律上保護される営業秘密と認められるには、以下の三要件をすべて満たす必要があります（不正競争防止法2条6項）。なお、ここでいう営業情報とは、技術系の皆さんが業務上扱う技術情報も含まれます。

①秘匿性

秘密として管理されていることが必要です。

したがって、少なくとも社内で機密管理体制の対象となる情報でなければなりません。管理体制は、大別して、人的管理と物的管理の両面から問題とされます。たとえば人的管理についていえば、危機管理規則でその情報に接する人間または資格が定められているか、物的管理についていえば、常時鍵が掛けられていて社外の人間が入れないような部屋に管理されていた書類等か否かが問題とされます。

②有用性

事業活動に有用な技術上または営業上の情報であることが必要です。

技術上の情報の具体例としては、発明に関する書類（公開前）、研究開発情報（計画や試験データを含む）、製品の設計図、プラントのマニュアル（運転方法など）などが挙げられるでしょう。営業上の情報の具体例としては、原価などの仕入れ情報、顧客リストやその属性データ、新製品販売情報、接客マニュアル、市場調査の情報、販売マニュアルなどが挙げられるでしょう。

③非公知

当該情報が不特定の者によって知られていないことが必要です。

では、実際に転職した技術者は、どこまで前勤務先の技術情報を新しい勤務先に開示していいのでしょうか。これは難問で、たとえば、前勤務先名義の秘密文書を新しい勤務先の人に見せることは、当然、不可です。しかし、たとえば、そのような文書を基に新しい勤務先で、さも自分のアイデアのように口頭で説明する行為が、営業秘密の漏洩に該当するか否かは、その内容によります。一般論で、どこまでがよくて、どこから先がダメかを説明することは難しいのです。

以下、具体的な裁判例で見てみます。

机の引き出しに入れたままでは「秘密」にならない

事例8-1 食品レシピ漏洩事件（大阪高裁　平成19年10月18日判決、最高裁HP）

A食品会社の工場長であった者が、会社に隠れて新会社を設立しました。このとき、工場長に協力して取引先を奪うのに加担し、さらにA社の営業秘密であるごま豆腐のレシピを不正に持ち出す等をしたB（元A社従業員）に対し、A社が損害賠償請求をしました。裁判所は、Bに対して、235万円余りの支払いを命じました。

事例8-2 有名自動車メーカーにおける機密漏洩事件（不正競争防止法違反・営業秘密領得）

（1）平成26年5月14日の朝日新聞などによれば、有名自動車メーカーの発売前の新型車情報を不正に取得したとして、不正競争防止法違反（営業秘密領得）の疑いで元社員が逮捕されました。逮捕容疑は、平成25年7月、勤務先のパソコンから本社のサーバーコンピューターにアクセスし、約5000件のファイルを選んで会社のパソコンに取り込んだあと、自宅に持ち帰って私物のパソコンなどに移し替えていた、というものでした。会社が持ち出しに気づき、県警に相談していました。同容疑者は商品企画に携わり、平成25年7月末に退職後、競業他社に転職した、とのことです。

（２）平成27年2月15日の産経新聞によれば、このメーカーでは、再び、国内外でのモーターショーに関する情報などを不正に取得したとして、不正競争防止法違反（営業秘密領得）の疑いで別の元社員が逮捕されました。逮捕容疑は、在職中の平成25年12月から26年2月の間、本社にあるデータサーバーから、国内外のモーターショーの演出方法などに関するデータ計８件を自分のハードディスクに複製した、というものです。

捜査機関によると、容疑者は退職願を出す約半年前から、計１万８０００件のファイルを自分のパソコンに取り込んでいました。退職後は中国某省の自動車会社に派遣社員として転職しており、容疑者が再就職先で利益を得る目的で情報を持ち出した可能性もあるとみて調べている、とのことです。

このように、情報の電子データの不正コピーはアクセス履歴（ログ）などに痕跡を残し、「ばれる」ものです。誘惑に負けそうになったら、「ばれる」ものであることを思い出して、絶対にやめましょう。

事例８-３　研究データを盗んだ疑いで米連邦捜査局（ＦＢＩ）に逮捕された例（『山崎』73頁）

また、１９９９年に海外の研究先で研究データなどを盗用したという事案があります。

日本人であるA医師は、米国の某軟骨結合組織研究室に所属していました。同研究室は、疾病や損傷による関節治療のための遺伝子治療を中心にした新しい技術を開発し、世界をリードしている研究機関でした。A医師は、日本に帰国してから自分の研究を継続するために、関連するいくつかの組織標本とスライドを持ち帰る許可を受けましたが、それ以外の資料を許可なく持ち出しました。具体的には、A医師は、90件に及ぶ研究プロジェクトから発生した貴重な研究データや合成遺伝子情報などのすべてのファイルを、自分のハードディスクにコピーしたのです。A医師は、米国の空港において、研究データを盗んだ疑いで米連邦捜査局（ＦＢＩ）に逮捕され、後日、起訴猶予処分となりました。

8-2 退職時の誓約書

同業他社への転職を禁じることはできるか

会社を退職する際に、会社から誓約書の提出を求められることは少なくありません。何が秘密情報であるかについては前述のとおり判断が難しいのですが、在職中に業務上知り得た秘密情報を漏洩しないことを誓う守秘義務を課すこと自体は有効です。これに対し、会社と競争関係にある会社への就職や開業をしないこと（競業避止）を誓う条項を設けた誓約書については、それが公序良俗に反するものであれば無効となります。

この点、以下の事例８－４に挙げた大阪地裁平成15年1月22日判決では、従業員の退職後の競業避止義務を定める特約は、これによって守られるべき使用者の利益、これによって生じる従業員の不利益の内容、程度、代償措置の有無およびその内容などを総合考慮し、その制限が必要かつ合理的な範囲を超える場合は、公序良俗に反し無効であると判示しました。

事例８－４　競業会社就職事件①（大阪地裁　平成15年1月22日判決、労働判例８４６号39頁）

原告Aは、被告B社を退職しました。その際、AはB社退職後1年以内にB社と競業関係にある会社に就職せず、これに違反した場合には損害賠償義務を負う旨の誓約書を提出しました。本件訴訟では、この合意の効力が問題となりました。

Aは、昭和59年3月に大学の薬学部製薬学科を卒業し、薬剤師の資格を有し、平成12年1月5日にB社に採用されました。採用後、臨床開発事業本部で勤務していましたが、翌平成13年9月2日に退職しました。B社は、実験用動物のマウス、ラット等の飼育およびその販売のほか、医薬、農薬、食品、化粧品等の開発研究のための薬理試験、一般毒性試験等の実施等を業とする株式会社で、製薬会社などから医薬品等の開発業務を受託する開発業務受託機関として、医薬品等の治験を行っていました。

判決では、Aの従事した業務内容について、B社独自のノウハウといえるほどのものではなく、また、入社したばかりで当該業務のすべての知識やノウハウを知ることができる地位になかったと指摘しました。さらに、原告は大学卒業後12年近くにわたって、他社で同様の業務に従事した経験を有していました。このため、B社と同業の他社への転職を制限する内容は、原告Aの再就職を著しく妨げるものであるとし、Aが受ける不利益は、競業避止義務によって守ろうとする被告会社の利益よりも極めて大きいとしました。

Aには、在職中、月額4000円の秘密保持手当が支払われていました。しかし、退職金などその他の代償措置はとられていません。こうしたことを鑑みると、競業避止義務の期間が1年間にとどまるものであることを考慮しても、その制限は必要かつ合理的な範囲を超えるものであり、公序良俗に反して無効であると判示しました。

逆に、限定的ではありますが、こうした規定が有効であると判断された事例もあります。

事例8-5 競業会社就職事件②（東京地裁　平成16年9月22日決定、判例時報1887号149頁、労働判例882号19頁、判例タイムズ1215号296頁）

医療広告・媒体戦略等の業務を行うX株式会社の執行役員Yが、雇用契約終了後2年間、事前の承諾なく会社と競業する業務を行ってはならない旨の合意を会社との間で交わしていました。しかし、その役員は、退職後、競業会社に転職したことから紛争に発展し、裁判所は、競業避止の合意が医薬品の周知・販促に向けられた5業務（Xの既存の顧客に対し、当該顧客の医療用医薬品の周知・販促に向けられた（1）媒体を利用した宣伝広告活動の企画・実行、（2）販促資材等の企画・制作、（3）シンポジウム等のイベント企画・運営および学会等の取材、配信、（4）医学情報出版物の企画・制作、（5）一般生活者や患者に対する教育・啓発プログラムの企画・実行の各業務）に関する競業行為を禁ずるものであると限定的に解することを前提に、かかる規定の有効性を認めました。

有効性が認められた理由としては、①医薬情報ネットにおいて同一のノウハウ等が用いられれば、企業としての独自性、プランニングにおける優位性および他社との差別化等の要素が希薄化されるばかりでなく、Xのターゲット顧客とプランニングおよび価格体系を知るYにとっては、Xと当該顧客との交渉中の案件に容喙《ようかい》して、類似のプランニングを提案し価格競争を展開することによって当該取引を奪うことは容易であるものと考えられこと、②Yは、Xを退職する前、企画・制作部門の責任者であって（なお、営業部門は代表取締役であるAが責任者であった）、過去に実施した顧客の製品情報および製品戦略プランを掌握しているばかりか、価格体系や下請業者、協力関係を有する専門医とのコネクション等の営業秘密・ノウハウにも通じていたこと、③

5業務としている点において一応限定がなされており、期間も2年間と比較的短期間であることと、④年間給与額（税込）が平成15年には1500万円に迫る金額であったことなどが挙げられます。

第9章 商品などの表示に関する規制

9-1 食品やサービスの誤認表示に対する規制

偽装に対する法規制は数多い

以前、惣菜、牛肉、鶏、和菓子、タケノコ、ウナギなどの食品に関し、原産地や銘柄の虚偽表示や消費・賞味期限を偽装したとして、行政処分や刑事事件にまで発展している例が多発して話題となりました。

こうした誤認表示に関する規制には、不正競争防止法、詐欺罪（刑法）、独占禁止法、景品表示法、家庭用品品質表示法、消費生活用製品安全法、工業標準化法、計量法、医薬品医療機器等法（旧薬事法）、食品衛生法、宅地建物取引業法、特定商取引法、割賦販売法などがあります。

これらをすべて説明することはできないので、本章では、不正競争防止法2条1項13号の概略とその他の法律の一部を紹介します。同号では、商品と役務（サービス）について、その原産地、品質、内容、数量などの事項を誤認させるような行為を規律しています。

9-2 品質等の誤認惹起行為の要件

誤認表示の判断方法

不正競争防止法2条1項13号を整理すると、以下のとおりになります。i～iiiの要件をすべて充たすと不正競争行為（品質等誤認惹起行為）に該当することになり、誤認表示と判断されます。

i「商品もしくは役務自体に、」
　もしくは、
「（商品、役務を示す）広告もしくは取引用の書類もしくは通信に、」

ii「その商品の原産地、品質、内容、製造方法、用途、数量について、」
　もしくは、

「その役務の質、内容、用途、数量について、」

iii「誤認させるような表示をする行為」

または、

「誤認させるような表示をした商品を譲渡し、引き渡し、輸出し、輸入し、もしくはインターネットを通じて提供する行為」

もしくは、

「誤認させるような表示をして役務を提供する行為」

たとえば「商品に、原産地表示について、誤認させるような表示をする行為」「商品の広告に、商品の製造方法について、誤認させるような表示をした商品を譲渡したりする行為」は、不正競争行為にあたります。

加工された場所も原産地

原産地、品質等の定義について、説明します。

①「原産地」（『小野』598頁以下）

商品が産出、製造または加工された地のことをいいます。

「産出」とは、第一次産業の原始的生産をいいえ、農産、林産、鉱産、水産がこれに属します。「製造」とは原材料に労力を加え、性質・用途の全く異なる物とすることをいいます。たとえば、機械器具製作、化学品製造、バター製造などがこれに属します。「加工」とは物の同一性を失わない程度、いいかえれば新規な物にならない程度において、原材料に労力を加え変更を与えることをいいます。彫刻、塗物、乾燥椎茸、天然石の研磨などがこれに属します。

では、生産地（産出地）と製造地や加工地が異なる場合の原産地の表示は、いずれの地になるのでしょうか。

この場合の原産地の表示は、商品の実体すなわちその生産物が商取引の場におかれた場合、商品としての交易的主要素がどこで産出されたかによって決定すべきであるとされています（『小野』６０４頁）。『山本』（２０８頁）は、「第1にその全部を生産した地、第2にその生産が二以上の地にわたる場合には、実質的な変更をもたらし、新しい特性を与える製造又は加工を行った地が、その原産地であ」り、関税基本通達68－３－４の考え方とほぼ同じとしています。

事例９－１ 洋服生地英国地名控訴事件（東京高裁　昭和49年7月29日判決、刑事裁判月報６巻7号８１４頁）

主として毛織物の卸売業を営む会社の本店店舗において、日本国内で製造された紳士用洋服生地合計451着の各一着に、マンチェスター、ロンドン、イングランド等の英国の地名の英文字およびその図案を表示した転写マークのいずれかを少なくとも1回以上、アイロンを使用し押捺して表示した行為が問題となりました。判決では、一般に英国製洋服生地が良質のものとして認識されているという公知の事実からすると、実際に製造された地以外の地において製造された、より優良な商品であると誤認させうる表示であることなどを理由に、不正競争行為に該当するとされました。

事例9-2　石油ストーブ事件（東京地裁　昭和39年2月22日決定、第一東京弁護士会編『保全処分の実務　改訂新版』ぎょうせい、1992年、991頁）

日本のメーカーが、石油ストーブの一部品のみをアメリカから輸入し、その他の本体等を国内で製造し、広告に「米国ハップ社製」および「ハップマーク」を表示し、包装箱には「MADE IN USA」との表示を使用しました。これについて裁判所は、不正競争行為であると認めました。

この事例は、商品の出所地の一部に関する表示が正しくても、全体として見たときに誤認的表示となる例であるとされています（『小野』620頁）。

なお、景品表示法4条1項3号および昭和48年10月16日公正取引委員会告示第34号により、

「商品の原産国に関する不当な表示」が禁止されており、「原産国」は「その商品の内容について実質的な変更をもたらす行為が行われた国」であるとされています（告示の備考1）。実質的変更の例を、運用細則（昭和48年12月5日公正取引委員会事務局長通達第14号、改正昭和56年6月29日事務局長通達第3号）で表9－1のように定めています。

たとえば、外国の有名デザイナーが外国で考案したデザインに基づいて日本で縫製したドレスの原産国は、付加価値を重視する立場からは外国となりますが、この基準によれば日本となります（『小野』606頁）。商品の内容について、もっとも大きな変更をもたらす生産工程を基準とするのが、日本の一般消費者の意識に合致するといわれています（黒田武ほか『事例詳解景品表示法』公正取引協会、1987年、195頁／景品表示法研究会『景品表示法質疑応答集』第一法規、1983年、1155頁）。

②「品質」「質」「内容」「製造方法」など

法文上の定義はありませんが、一つ例を挙げると、ビールではない発泡酒について「ライナービヤー」という名称を付けて販売することは、「品質」ないし「質」を誤認させる表示といえます（東京地裁 昭和36年6月30日判決、下級裁判所民事裁判例集12巻6号1508頁）。

[表9-1]原産国の実質的変更の例
（『小野』607頁より）

品目		実質的な変更をもたらす行為
食料品	緑　　茶 紅　　茶	荒茶の製造
	清涼飲料（果汁飲料を含む）	原液または濃縮果汁を希釈して製造したものにあっては希釈
	米　　菓	煎焼または揚
衣料品	織　　物	染色しないものおよび製織前に染色するものにあっては製織。 製織後染色するものにあっては染色。 ただし、製織後染色する和服用絹織物のうち、小幅着尺または羽尺地にあっては製織および染色。 （注）「小幅着尺または羽尺地」には、小幅着尺および羽尺地が連続したもの、小幅着尺または羽尺地がそれぞれ2以上連続したものその他小幅着尺または羽尺地より丈の長いものであってこれらと同様の用に供せられるものを含む。
	エンブロイダリーレース	刺しゅう
	下　　着 寝　　着 外衣（洋服、婦人子供服、ワイシャツ等） 帽　　子 手　　袋	縫製
	ソックス	編立
身のまわり品	かわ靴	甲皮と底皮を接着、縫製その他の方法により結合すること。
雑貨	腕時計	ムーブメントの組立。ただし、側またはバンドが重要な構成要素となっている高級腕時計および防水などの特殊な腕時計にあっては、ムーブメントの組立および側またはバンドの製造。 （注）　ただし書の腕時計において、ムーブメントの組立が行われた国と側またはバンドの製造が行われた国とが異なるときは、原産国は2国となる。

9-3 その他の表示の規制に関する法律

不正競争防止法のほか、表示の規制に関する法律を紹介します。行政法規が多く、当該分野の企業の方にとっては当たり前の事項ですが、管理職やゼネラリストを目指される方、ベンチャー企業などをこれから起こそうと考えられている方などは、とくに知っておくべき法律です。

不当景品類及び不当表示防止法(景品表示法)と公正競争規約

景品表示法は、①商品・役務(サービス)の品質などの内容について、一般消費者を誤認させる優良誤認にかかる表示、②商品・役務の価格などの取引条件について、一般消費者を誤認させる有利誤認にかかる表示、および、③その他の商品・役務の取引に関する事項について一般消費者に誤認させるおそれがある表示であって、内閣総理大臣が指定する表示(無果汁の清涼飲料水等についての表示、商品の原産国に関する不当な表示、不動産のおとり広告に関する表示など)を「不当な表示」として禁止する法律です。

私的独占の禁止及び公正取引の確保に関する法律（独占禁止法）

「自己の供給する商品又は役務の内容又は取引条件その他これらの取引に関する事項について、実際のもの又は競争者に係るものよりも著しく優良又は有利であると顧客に誤認させることにより、競争者の顧客を自己と取引するように不当に誘引すること」が不公正な取引方法に該当するとして規制されています。

消費者契約法

事業者の一定の行為によって消費者が誤認したり、困惑した場合について、契約の申込みまたはその承諾の意思表示を取り消すことができることを定めています。

この法律は、民法の一般原則を修正する法律です。このほか消費者保護を目的とする法律には、他に特定商取引法（クーリングオフ制度などを定めている）、割賦販売法、後述の電子消費者契約法などがあります。

食品の安全および表示に関する法律

［食品安全基本法］

食品の安全確保について、政府の基本的な方針を定めています。

［農林物資の規格化等に関する法律（ＪＡＳ法）］

この法律は、農林物資（①飲食料品および油脂、②農産物、林産物、畜産物および水産物並びにこれらを原料または材料として製造し、または加工した物資であって、政令で定めるもの）の規格を定めています。すなわち、①農林物資の品質（その形状、寸法、量目または荷造り、包装等の条件を含む）についての基準および、②その品質に関する表示（名称および原産地の表示を含み、栄養成分の表示を除く）の基準について定めています。

［食品表示法］

この法律は、食品に関する表示が食品を摂取する際の安全性の確保および自主的かつ合理的な食品の選択の機会の確保に関して重要な役割を果たしていることに鑑みて、平成25年に制定されたものです。販売される食品の表示について、必要な事項を定めることにより、その適正を確保して一般消費者の利益の増進を図り、食品衛生法、健康増進法および農林物資の規格化等に関する法律とともに、健康の保護や増進、食品の生産や流通の円滑化、消費者の需要に即した食品の生産の振興に寄与することを目的としています。

［食品衛生法］

［健康増進法］

販売用に提供する食品や添加物、または器具や容器包装に関する表示を規律しています。

この法律は、高齢化に伴って、総合的な健康の増進のための基本的な事項を定めるとともに、栄養の改善その他の健康の増進を図るための措置を講じています。具体的には、特別用途表示（食品について、乳児用、幼児用、妊産婦用、病者用その他特別の用途に適する旨の表示。26条）、栄養表示基準（特別用途食品を除いた販売する食品）について、栄養表示（一定の栄養成分やカロリーなどの表示に関する基準。31条）、保健機能食品制度（いわゆる健康食品のうち、国が安全性や有効性等を考慮して設定した規格基準を満たす食品を「保健機能食品」と称することを認める表示の制度）、誇大表示の禁止（32条の2）、受動喫煙の防止（25条）などの制度があります。

［酒類に関する法律］

ＪＡＳ法の対象となる「農林物質」からは除外されています（ＪＡＳ法2条1項）。酒類の表示に関する法律としては、酒税法、酒税の保全及び酒類業組合等に関する法律、食品衛生法、景品表示法（公正競争規約）などがあります。

［医薬品医療機器等法（旧薬事法）］

「医薬品的な効能効果」を「標榜」する食品に規制を加えています。

食品以外の製品の安全および表示に関する法律

[工業標準化法、JIS（Japanese Industrial Standards）]

ＪＩＳ（日本工業規格）とは、わが国の工業標準化の促進を目的とする工業標準化法に基づいて制定される規格です。

[家庭用品品質表示法]

一般消費者が製品の品質を正しく認識し、その購入に際して不測の損失を被ることのないように、事業者に家庭用品の品質に関する表示を適正に行うよう定めています。一般消費者の利益を保護することを目的に、昭和37年に制定されました。

[消費生活用製品安全法]

第３章の製造物責任法（73ページ〜）で紹介しましたので割愛します。

[住宅の品質確保の促進等に関する法律（住宅品確法）]

住宅品確法は、住宅の性能に関する表示基準およびこれに基づく評価の制度を設けたものです。また、住宅にかかる紛争の処理体制を整備するとともに、新築住宅の請負契約または売買契約における瑕疵担保責任について、特別の定めを設けています。

コラム2 インターネットに関する法律

インターネットに関する法律としては、以下のものがあります。

［高度情報通信ネットワーク社会形成基本法（IT基本法）］

この法律は、情報通信技術の活用により世界的規模で生じている急激かつ大幅な社会経済構造の変化に適確に対応することの緊要性にかんがみ、高度情報通信ネットワーク社会の形成に関する施策を迅速かつ重点的に推進することを目的として、国などの制度構築の責務を定めたものです。

［民間事業者等が行う書面の保存等における情報通信の技術の利用に関する法律（e－文書法）］

文書の電子化を行う際には、どのような文書の電子化が可能なのか、どのような要件を満たさなければならないのかなど、留意すべき事項が多くあります。契約書、請求書等の財務・税務関連書類、カルテなどの医療関係書類等が対象となります。

［電子署名及び認証業務に関する法律（電子署名法）］

電子署名に関し、電磁的記録の真正な成立の推定、特定認証業務に関する制度等が規律されています。

［不正アクセス行為の禁止等に関する法律（不正アクセス禁止法）］

不正アクセス行為に使う目的で、他人の識別符号（パスワード等）を取得してはならない（4条）ことなどが定められています。

［特定電気通信役務提供者の損害賠償責任の制限及び発信者情報の開示に関する法律（プロバイダ責任制限法）］

第6章の著作権（187ページ～）で紹介しましたので割愛します。

［特定電子メールの送信の適正化等に関する法律（迷惑メール防止法）］

いわゆる迷惑メール対策として、受信拒否した者への広告宣伝メールの送信を禁止すること、原則としてあらかじめ同意した者に対してのみ送信が認められるオプトイン方式の採用などが定められています。

［電子消費者契約及び電子承諾通知に関する民法の特例に関する法律（電子消費者契約法）］

電子消費者契約において、事業者が消費者の申込または承諾の意思の有無を確認するための措置を講じていない場合には、操作ミスにより行った意図しない申込や誤った数量の申込などについて、要素の錯誤として無効主張が認められ、事業者側からの重過失の主張は認められないこと（3条）などが定められています。

コラム3 個人情報の保護にかかわる法律——個人情報保護法

今さらという方もいらっしゃるかもしれませんが、ベンチャー企業などをこれから起こそうと考えられている方などは、ぜひ押さえておくべき項目です。

1 国および地方公共団体の責務等を明らかにするとともに、個人情報を取り扱う事業者の遵守すべき義務等を定めることにより、個人情報の有用性に配慮しつつ、個人の権利利益を保護することを目的（個人情報保護法1条）として制定されています。

2「個人情報」とは、生存する個人に関する情報であって、当該情報に含まれる氏名、生年月日その他の記述等により特定の個人を識別することができるもの（他の情報と容易に照合することができ、それにより特定の個人を識別することができるものを含む）をいいます（2条1項）。

しばしば問題とされるものとしてメールアドレスがあります。個人名をそのままアドレスとして使用している場合など、特定の個人を識別できる場合には、それ自体が個人情報となりますが、文字や数字の羅列にすぎない場合には、他の容易に照合可能な情報との照合によって特定の個人を識別できるものでなければ個人情報には該当しない、とされています。

3　個人情報取扱業者とは、個人情報データベース等を事業の用に供している者のことをいいます（同法2条3項）。

4　また、個人情報取扱事業者は、あらかじめ本人の同意を得ないで、特定された利用目的の達成に必要な範囲を超えて、個人情報を取り扱ってはなりません（同法16条1項）。

5　個人情報を取得した場合は、あらかじめその利用目的を公表している場合を除き、速やかに、その利用目的を本人に通知し、または公表しなければなりません（同法18条）。

6　そのほかの詳細は、所管する省庁が、各ガイドラインを綿密に策定しています。

第10章 内部告発（公益通報）

10-1 自社製品に欠陥を見つけたら

チャレンジャーの悲劇

上司から不正な行為をするよう命令されたら、どうしたらよいでしょうか。また、会社の不正行為あるいは欠陥製品を発見したらどうしたらよいでしょうか。

著名な事件として、1986（昭和61）年のチャレンジャーの悲劇があります。技術者がスペースシャトルの構造上の欠陥を認識して、事故の発生を防止すべく、上司にスペースシャトルの打ち上げ中止を進言したにもかかわらず、上司はそれを無視したという事件でした（『Harris

他』4〜6頁）。これを教訓にして、米国は、内部告発者を保護する法制度（ホイッスルブロワー保護法）を採用したのです。

また、先ほども触れましたが、数年前、食品等の不正表示の問題も相次いで発覚し、話題となりました。牛肉トレーサビリティ法、日本農林規格（ＪＡＳ）法、建築基準法、不正競争防止法、刑法などが問題になるところです。

事案によっては、何十年も不正行為が継続的に行われてきたとも報道されています。長い間不正行為が発覚しなかったのは奇跡的ともいえるでしょう。企業が不正行為を行わないように努めるのは社会の要請ですし、利益を上げるために初めから不正行為を考える人はいないでしょう（そう信じたいものです）。しかし、経営者や管理職であろうと従業員であろうと、当初は、まじめにコツコツと仕事をこなしていたものの、利益追求ばかりを目指すと、どこかに無理が生じ、最終的には不正行為にたどりつくのかもしれません。

このような不正行為は、誰かの指示があって、その指示を受けてこれを実行する者がいる、いわば複数の者が不正行為に関与しているというのが一般的といえるでしょう。不正行為の発覚の端緒は、主に会社内部の人物によるものとされています。不正行為が継続的になされると、それに関与する者も多数におよびます。

不正行為を指示された場合には、そのような行為を行わないように努めることが必要ですが、これは上司との対立関係を生じさせ大変難しい問題です。たとえば、社長A、部長B、一般社員Cがいて、BがCに対して不正行為を指示した場合に、CがAにそのことを直訴して、Aの指揮により不正行為を防止するということが望ましいのですが、社内の軋轢《あつれき》を考えると、現実的には難しいかもしれません。また、CがAに直訴しても不正行為を防止できない場合もあるでしょう。となると、不正行為の内容にもよりますが、行政に対して告発するという制度が必要になります。

すべての内部告発者が保護されるわけではない

米国の内部告発者を保護する法制度（ホイッスルブロワー保護法）にかなり遅れましたが、日本においても、公益通報者保護法が平成18年4月1日より施行されています。

もっとも、社会一般でいわれている内部告発と公益通報者保護法が予定している内部告発とは、その意味が必ずしも一致するわけではありません。また、行政に対する告発といっても、匿名で行政機関に対してなされる情報提供にとどまる場合と、氏名を明らかにして行う場合があります。

前者では、行政機関が情報提供に基づき行動をとったとしても、情報提供者に対する連絡の術がないので、提供された情報が真実であっても、証拠が不十分で、せっかくの情報提供が無に帰す場合があります。

一方、後者では、行政機関が告発者に対して、何らかの報告を行うことが公益通報者保護法によって義務付けられます。また、相互に連絡をとることが可能であるため、企業の不正行為を防止できる蓋然性も高くなります。反面、告発者の情報が不正確であった場合などや、告発者が何らかの理由により特定されたときには、告発者は企業から損害賠償請求や懲戒処分を受けるおそれが生じます。

公益通報者保護法における告発を「公益通報」と呼びます。同法によって法的に保護されるのは公益通報だけです。以下では、公益通報の制度の概略等を説明することにします。

ここで「公益通報」とは、以下の要件を満たした通報のことをいいます。

①業者（事業者やその役員、従業員等）について法令違反行為が生じ、またはまさに生じようとしている旨を、

②そこで働く労働者（公務員を含む）が、

③不正の目的でなく、

④次の（α）から（γ）のいずれかに対し通報をする。

（α）事業者内部（労務提供先または労務提供先があらかじめ定めた者）

（β）行政機関（当該法令違反行為について、処分または勧告等を行う権限のある行政機関）

（ア）その他の事業者外部（その者に対して当該法令違反を通報することが、その発生またはこれによる被害の拡大を防止するために必要であると認められる者）

10-2 告発者が保護される公益通報制度

法令違反行為でなければならない

公益通報とされるには、まず、通報内容が、事業者内部の法令違反行為でなければなりません（公益通報者保護法2条3項）。同法は、労働者が事業者内部の法令違反行為について、所定の要件を満たして公益通報を行った場合に、

（A）事業者は、公益通報者に対する解雇その他の不利益な取扱いを行ってはならないことと、

（B）公益通報を受けた事業者や行政機関は一定の措置を講じなければならないことを定めています。

法令違反行為として通報対象となる法令は、個人の生命または身体の保護、消費者の利益の擁護、環境の保全、公正な競争の確保、これら以外の国民の生命、身体、財産その他の利益の保護にかかわる法律および政令などです。具体的には、刑法、食品衛生法、金融商品取引法、ＪＡＳ法、大気汚染防止法、廃棄物処理法、個人情報保護法、医薬品医療機器等法（旧薬事法）、特定

商取引法、水質汚濁防止法、独占禁止法、労働基準法、労働安全衛生法、特許法、著作権法、不正競争防止法、建築基準法、景品表示法、電気用品安全法、家庭用品品質表示法、などです。

どこに通報するかで保護要件が異なる

公益通報の通報先は、（α）事業者内部、（β）行政機関、（γ）事業者外部の3つがあり、それぞれについて労働者が保護される要件が異なります（公益通報者保護法3条）。ここで、「保護される」とは、前項の（A）および（B）の事項を守る義務が事業者などに課せられるということです。

（α）事業者内部への通報の場合

労働者が、（Ⅰ）不正の目的でなく、かつ（Ⅱ）法令違反行為が生じ、またはまさに生じようとしていると信じた場合に、労務提供先（勤務先）などに対して行った公益通報は保護されます。

（β）行政機関への通報の場合

労働者が、（Ⅰ）不正の目的でなく、かつ（Ⅱ）法令違反行為が生じ、またはまさに生じようとしていると信じたことに相当の理由がある場合に、通報の対象となった法令違反行為についての監督官庁への公益通報は保護されます。

公益通報を受けた行政機関は、必要な調査や適切な措置をとらなければなりません（公益通報者保護法10条）。

（γ）事業者外部への通報の場合

ここでいう「事業者外部」とは、マスコミ、事業者団体、消費者団体などを指します。労働者が（Ⅰ）（Ⅱ）に加えて、（Ⅲ）次の（i）～（v）のいずれかの条件をみたす場合には、通報の対象となった法令違反行為について被害の拡大を防止するために必要であると認められる者（事業者外部）への公益通報は保護されます。

（i）内部や行政に通報すると不利益な取扱いを受けるおそれがあると信じるに足りる相当な理由がある場合、（ii）内部通報では証拠隠滅のおそれがあると信じるに足りる相当な理由がある場合、（iii）労務提供先から前記α、βの公益通報をしないことを正当な理由がなくて要求された場合、（iv）書面（電子的記録等を含む）により前記αの公益通報をした日から20日を経過しても、当該通報対象事実について、労務提供先から調査を行う旨の通知がない場合または労務提供先が正当な理由がなくて調査を行わない場合、（v）人の生命、身体への危害が発生する急迫した危険があると信じるに足りる相当な理由がある場合。

10-3 通報が保護されるか否かの判断

まずは内部通報を

通報者の公益通報が保護されるための要件は、(α)から(γ)の順に厳しくなります。また、通報者が通報を行う際には、第三者の個人情報、事業者の営業秘密などをあわせて洩らしたりしないように努めなければなりません(公益通報者保護法8条)。

このような法律の態度や外部通報の影響を考えると、まずは内部通報を検討し、その次に行政機関への通報、最後の手段として外部通報を検討する、ということになります。

とくに注意しておきたいのは、マスコミなどへの外部通報です。この場合に保護される要件は必ずしも緩やかではないうえに、保護される要件(Ⅰ)～(Ⅲ)の要件の充足性の判断は難しい場合があります。保護される要件を欠いていたにもかかわらず、外部通報を行った場合には、事業者から懲戒処分や損害賠償請求をされるおそれが高まります。したがって、とくに外部通報を検討される場合には、弁護士に相談されることをお勧めします。通報者の管理している内部資料を弁護士に開示する行為は許容されると解されていますから(東京地裁 平成15年9月17日判決)、弁護士への相談は問題ありません。

また、「医療法人α事件」（大阪地裁　平成9年7月14日決定、労働判例735号89頁）は、病院の不正な保険請求について所轄機関に通報するにあたり、その根拠資料としてカルテ等を提出したことに関して、法人がこのようなことを禁止できるとすれば、具体性のある外部への通報は不可能となる、としています。したがって、証拠の確保は必要かつ相当な範囲であれば、違法性を問われる可能性はかなり低いものと考えます。

（Ⅰ）～（Ⅲ）の要件を欠いていたにもかかわらず、外部通報行為を行った場合に不利益処分（懲戒や損害賠償請求）を受けないためには、①通報した事実が真実であると信じるに足りる相当な理由があること、②目的の公益性、③通報の態様が社会通念上相当であること、を通報者が原則として証明できる必要があります。

10-4　内部告発の裁判例

工場廃液の処理方法を告発した労働組合

まずは、①通報した事実が真実であると信じるに足る相当な理由があること、が争われた裁判例を紹介しましょう。

事例10-1 峰山工場事件（京都地裁峰山支部　昭和46年3月10日判決、労働関係民事裁判例集22巻2号187頁）

本件工場ではメッキ作業場を中心に各種の工場廃液を排出しており、この廃液は本件工場前を流れる川に入ったあと、付近のX川に流れ込んでいました。X川の水はさらに下流のY川に合流するのですが、この合流に至るまでに峰山町Z地区等の水田の灌漑用水として利用されていました。

このZ地区の一部に、昭和42年頃から、田植えした苗が枯れるなどの被害が出始めました。昭和44年度には、一部の田では水の取入口付近の被害が大きく、苗の植替えを余儀なくされました。そのため、例年より2割以上減収となった農家もありました。

峰山町当局は、これらの農家からの訴えで、X川の水質検査を関係官庁に依頼しました。本件工場の排水する廃液は、メッキ作業場を中心として電解脱脂液等があり、この中にはシアン化ナトリウムが含まれていました。シアン化ナトリウムは、一定量以上土壌に沈澱すると、農作物に被害を及ぼすことは疑いがないものでありました。

こうした状況下で、本件工場の労働組合は、昭和44年10月21日組合名義をもって発行した「町民の皆さんをはじめ10月21日丹後大集会参加の皆さんに訴えます」と題するビラに、以下のような記事を掲載しました。

「いつ災害や公害が発生するかも知れない職場の状況！　先日本件工場のメッキ職場で電解脱脂液に塩酸が混入、有毒ガス（シアンガス、塩素ガス）が発生し、労働者が苦痛を訴えるという危険な事態が起きました。（中略）最近峰山町内（Z地区）の農作物（水稲）が大きな被害を受けていることが判明し、地域でも『工場廃液』が原因ではないかとその調査が始められている矢先でもあります。私達の独自調査の中で実際に会社がやらせている処理方法では、農作物への被害も起りうるということがわかりました。（以下略）」

これを約1000枚作成し、組合員を通じそのほとんど全部を峰山町およびその付近の居住者らに配付しました。

さらに、同年11月5日付同組合名義の「町民の皆さんに訴えます」と題するビラには、以下のような記事を掲載しました。

「（中略）過日もメッキ作業中毒ガスが発生し、生命の危険がおびやかされました。しかもメッキ廃液もいいかげんな処理をして川に流しています。今年もZ地区の農家では田植をしても枯れ、二回も植替したとか、又収穫も少なく騒がれています。（以下略）」

このビラ数百枚を作成し、組合員の手により本件工場近隣の住民に配付したのでした。

これは、労働組合による内部告発といえます。これに対し、会社側は、ビラの内容は虚構の事実であり、会社の名誉を毀損し信頼を失墜させたなどとして、労働組合の執行委員長ら3人を解雇しました。執行委員長らは、解雇無効などを求めて提訴したのです。

裁判では、このビラの内容が、真実であると信じるに足る相当な理由があったかどうかが争点となりました。

本件工場の廃液には、一定量以上土壌に沈澱すると農作物に被害を及ぼすシアン化ナトリウムが含まれていたわけですが、この廃液の処理方法として、ゼロシアンなる中和剤を加え、さらに水でこれを希釈したうえで排出する方法があります。

しかし、本件工場は本件ビラが配付された直後にはじめてこの方法をとり、それまでは単に水道水で希釈するか、降雨量の多い日はそのままバケツに汲んで排水溝に捨てていました。そして希釈の程度も、法定の2・0ppm以下に希釈するに必要な水道水を使っておらず、また昭和45年3月から4月にかけて京都教育大学の教授が中心となってX川水系の水質等を調査したところによると、本件工場の排水口における泥土のシアン化合物、ニッケル等の重金属類の含有率は、その上流に比して飛躍的に増大し、下流に下るに従って次第に減少していること（シアン化合物の含有率はこの排水口付近で10・5ppm）、またその下流の水田においてはニッケル等の重金属が大量に稲の根に吸着し、その生育を妨げていることが判明しました。

しかし、裁判に提出された別の証拠によると、被害水田も一部に限られているほか、X川水系に本件工場より上流にメッキなどを行う複数の会社工場があってメッキ廃液をX川に排水しており、その排出量が明らかではないうえ、本件工場の廃液量も作業量によって一定ではなく、またX川の流水量も不変であるとは解し難いというものでした。したがって、その下流水稲に対する影響について、本件工場の廃液のみが前記の水稲被害の原因となっているとは必ずしも断定できず、本件工場の工場廃液の処理と水稲被害の因果関係は証明されていない、と判示されました。

本件ビラの記事は、工場廃液の処理と水稲被害の因果関係を指摘ないし暗示しているものです。結局、裁判所は、この記事について、全面的に真実ともいえないし、さりとて虚構の事実ともいい難い。そして多少の誇張を伴っている反面、組合員らがこれを真実であると信ずるにつき相当の理由があったこともまた否定しえないところであると判示し、解雇を無効としました。

このように、①通報した事実が真実であると信じるに足りる相当な理由があるとされるためには、通報事実の大部分が真実であり、多少の誇張（真実でない）のみが許されるにすぎないと考えるべきでしょう。

やむを得ない告発かどうか

②の「目的の公益性」が争われた裁判例として、医師が病院における抗生物質の過剰投与などを保健所に対し内部告発したことを理由とする解雇が、解雇権の濫用に当たるとされた事案があり、告発内容が不当であったかが争点の一つとなりました。

事例10-2 医療法人事件（東京地裁　平成7年11月27日判決、判例タイムズ912号175頁、判例時報1562号126頁）

判決は、おおむね以下のとおり判断しました。

A病院に勤務する原告X1らは平成3年12月11日、勤務時間中に保健所へ赴き、A病院における治療方法、衛生状態などについて内部告発をし、その指導改善を求めました。

当時、A病院においては、B医師が抗生物質の過剰かつ不適切な投与を行うなどしていました。その診療方法は、院長も非常識であると考えており、医学的見地から誤りである蓋然性が高いことや、当時、A病院ではMRSA保菌者が相当数存在し、死亡者も発生しており、第三世代系の抗生物質の過剰かつ不適切な投与がその原因の一つとなっている可能性が高く、B医師の診療方法は入院患者の身体・生命の安全に直接関わる問題であると考えられました。

X1らは、院長やA病院を経営する被告Y法人の会長らに、B医師の診療方法などについて再三その指導改善を求めましたが、B医師の診療方法に変化はなく、X1らはY法人が診療方法などの改善をする気がないものと判断して、保健所による指導改善を期待して内部告発におよびました。この行為に不当な目的は認められないこと、X1らが、保健所への申告内容が保健所を通じて公表されたり、社会一般に広く流布されることを予見ないし意図していたとも認められないこと、被告Y法人は申告の翌日にX1らを解雇しましたが、解雇通告時はもちろん、その後も保健所を通じてX1らの申告内容が外部に公表されたことはなく、保健所から不利益な扱いを受けたこともないことが認められました。以上によれば、X1らの保健所への申告を理由に解雇するのは、解雇権の濫用にあたる、と判示したのです。

本判決は、解雇につき解雇権濫用の有無を判断するに際し、原告X1らが内部告発をする前に病院内部で改善の努力をしたが功を奏さず、そのため、やむを得ず保健所に告発したことを認定したものです。労働者が不必要に企業の名誉・信用を傷つけることなく企業内部の問題を解消すべき義務を尽くしたといえるかという点についても配慮した内容のものとなっており、今後、同種事案の判断の参考となると考えられます（西崎健児、判例タイムズ945号392頁）。

もうひとつ、目的の公益性が争われた裁判例として「生命保険会社事件」（東京地裁　平成11年2月15日判決、労働判例755号15頁）があります。

この事件で、裁判所は、会社の退任取締役が週刊誌等に提供した情報は、バブル経済の時期における特定の融資先との個別の取引内容、会社の人事問題、経営問題に関する社内の稟議の内容であり、これらの会社の内部情報が公表されれば、会社の業務執行に支障を来すことが明らかであり、会社の機密に属する事項として法的保護の対象になるとしました。そのうえ、取締役在任中は職務上知りえた会社の内部情報について、取締役の忠実義務の一内容として守秘義務を負うことが当然であり、退任後も、信義則上、在任中に知りえた会社の内部情報について守秘義務を負うというべきであるところ、本件においては、右会社の社長の失脚、その体制の崩壊を意図して右情報の提供（漏洩）が行われたものであり、守秘義務に違反し、違法な行為であり、右会社の名誉、信用毀損に当たると解するのが相当である、と判示しました。

マスコミに通報したケース

前出③の「通報の態様が社会通念上相当であるかどうか」が争われた裁判例としては、次に挙げる「予備校幹部職員事件」があります。これは、内部努力（労働者が不必要に企業の名誉・信用を傷つけることなく、企業内部の問題を解消するという努力）が前提となるという立場を明確に示した裁判例です。

事例10-3　予備校幹部職員事件（東京高裁　平成14年4月17日判決、労働判例831号65頁）

本件は、幹部職員が、予備校の不正経理問題を理由に理事長の退任を要求し、これに応じない場合は、この事実をマスコミに公表するという申入れをしたものです。この申し入れを理由として解雇した効力を争うものでした。

この判決は、仮に不正経理問題が事実であったとしても、「分別も備えた年齢に達した社会人であり、〈中略〉教育に携わり、しかも幹部職員」であれば、「当該予備校の事業規模、活動地域に照らし、そのような事実の行為が〈中略〉経営に致命的な影響を与えることに簡単に思い至ったはずであるから、まずは〈中略〉（内部）において運営委員会、職員会議、評議委員会、役員会あるいは理事会等の内部の検討諸機関に調査検討を求める等の手順を踏むべきであり、こうした手順を捨象していきなりマスコミ等を通じて外部に公表するなどという行為は、〈中略〉（雇用契約上の）誠実義務に違背するものであり許されない」とし、解雇の有効性が認められました。

事例10-4 運輸会社事件（富山地裁 平成17年2月23日判決、労働判例891号12頁）

判決では、業界全体で行われていた不正行為に関する外部通報について、管理職でない通報者の内部努力では是正される可能性が乏しかったとして、十分な内部努力なく通報したことは不当とはいえないとしています。

労働者が勤務先会社にヤミカルテルがある旨を新聞社に内部告発をしたことは正当であり、内部告発を理由とする不利益取扱い（通報者たる原告が内部告発をしたことを理由に、被告会社は、これに対する報復として、原告を旧教育研修所に異動させたうえ、業務上の必要がないのに原告を2階の個室に置いて他の職員との接触を妨げ、それまで営業の一線で働いていた原告を極めて補助的でとくに名目もない雑務に従事させ、さらに、昭和50年10月から平成4年6月までという長期間にわたって原告を昇格させないという原告に不利益な取扱いをしたことおよび原告に対する退職強要行為をしたこと）が不法行為および債務不履行に当たるとされました。

※第10章は全般に『詳説公益通報者保護法』（内閣府国民生活局企画課編、ぎょうせい、2006年）を参考にしている。

コラム4 弁護士・弁理士への相談方法、相談料、報酬・費用

法律相談については、知り合いの弁護士がいない場合、職場もしくは自宅に近い弁護士会（原則として各都道府県に一会あります。大阪なら大阪弁護士会です）のホームページに告知されていますので、予約のうえ、相談されるとよいでしょう。30分あたり5000円（消費税別）が一般的です。各弁護士会は、相談内容に応じて相談日を設けており、原則として、指定の日時に各弁護士会に足を運ぶことになります。

債務整理（過払い請求、任意整理、破産など）については、多くの弁護士会で無料相談が実施されています。一定額以下の収入の方は、一定の条件を満たせば、日本司法支援センター（法テラス）の無料相談を受けることができますし、弁護士に支払う着手金、報酬金、実費な

どの立て替え払いが利用できる場合もあります。一般的な着手金、報酬金については、日本弁護士連合会のホームページ上で弁護士へのアンケート結果などが告知されています。

特許出願、意匠出願、商標出願などの専門家は弁理士です。知り合いの弁理士がいない場合、日本弁理士会の各支部（近畿支部など）のホームページ上に相談日が告知されていますので、予約のうえで、相談されるとよいでしょう。無料相談を実施しているところも少なくありません。弁理士に支払う一般的な手数料、謝金については、日本弁理士会のホームページ上で弁理士へのアンケート結果が告知されています。

なお、中小・ベンチャー企業のための知財支援（特許先行技術調査支援、早期審査制度、料金減免制度等）を特許庁、各地の経済産業局などが実施していますので、大いにご活用下さい。

第11章

データのねつ造・改ざん・盗用などの不正行為

11-1 データ等のねつ造、改ざん、盗用

近時、毎年のように、大学やメーカー等において実験データなどの改ざんや、ねつ造の報道が繰り返しなされています。

いわゆるSTAP細胞の論文については記憶にあたらしいところですが、平成26年4月には、当該研究者が属する某研究所がねつ造と改ざんを認定したことが、大きく報じられました。また同年7月には、某製薬会社が販売する降圧剤の臨床研究データ操作事件で、某医科大学の論文で虚偽の記載をしたとして、薬事法違反（誇大広告）容疑で、東京地検特捜部はデータ解析に関与

した某製薬会社の元社員を逮捕しました（7月25日付 産経新聞）。さらに挙げると、平成27年11月には、横浜市のマンション1棟が傾いたことが大きな問題となりました。くい打ち工事を行った某会社の子会社が過去約10年間に手がけた３０４０物件の調査結果が発表され、調査を終えた２３７６件のうち２６６件で工事データ改ざんなどの不正があったことが判明した、とのことです（11月13日付 時事通信）。

こうした報道が相次ぐ中、大学関係の事件の報道について少し遡ってみましょう。

たとえば、平成24年2月24日付の毎日新聞の報道によれば、某工業大学は、新エネルギー・産業技術総合開発機構（ＮＥＤＯ）から委託された燃料電池用触媒の開発研究で、外国籍の男性研究員がデータの改ざんやねつ造をしていたと発表しました。研究者は不正行為を単独で行ったと認めているとのことです。

このプロジェクトは、平成21～24年度に当該大学などが委託を受けた燃料電池開発に関する２事業（事業費総額約14億円）に関するもので、某工業大学によると、研究員は発電性能を良く見せるためにデータそのものを書き換えるなどし、研究成果を報告した論文は海外の専門誌に掲載され、特許も出願していました。平成23年8月、プロジェクトに参加する企業から指摘を受け、不正が発覚しました。研究員は大学側に「世界で行われている触媒技術の成果に合わせるような形でねつ造をしてしまった」と話している、とのことです。

同じく平成24年2月24日付の毎日新聞の報道によれば、某大学の医学部の助教が、米心臓協会発行などの学術誌に投稿した3本の論文で、データのねつ造や改ざんがあったと発表しました。当該助教もねつ造などを認めている、とのことです。某大によると2月10日、不正があるとの通報があり、学内の調査委員会が調べると、論文に記載されたデータが実験ノートには存在しなかったり、データの計測に使っているはずの実験機器の利用実績がないことが判明した、というものでした。

また、平成25年7月25日付の朝日新聞デジタルの報道によれば、旧帝大の某大学の調査委員会が、生物系の研究所の元教授のグループの論文について、改ざんやねつ造、もしくはその疑いがあると認定し、そのほとんどが、実験結果の証拠にもなりうる画像の不正でした。計43本は撤回が妥当と判断し、元教授は撤回に応じるとのことでしたが、これだけ多くの論文が改ざん・ねつ造とされたのはきわめて異例とのことでした。元教授は国内を代表する分子生物学者で、それまで有名雑誌に多数の論文を発表しており、数々の研究プロジェクトも進め、一連の研究には20億円以上の公的研究費が投じられています。改ざんなどが指摘された論文には20人以上の研究者が関わっており、こうした論文で得た博士号などの学位が取り消される可能性もある、とのことでした。

調査報告によると、骨ができる仕組みやホルモンが作用する仕組みに関する研究など、これまで16年間に発表された計165本の論文を調べた結果、画像の合成や使い回しなどの不正が判明し、43論文について「画像の反転・複製」など改ざん25ヵ所、「画像の合成」などねつ造26ヵ所などを指摘した、とのことでした。

さらに、平成27年12月3日付の産経新聞などによれば、血液製剤やワクチンの国内有数のメーカーである一般財団法人「化学及血清療法研究所（化血研）」（熊本市）が、国が承認していない方法で血液製剤を製造し、製造記録を偽造するなど隠蔽《いんぺい》工作をしながら、40年以上にわたって不正製造を続けていた、とされています。

こうした研究にまつわる不正について、平成26年4月6日付の讀賣新聞の報道によれば、科学技術振興機構が昭和52~平成24年に起きた「研究不正」114件の事例を調べたところ、盗用が58%、ねつ造が16%、改ざんが7%という結果だったとされています。論文の盗用については第6章の著作権（187ページ~）で、データの盗用（持ち出し）については第8章の技術情報の漏洩禁止（281ページ〜）で実例を紹介しています。

なお、ねつ造とは「存在しないデータ、研究結果等を作成すること」、改ざんとは「研究資料・機器・過程を変更する操作を行い、データ、研究活動によって得られた結果等を真正でないものに加工すること」、盗用とは「他の研究者のアイディア、分析・解析方法、データ、研究結果、論文又は用語を当該研究者の了解又は適切な表示なく流用すること」をいいます（平成26年8月26日に文部科学大臣が決定した「研究活動における不正行為への対応等に関するガイドライン」。以下、「平成26年ガイドライン」といいます）。

11-2 二重投稿、不適切なオーサーシップ、利益相反

不正行為には、他の学術誌などに既に発表した、もしくは投稿中の論文と本質的に同じ論文を投稿する二重投稿、論文著作者が適正に公表されない不適切なオーサーシップも含まれます（平成26年ガイドライン）。

このうち、たとえば「二重投稿」については、科学への信頼を致命的に傷つける「ねつ造・改ざん・盗用」とは異なるものの、論文および学術誌の原著性を損ない、論文の著作権の帰属に関

する問題や研究実績の不当な水増しにもつながり得るため、研究者倫理に反する行為として、多くの学協会や学術誌の投稿規程において禁止されています。このような状況を踏まえ、具体的にどのような行為が、二重投稿や不適切なオーサーシップなどの研究者倫理に反する行為に当たるのかについては、各研究分野において不正行為が疑われた事例や国際的な動向などを踏まえて、学協会の倫理規程や行動規範、学術誌の投稿規程等で明確にし、当該行為が発覚した場合の対応方針を示していくことが強く望まれます。

それでは、そもそも論文は、誰を著者とすべきでしょうか。『学術振興会心得』66頁以下には、おおむね次のような言及があります。

論文の基となった研究の中で重要な貢献を果たした者には著者としての資格があり、そうでない者にはその資格はないと考えるべきです。

国際医学雑誌編集者委員会（International Committee of Medical Journal Editors: ICMJE）の投稿統一規程4は、論文の著者として掲載されるためには以下の4つの基準を挙げています。

1．研究の構想・デザインや、データの取得・分析・解釈に実質的に寄与していること

2. 論文の草稿執筆や重要な専門的内容について重要な校閲を行っていること

3. 出版原稿の最終版を承認していること

4. 論文の任意の箇所の正確性や誠実さについて疑義が指摘された際、調査が適正に行われ疑義が解決されることを保証するため、研究のあらゆる側面について説明できることに同意していること

すべての条件を満たすことがオーサーシップの条件であり、逆に、以上の条件を満たす者については著者として記載されなければならないとしています。

以上のような条件を満たさない者については、例えば「謝辞」に掲載します。研究費の獲得や、研究グループの指導・統括などに関わるだけではオーサーシップの基準を満たさないので、謝辞に掲載することが適当です。

不適切なオーサーシップの実例としては、ハーバード大学のオンブズオフィスで記録された例などで、次のようなものがあります(『山崎』57頁以下、96頁以下)

(1) Aは、既に発表された論文の著者として名前が載っていたが、一度も論文原稿を見ていなかったし、レフェリーからの修正された原稿も読んでいない。さらに、最終的な著者への同意書類にもサインしていなかった。

（2）ある研究プロジェクトが完成したとき、Bは筆頭著者を約束されていた。しかし、その研究プロジェクトの報告が公表されたとき、前もって何も知らされずに、他の研究者が論文の第1著者になっていた。

（3）ある一人の研究員Cが、筆頭著者の位置を要求している。Cは、実験を実行するために重要な貢献をしたが、研究計画や原稿執筆には寄与していない。

（4）米国の情報企業Dが、ある薬剤の使用を奨励する内容の総説論文をまとめたあとに、その論文の著者になることを北欧の専門家Eに依頼し、発表した。

（5）ある上級研究者Fが、学生Gの協力により開発した新しい外科的処置の成果をより良く見せようと、データを歪めた。またFは、その成果を自らが単独著者として論文に書き、発表した。

さらに、「利益相反」の問題も、研究で起きる不適切な行為とされています。「利益相反」という言葉の意義は難解ですが、たとえば平成26年4月6日付の讀賣新聞の報道によれば、「研究成果で利益が出る企業などが研究に参加する」ことを利益相反といったりしています。

産学連携が推進され、科学者も研究費を自ら獲得することが求められる今日の社会において、科学者は時として複数の役割を担う状況が生まれています。たとえば、大学に職位を有しながら、企業のコンサルタントを兼務したり、あるいは自ら起業し経営者たる地位を併有する科学者もいます。これらの複数の地位に起因して、経済上の利害関係が生じるとき、科学にとってもっとも重要な「客観性」の確保に疑いが生じる場合があります。これを「利益相反（conflict of interest）」関係にあるといいます（『学術振興会心得』、24頁以下）。

利益相反に関する考え方にはさまざまなものがありますが、たとえば厚生労働省の指針では、次のように定義されています。

利益相反とは、具体的には、外部との経済的な利益関係等によって、公的研究で必要とされる公正かつ適正な判断が損なわれる、又は損なわれるのではないかと第三者から見なされかねない事態をいう。公正かつ適正な判断が妨げられた状態としては、データの改ざん、特定企業の優遇、研究を中止すべきであるのに継続する等の状態が考えられる。

利益相反は、「狭義の利益相反」と「責務相反」に区別されます。狭義の利益相反とは経済的な利害に関するものですが、責務相反とは「兼業活動により複数の職務遂行責任が存在することにより、本務における判断が損なわれたり、本務を怠った状態になっている、又はそのような状態にあると第三者から懸念が表明されかねない事態」です。大学の教員が、学外の職務を兼業して多忙となり、学生の教育や研究指導という本務を怠った状態になる例が挙げられます。

さらに、「狭義の利益相反」を分類すると、厚生労働省の指針では「個人としての利益相反」と「組織としての利益相反」に区別されます。後者は、たとえば大学が企業に出資したり、大学が保有する特許をライセンスするような場合に生じる、いわば大学経営に関することです。前者の「個人としての利益相反」の中で前記「経済的な利益関係」を厚生労働省は、次のように定義しています。

「経済的な利益関係」とは、研究者が、自分が所属し研究を実施する機関以外の機関との間で給与等を受け取るなどの関係を持つことをいう。「給与等」には、給与の他にサービス対価（コンサルタント料、謝金等）、産学連携活動に係る受入れ（受託研究、技術研修、客員研究員・ポストドクトラルフェローの受入れ、研究助成金受入れ、依頼試験・分析、機器の提供等）、株式等（株式、株式買入れ選択権（ストックオプション）等）、及び知的所有権（特許、著作権及び当該権利からのロイヤリティ等）を含むが、それらに限定はされず、何らかの金銭的価値を持つものはこれに含まれる。なお、公的機関から支給される謝金等は「経済的な利益関係」には含まれない。

また、前述の厚生労働省の指針では、科学者本人だけでなく、配偶者や一親等の者（両親や子供）に経済的な利益関係がある場合は、利益相反の有無の検討対象になるとされているので、注意する必要があります。

今日では、利益相反を適切にマネジメントするための専門の部署を設ける大学が増えてきました。利益相反が疑われた実例としては、大学発のベンチャー企業に関するものがあります。『佐伯他』２０９頁以下では、次のとおり紹介されています。

某大学医学部附属病院で遺伝子治療薬の臨床試験を実施した教授ら５人が、この治療薬を開発したベンチャー企業から未公開株を取得し、株式はその後上場され、取得した株は億単位の価値に上昇したというものでした。

製薬会社の株式保有者による臨床試験は、データの信頼性が損なわれる恐れが指摘され、同大はガイドラインを策定しました。

なお、株式を割り当てられた教授らは研究で連携していた実質的な創業メンバーであり、株式は時価で取得したということです。患者の選択や評価は大学病院内の審査委員会が判断する仕組みで、研究者の思惑が入り込む余地は全くなく、産学連携で、利潤の追求と教育・研究の責任が衝突する「利益相反」には該当しない旨の見解があります。

11-3 不正行為が行われる背景

なぜ、倫理に反するとわかっていて、不正行為をしてしまうのでしょうか。不正行為を行わないように心がけるには、その背景を知っておく必要があります。

不正行為とは、具体的には、得られたデータや結果のねつ造、改ざん、および他者の研究成果等の盗用に加え、同じ研究成果の重複発表、論文著作者が適正に公表されない不適切なオーサーシップなどが代表例です。こうした行為は、研究の立案・計画・実施・成果の取りまとめの各過程（競争的資金等の支援を受ける場合は、この他に経費支援申請や経費支援者への報告がある）においてなされる可能性があります（『研究活動の不正行為への対応のガイドラインについて―研究活動の不正行為に関する特別委員会報告書―』平成18年8月8日、科学技術・学術審議会　研究活動の不正行為に関する特別委員会、5頁以下）。

なぜ不正行為が頻発しているのでしょうか。ここでは、前記報告書の調査結果を紹介しましょう。

1　研究現場を取り巻く現状

①先端的な分野を中心に、研究成果を少しでも早く世に出すという先陣争いが強まっている。これには研究者としての使命感、意欲や名誉の他に、研究評価や、各研究機関・研究者等の特許など知的財産戦略への取り組みなど、まさに現在の研究現場を取り巻く状況を反映していると考えられる。

②多くの優れた研究、意欲的な研究に支援が広がり、研究現場に競争的環境と競争的意識が定着し始め、研究水準が上がった。その反面、基本計画で重点化の対象とされた研究分野については、多額の研究資金が配分されると同時に、それに見合う成果を求められ、また、先端的な研究を続けていくには、他の研究者と競争し、競争的な研究費を獲得し続ける必要性がより一層高まっている。

このような中で、各研究分野において、多額の研究費が獲得できる研究が優れた研究とみなされやすく、また、成果が目立つ研究でなければ、研究費が獲得できないのではないかという懸念が増大し、研究費獲得自体がいわば一つの評価指標と化して、競争の激化と性急な成果主義を煽る側面もあることが指摘されている。

③さらに、研究者の任期付任用の増加等により研究者の流動性が高まっており、ポスト獲得を目指して、若い研究者が一層研鑽を積み、また、多様な人材が研究組織に入ること等により、研究組織が活性化される効果が見られる。

一方でそのことに伴い、ポスト獲得競争が激化し、とくに若手研究者にとっては任期付きでないポストを早く得るために、優れた研究成果を早く出す必要性に迫られる状況も一部で醸し出されてきており、それが極端な場合、不正行為につながる可能性があるとの指摘もなされている。

2　研究組織・研究者の問題点

①不正行為が起きる背景として、研究組織・研究者側の問題点もいくつか考えられる。研究者の間に功名心が広がる反面、真理を探究するという研究そのものに対する使命感が薄れてきているのではないかという指摘がしばしばなされている。

②研究者は研究活動の本質を理解し、それに基づく作法や研究者倫理を身に付けていることが当然の前提とされているが、これらがどういうものであるかということについて、研究者を目指す学生や若手研究者が十分教育を受けていない状況がある。また、そのことについて教えるべき指導者の中には、その責務を十分に自覚していない者が少なからずあるよ

うに見受けられる。さらに、指導者の中には、結果を出すことを最重要視する考え方に傾き、研究倫理や研究プロセスの本来のあり方を十分に理解していない者が存在するという深刻な指摘もなされている。

研究プロセスについて言えば、競争的環境の急速な進展とともに、実験等で出たデータの処理や論文作成のスピードを上げようとするあまり、研究グループ内で生データを見ながらじっくり議論をして説を組み立てていくという、研究を進めていくうえで通常行われる過程を踏むことをおろそかにする傾向が一部の研究者に見られる、という指摘もある。

③不正行為が起きる背景には、研究組織における問題として、自浄作用が働きにくいということも指摘できる。この原因として、競争的環境の急速な進展の結果、秘密主義的傾向が蔓延し、組織の中で研究活動に関して議論が活発に行われにくくなっていること、また、まさにその反面、そうした活性を失った組織にありがちな悪しき仲間意識・組織防衛心理が事なかれ主義に拍車をかけることも考えられる。さらに、研究分野が細分化し、各研究者の専門性が深化し、他の研究室はもとより、同じ研究室においても、他の研究者がどういう研究をどのように行っているのかわからないという状況さえ現出していることも一因と考えられる。このような環境の下では、正常な自浄作用か、相手を陥れる行為かが容易に判断しにくい場合、重症に陥るまで放置される傾向がある。加えて、自浄作用が働きに

くい研究組織の中では、些細なことではあっても見逃してはならない、研究活動の本質や研究活動・研究成果の発表の作法ともいうべき決まりごとに抵触するような行為が見逃されがちであり、それが重なって重大な不正行為につながることがあるのではないかと思われる。

以上の報告のほかに、「まさかばれないだろう」といった気の緩みも指摘できるでしょう。データがアナログで記録されていた時代と異なり、今日、データは電磁的に記録されているため、数値を改ざんしたり、画像を切り貼りすることが簡単ですが、他方、データ等にアクセスした記録が残るため、改ざんなどもばれやすいということに留意すべきです。

また、大学や研究機関は、STAP細胞をめぐって問題となった、パソコンなどを使った文章の丸写し（いわゆるコピペ）をみつける対策を始め、ある大学は、平成25年、世界最大級の論文盗用検出システムを導入したと報道されています（平成26年4月6日付 讀賣新聞）。安易なコピペは要注意です。

11-4 不正行為はどのようにして発覚するか

再実験、事故、内部告発（公益通報）、アクセス記録、論文盗用検出システムなどによって不正行為は発覚します。

STAP細胞問題は、論文盗用検出システムや再実験などにより問題が発覚し、平成27年11月のくい打ち工事のデータ改ざんは、マンション1棟が傾いたという事故を発端に発覚しました。今日では、前章で述べた内部告発（公益通報）によって発覚するケースが多くなってきています。

その具体的な方法は、たとえば「独立行政法人大学評価・学位授与機構における研究活動に係る不正行為の防止及び対応に関する規則」（平成19年10月15日／別紙1）の規則第2号では、次の要領で定められています。

この中の12条7項では、「第4項及び前項において、被通報者の説明及びその他の証拠によって、不正行為であるとの疑いが覆されない場合又は被通報者が実験・観察ノート、生データ等の不在等、本来存在するべき基本的な要素の不足により、証拠等を示すことができない場合は、不正行為があったと見なされる。ただし、被通報者が善良な管理者の注意義務を履行していたにもかかわらず、災害等の本人の責によらない理由により、上記の基本的要素を十分に示すことができない場合については、この限りではない」とされており、かなり厳しく規定されています。

なお、通報者が注意すべきこととして、通報内容が真実でなかった場合に備え、通報した事実が真実であると信じるに足りる相当な理由があることを証明できる客観的な証拠（書類など）を確保しておくことも重要です。

［別紙１］

独立行政法人大学評価·学位授与機構における研究活動に係る
不正行為の防止及び対応に関する規則（抜粋）

平成19年10月15日
規則第２号
最終改正　平成27年２月10日

（目的）

第１条　この規則は、独立行政法人大学評価・学位授与機構（以下「機構」という。）における機構職員の研究活動に係る不正行為の防止及び対応に関し、必要な事項を定めることを目的とする。

（定義）

第２条　この規則において、「研究者等」とは機構職員（非常勤を含む。）のうち、機構の施設・設備を利用して研究活動を行う者並びに競争的資金を配分する機関（以下「資金配分機関」という。）が配分する研究費及び機構の研究費（以下「研究費」という。）の運営及び管理に関わる者をいう。

２　この規則において、「不正行為」とは研究者等が研究活動上、故意に又は基本的な注意義務を著しく怠ったことにより行った以下に定める行為をいう。

一　ねつ造　研究者等が行う研究活動（研究成果の発表の過程を含む。以下同じ。）において、存在しないデータ、研究結果等を作成すること。

二　改ざん　研究者等が行う研究活動において、研究資料・機器・過程を変更する操作を行い、データ、研究活動によって得られた結果等を真正でないものに加工すること。

三　盗用　研究者等が行う研究活動において、他の研究者のアイディア、分析・解析方法、データ、研究結果、論文又は用語を当該研究者の了解又は適切な表示なく流用すること。

四　その他　研究者等が行う研究活動における虚偽の記述等又は前号までに規定する行為に準ずる行為。

五　研究費の不正使用　研究者等が行う研究費の使用又はその運営及び管理において、法令及び機構が定める規則等又は競争的資金の交付の決定内容やこれに付した条件等に違反し、研究費を使用目的以外のものに支出し、又は取引等の実態がないにもかかわらず不正に支出等すること。

(通報等窓口)

第8条　機構における不正行為についての通報又は相談（以下「通報等」という。）を受け付ける窓口（以下「通報等窓口」という。）を管理部総務企画課に設置する。この場合において、通報等の受付や調査・事実確認を行う者が自己との利害関係を持つ事案に関与しないよう取り計らうものとする。

2　通報等は、機構に所属する職員であるか否かによらず全ての者が行うことができる。

3　通報等窓口は、通報者に対し悪意（被通報者を陥れるため、又は被通報者が行う研究を妨害するため等、専ら被通報者に何らかの損害を与えることや被通報者が所属する機関・組織等に不利益を与えることを目的とする意思をいう。以下同じ。）に基づく通報の防止のため、悪意に基づくことが判明した場合には、氏名の公表や刑事告発等があり得る旨を周知する。

(通報等の方法)

第9条　通報等は、原則顕名で行うものとし、不正行為をしたとする研究者等の氏名、不正行為の内容及び不正であるとする合理的理由（第2条第2項第1号から第4号に定める不正行為に係る通報等の場合は、不正であるとする科学的な合理性のある理由を含む。）等を書面（別紙様式1）、電話、FAX、電子メール又は面談等により明示して行わなければならない。

2　匿名の通報等があった場合は、前項の規定にかかわらず、その理由や通報等の内容に応じ、顕名の場合に準じて取り扱うことができるものとする。

3　報道や学会等により不正行為の疑いが指摘された場合又は不正行為の疑いがインターネット上に掲載されていることを機構が把握した場合は、前項の場合に準じて取り扱うことができるものとする。

4　通報の意思を明示しない相談については、その内容に応じ、通報に準じてその内容を確認・精査し、相当の理由がある場合は、相談者に対して通報の意思があるか否か確認するものとする。ただし、通報の意思が表示されない場合にも、最高責任者の判断でその事案の調査を開始することができる。

（通報等の取扱い）
第10条　（略）
2　書面による通報等、通報等窓口が受け付けたか否かを通報者（匿名の通報者を除く。）が知りえない方法による通報等がなされた場合は、最高責任者は通報者に通報等を受け付けたことを通知するものとする。匿名による通報等がなされた場合においては、調査結果が出る前に通報者の氏名が判明した後は顕名による通報者として取り扱うものとする。
3　最高責任者は、不正行為が行われようとしている、又は不正行為を求められているという通報等については、その内容を確認・精査し、相当の理由があると認めた場合には、被通報者に対し警告を行い、通報者に対し警告を行った旨を通知する。
4　最高責任者は、機構以外の機関に所属する被通報者に対し警告を行った場合は、被通報者の所属する機関に警告の内容等について通知する。
5　最高責任者は、通報等に係る不正行為が既に行われたと見なされる場合には、統括研究責任者又は統括管理責任者に命じ、次条に定める調査を行わせるとともに、通報者、被通報者に対しその旨を連絡するものとする。
6　前項の場合において、最高責任者は調査結果の公表まで、通報者、被通報者、通報内容等について調査関係者以外に漏えいしないよう秘密保持を徹底するものとする。
7　（略）

（本調査）
第12条　最高責任者は、予備調査の結果、通報内容に合理性があると判断した場合は、真相究明のため、調査委員会を設置し本調査を行わせるものとする。この場合において、本調査の実施の決定後30日以内に本調査を開始しなければならない。
2　（略）
3　第10条第１項第１号から第４号に掲げる場合には、当該機関と協議の上、被通報者が通報された事案に係る研究活動を主に行っていた機関を中心に、合同で本調査を実施するものとする。
4　本調査は次に掲げる事項により行うものとする。
一　通報内容が第２条第２項第１号から第４号に定めるもの

論文や実験・観察ノート、生データ等の各種資料の精査及び関係者のヒアリング等並びに調査委員会が再現性を示すことを被通報者に求める場合又は被通報者自らの意思によりそれを申し出て調査委員会がその必要性を認める場合は、調査委員会が合理的に必要と判断する範囲内の期間及び機会（機器、経費等を含む。）を設けて実施される被通報者による再実験。

二　通報内容が第2条第2項第5号に定めるもの

研究費の使用に係る証拠書類の精査や使用実態の調査、関係者のヒアリング等。

三　その他調査委員会が必要と認めた事項

5　本調査の実施にあたっては、調査委員会は、被通報者に対して弁明の機会を与えなければならない。

6　前項の弁明において、被通報者が通報内容を否認する場合には、自らの責任において科学的根拠や合理的根拠等を示し不正行為の疑惑を晴らさねばならない。

7　第4項及び前項において、被通報者の説明及びその他の証拠によって、不正行為であるとの疑いが覆されない場合又は被通報者が実験・観察ノート、生データ等の不在等、本来存在するべき基本的な要素の不足により、証拠等を示すことができない場合は、不正行為があったと見なされる。ただし、被通報者が善良な管理者の注意義務を履行していたにもかかわらず、災害等の本人の責によらない理由により、上記の基本的要素を十分に示すことができない場合については、この限りではない。

8　前項において、実験・観察ノート、生データ等の不在等が、各研究分野の特性に応じた合理的な保存期間を超えることによるものである場合についても同様とする。

9（略）

10　調査委員会の判断により、調査の対象には、通報された事案に係る研究活動のほか、調査に関連した被通報者の他の研究活動も含めることができる。

11　調査委員会は、調査に当たって、調査対象における公表前のデータ、論文等の研究又は技術上秘密とすべき情報が、調査の遂行上必要な範囲外に漏えいすることのないよう十分配慮しなければならない。

12　（略）

（認定）
第15条　調査委員会は、本調査の開始後概ね150日以内に、不正行為の有無、不正行為の内容、不正行為に関与した者及びその関与の程度に加え、第２条第２項第１号から第４号に定める不正行為の場合には、通報された研究活動に係る論文等の各著者の当該論文等及び当該研究活動における役割について、第２条第２項第５号に定める不正行為の場合には、不正使用の相当額について認定するものとする。
２　前項で不正行為がなかったと認定される場合で通報が悪意に基づくものであることが判明したときは、併せてその旨を認定するものとする。
３　前項の認定を行うに当たっては、通報者に弁明の機会を与えなければならない。
４　第１項の規定にかかわらず、調査委員会は、調査の過程であっても、第２条第２項第４号に規定する研究費の不正使用の事実が一部でも確認された場合には速やかに認定しなければならない。
５　（略）

（調査結果の通知）
第16条　最高責任者は、前条の認定に基づく調査結果を通報者及び被通報者に通知する。
２　最高責任者は、前条第２項の認定があった場合で通報者が機構に所属していない者である場合には、通報者の所属長にも通知する。

（調査結果の公表等）
第20条　最高責任者は、第12条から前条までの調査の結果、不正行為があったと認定された場合は、速やかに次の事項を公表するものとする。
　一　不正行為をした研究者等の氏名
　二　不正行為の内容
　三　調査委員会委員の所属、氏名
　四　調査委員会が行った調査方法、内容等
２　最高責任者は、不正行為があったと認定された場合には、被通報者に対し、論文の取下げを勧告、研究費の返還を命ずるなど、必要な措置を講ずる。
３　最高責任者は、通報等が悪意によるものであったと認定した場合には、通報者の所属、氏名を公表する。
4　最高責任者は、第12条から前条までの調査の結果、不正行為がなかったと認定した場合は、調査結果を公表しないものとする。ただし、調査事案が外部に漏えいしていた場合及び論文等に故意によるものでない誤りがあった場合は、調査結果を公表する。

（不正行為の事前防止）
第24条　研究者等は諸規則、規範等を遵守すること等を約するため、別紙様式2の誓約書を機構長に提出しなければならない。

（研究データの保存）
第25条　研究活動の遂行に係る研究者等は、各研究分野の特性に応じた合理的な保存期間内は研究データを保存するものとし、各責任者、調査委員会及び資金配分機関等から求めがある場合は開示に応じなければならない。

（次条以下略）

［別紙様式1］

平成　年　月　日

独立行政法人・大学評価学位授与機構管理部総務企画課

所属：

氏名：　　　　　　　印

連絡先：

研究活動に係る不正行為について（通報）

貴機構所属の下記職員が、研究活動に係る不正行為をしていることを確認しましたので、通報いたします。

記

1．不正行為を行ったとする研究者等

所属：

職員（又はグループ）名：

2．不正行為の内容（具体的に）

①捏造：

②改ざん：

③盗用：

④その他：

⑤研究費の不正使用：

※①～④において、既に論文として公表している場合には、論文名も記載すること。

3．不正であるとする合理的理由（2において①～④を選択した場合は、不正であるとする科学的な合理性のある理由）

4．不正行為が発生した時期・場所

5．秘匿したい事項

［別紙様式 2］

独立行政法人大学評価・学位授与機構長　　殿

誓約書

私は、独立行政法人大学評価・学位授与機構の職員として、以下の事項を遵守することをここに誓います。

記

1. 機構の管理するべき研究費の原資が国民の税金等で賄われていることを認識し、研究活動の遂行、並びに研究費の使用又はその運営及び管理において一切不正行為をしないこと。

2. 研究費の使用又はその運営及び管理に当たり、当該研究費の資金配分機関が定める各種要項及び機構が定める規則等の使用ルール、その他関係する法令・通知等を遵守するとともに、これに違反して不正を行った場合は、機構や資金配分機関の処分及び法的な責任を負担すること。

3. 研究費の取扱いに関する研修等に積極的に参加し、関係法令等、使用ルールに関する知識の習得や事務処理手続の理解に努めること。

4. 職員相互の理解と緊密な連携を図り、協力して研究活動における不正行為及び研究費の不正使用防止に努めること。

5. 研究費の使用又はその運営及び管理に当たり、取引業者との関係において国民の疑惑や不信を招くことのないよう行動すること。

平成　年　月　日

氏名（自署）

11-5 不正行為がばれたらどうなるか

不正行為をしたことがばれた場合に起こりうることとして、懲戒解雇されたり、科学者としての信頼を喪失するなどの社会的地位の喪失が挙げられます。また、研究費の返還請求や調査費用等の巨額な賠償請求も想定されます。さらに、場合によっては、詐欺罪、業務上過失致傷罪等の刑事罰に問われることもあります。

事例11-1 トラックハブ破損死傷事件（平成24年2月8日 最高裁決定、判例タイムズ1373号90頁）

この決定では、トラックのハブが走行中に輪切り破損したために前輪タイヤ等が脱落し、歩行者らを死傷させた事故について、同トラックの製造会社で品質保証業務を担当していた者（品質保証部門の部長またはグループ長）には、同種ハブを装備した車両のリコールなど改善のために必要な措置を採るべき業務上の注意義務があったと認定されました。

そのうえで最高裁は、被告人らが、本件事故の約2年半前に発生していた類似事故の処理にあたり、自社製の同種ハブには強度不足のおそれがあり、本件事故のような死傷事故の発生を予見できたにもかかわらず、同種ハブを装備した車両につきリコール等の実施のために必要な社内措置を採らず、本件事故を発生させたとして、業務上過失致死傷罪の成立を認めました。

11-6 不正行為をしていないのに疑いをかけられたときの防衛策

あなたがもし研究で不正の疑いをかけられたらどうすればいいでしょうか。防衛策としては、何といっても、普段からのデータの収集・管理・処理が重要です。

データとは、「理性的な推論のために使われる、事実に基づくあらゆる種類の情報」です(『学術振興会心得』43頁)。研究におけるデータの重要性は自明ですが、研究の対象によって何をデータとするかは異なります。

たとえば歴史学では、印刷物や書物だけではなく、手書きの手紙や場合によっては古物が証拠(データ)となります。社会学や人類学では、アンケートの結果やインタビュー記録なども重要なデータです。科学においては、自然現象の観測、実験により得られた測定データ、画像データなどがあります。

科学研究におけるデータの信頼性を証明するうえで重要な事項は、①データが適切な手法に基づいて取得されたこと、②データの取得にあたって意図的な不正や過失によるミスが存在しないこと、③取得後の保管が適切に行われてオリジナリティが保たれていること、です。
データの収集については、研究分野、テーマ、目的などによって異なるので、それぞれの専門分野での慣行が重要です。もっとも、実験を中心とする研究の場合、データの記録の仕方や保存方法についてはある程度共通するので、前記『学術振興会心得』で推奨されている方策を以下で紹介します。

①ラボノートの目的

実験を中心とする研究分野においては、一般に、データは、ラボノート（研究ノートや実験ノートと呼ばれる場合もある）に記録されます。適切な形でデータやアイデアが記入され、管理されたラボノートは、少なくとも3つの重要な役割を果たします。第一に、研究が公正に行われていることを示す証拠になります。第二に、研究の成果が生まれた場合、そのオリジナリティ性を立証する証拠になります。第三に、研究室や研究グループ内でデータやアイデアを可視化し、共有し有効に活用する方策、いわゆる「ナレッジマネジメント」の道具となります。

また、アメリカのライフサイエンス研究の中核的機関であるＮＩＨ（National Institutes of Health）では、日々の記録をラボノートに記録する目的を次のように整理しています。まず、実験等の成果が生まれた場合、第三者が再現できるように情報を残すという目的があります。また、研究倫理の文脈では、研究の公正性を立証し、不正を防ぐことができます。法的には、契約上の条件を満たすために必要な場合もありますし、特許に関連しては、知的財産権を守る目的もあります。さらに、研究チームの中に優れた研究慣行をつくりあげることができ、また、研究に参加するメンバー（学生を含む）の教育に役立ちます。また、発表の際などに、各メンバーが研究にどれほど貢献したかという功績を認めるための証拠となります。しっかりとしたラボノートがあれば、正式な報告書、論文、発表などの準備が容易になります。

民間企業などでは、特許などの知的財産権がからむこともあり、記載すべき内容や記述方法や証拠書類として成立させるための証人の署名を得る方法、さらに、ノートの管理の方法などを詳細に定めたラボノート管理規定を定め、厳格に運用しています。

１９８０年のバイ・ドール法の成立以来、産学の連携が進むアメリカでは、知財等に関連する諸問題が急増したことを受け、それ以来各大学がラボノートに関するポリシーを定め運用しています。

責任ある研究活動を進める上で、ラボノートは不可欠なツールであることを理解し、共同研究者も含め、研究グループ全体で協議を行い、ルールを定めて運用していく必要があります（所属機関がすでに指針などを持つ場合は、それを確認してください）。

②優れたラボノートとは

それでは、優れたラボノートとはどのようなものなのでしょうか。マクリーナ（Macrina, F.L.）らは、有益なラボノートには、当該の科学者が、①何を、なぜ、どのように、いつ行ったかが明確に記載されていて、②実験材料やサンプルなどがどこにあり、③どのような現象が起こり（あるいは起こらなかったか）、④その事実を科学者がどのように解釈し、⑤次に何をしようとしているのかが、記載されているべきであるとしています。また、優れたラボノートは、①読みやすく、②整理されていて、③情報を正確に余すことなく記載し、④再現ができるだけの情報を持ち、⑤助成機関や所属組織が定める要件を満たし、⑥権限を与えられた人のみが見ることができるような形で適切に保管され、万が一に備えて複製もつくられているものであるという条件を示した上で、すなわちラボノートは、「あなたがどのような科学上の貢献を行ったかを立証する究極的な記録である」としています。

③ラボノートの記載事項・記載方法

岡崎康司らは、ラボノート記載のポイントを以下のようにまとめています（岡崎康司・隅蔵康一『理系なら知っておきたいラボノートの書き方　改訂版』羊訂社、2011年、79頁)。

1. 時間順に記入する
2. 空白を残さない。ブランクスペースには〆印を描き、どんな文章の挿入も避ける
3. 以前の記入は後日修正してはいけない。修正は修正日のページに記載する
4. 記載内容は「日付」と「見出し」で管理する(目次と併せて活用するとよい)
5. 略語、特別な単語には第三者がわかるような説明文を記載する(巻頭に「略語表」「用語解説」を設けてもよい)
6. 新しい計画あるいは実験が始まるとき、目的と論理的根拠、計画を簡単に概説しておく
7. 記載内容は第三者が再現できる程度詳細に書く
8. 記載がどこからの続きで、そこに続いているのかわかるようにする
9. 結果や観察事項などは即記載する
10. 結果等を貼付する際は、記載者、証人の日付と署名をノートにまたがるように記載する
11. 貼付が困難なものは、ノートに所在や名称を記し別途保存し、相互引用する
12. データ等の事実と、考察などのアイデアや推論は明確に区別して記載する
13. 共同研究の場合は、アイデアや提案が誰に帰属するのかを意識しながら記載する

14. ミーティングでの討論なども記録する
15. 各ページに記載者と証人の日付、署名を付す

これらはあくまで一例ですが、このような記載のポイントを研究チーム内で十分に話し合った上で、研究の実施中も定期的にチェックすることが、研究の質の向上につながるでしょう。

ラボノートには市販されているものもあります。一例として、山口大学の佐田洋一郎教授が、日本の文具メーカーであるコクヨS＆T（株）と共同で開発した研究ノート（RESEARCH LAB NOTEBOOK）があります。

④ラボノート（データ）の管理

ラボノートが適切に記載され、研究から得られたデータやアイデアが明確に記録されていたとしても、ラボノートそのものの管理がずさんであると、ラボノートの信頼性と証拠としての価値が損なわれる場合があります。

ラボノートは基本的に個人の所有ではなく、研究環境と資金を提供している組織（大学・企業など）に帰属するという場合もありますので、組織の管理規定が存在するならば、それ

に基づき適切な管理をすることになります。組織にそのような管理規定や担当する部署がない場合、研究責任者は組織に働きかけると共に、研究グループのメンバーと相談しながら管理のルールをつくる必要があります。大学のように研究メンバーの流動性が高い場合は、新しいメンバーの教育研修も含めた管理システムをつくる必要があるでしょう。特に、個人情報を含むデータを扱う研究を実施している場合は、特別の配慮が必要です。ラボノートへのアクセスは限定し、管理は鍵のかかるロッカーなどで行う必要があります。もっとも、チームで研究を行う場合、データへのアクセスを制限しすぎてしまうと研究の進捗を妨げることがあるかもしれません。適切なバランスをとるためにも、チームメンバーとの話し合いは重要です。

今まで述べてきたように、科学者にとってラボノートは、自分で行ってきた実験や研究等の記録であり大変重要です。それらは、自分の研究プロセスやアイデアの知的集積ということのみならず、論文等を発表した後の検証や証拠となるものであり、保存の方法や期間については、研究機関として決めておくことが必要です。

研究費の助成機関は、研究計画に示された研究が完了した後も一定期間データを保管することを求めています。また、特許などに関わる研究のデータに関しては、30~50年の保管が望ましいとされています。このような長期の保管については、科学者個々人や研究室ごとにその責務を担うというようなものではなく、組織全体で責任を持って取り組む必要があるでしょう。

また、複数の機関が協力して研究を実施する共同研究の場合、ラボノートの所有権やクレジットの分配の方法について、事前に十分検討すべきですし、研究を実施している途中でも随時話し合いの上で合意しておく必要があります。

なお、最近は電子媒体による実験ノートやデータ等の保存も可能となっています。このような場合も、実験等を記録した当日以外に後で修正や加筆・訂正などができないようにし、正確に資料・データとして残すことが必要で、そうした方法等についても研究機関で決めて明記しておくことが求められます。

以上の方策は、かなり組織的なものであり、実現するには相応の態勢・時間を要する場合もあろうかと思います。

そこで、まずは、実験のノートの作成と管理の基本から身に着けていくのが肝要でしょう。すなわち、実験ノートのあり方としては、①書き換えが可能な鉛筆は使わない、②日付・時間を年号から明確に書く、③第三者のチェックを受ける、④できるだけ詳しく、他人が見ても分かりやすく書く〈実験の目的〈再実験か自説の論証か等〉、方法、結果、データの保存日時方法、生データと分析後のデータとの関係、取捨選択したデータとその理由など）などです。

また、若い研究者は世間慣れしていないところもあるので、年長の研究者が倫理や利益相反の教育をする日々のシステム（研究室レベルでのゼミ、研究科や学部レベルでの講義、はたまた飲み会など）も重要です。

11-7 不正行為の誘惑には負けない

不正行為をしたくて不正行為を行っている人はいない、と信じたいものです。不正行為を行ってはならないことは、小学生でもわかっていることだからです。

しかし、自身の研究における実験結果により、自らが立てた理論に合致しないことや理論が誤っていたことに気づかされたとき、絶望の淵に陥ることもあるでしょう。自身が任期制の研究者であって、任期の更新等がその実験結果に左右されるような場合などです。

そんな状況下では、たとえば、研究者は人気の少ない実験室や自室で、はたと「誰も気が付かないだろう」と考え、データの改ざんを試みようという考えが頭をよぎるかもしれません。

そんなとき、以下のような言葉を思い出して欲しいのです。

1 ばれたときにひどい目にあうことを思い出そう（今まで築いた地位、名誉、信用を失います。巨額な損害賠償請求をされるかもしれません。刑事事件で起訴されるかもしれません)。

2 どんな仕事でも、しんどいときや壁にぶつかることがある。「急がば回れ」——地道な努力こそがもっとも重要。自信を取り戻そう。今の仕事は、志があったからこそ進んだ道。今の壁は越えられる壁である。

3 努力が報われなかったり、孤独を感じたり、不運なことがあったりしても、それを耐えたら耐えた分だけ強くなれる、と信じること。世の中には、阪神淡路大震災や東日本大震災のような災害、戦争やテロ、飢え、セウォル号などの海難事故、交通事故など、何も悪いことをしていないのに、ひどい目に遭っている人々がたくさんいます。命あること、ご飯が食べられることに感謝しましょう。

4 最後に(とくに学生さんに向けて)

自然法則を発見し、科学技術によってその自然法則を利用して、技術を具現化したものを社会に提供し、社会貢献し、人々に喜んでもらう、というのが技術者の真骨頂です(私自身、技術畑を歩いた後に法曹界に身を置くことになりましたが、今でも、大学のシンポジウムなどで最先端の知見に触れたとき、研究のすばらしさを思い起こします)。

大学に残って研究するか、就職して組織活動を通じて産業の発展に寄与するか、その他どのような仕事が自分に向いているか。これは難しい問題ですが、じっくり考え、自分の進むべき道を見つけてください。

大学の先生、学校の先輩、その他いろんな人と話をするとヒントがみつかるかもしれません。

謝辞

初版において、メーカーに従事する技術者、管理者の立場から、筆者に対し、様々なご示唆をいただいた藤野耕氏が平成27年6月に他界されました。

藤野耕氏は、私が大学院修了後に就職した株式会社荏原製作所における上司であり、公私ともにご指導いただきました。

また、同社の退職後の司法試験の浪人中も常に私を励まし、勇気づけていただき、私にとって、かけがえのない先輩であり恩人でありました。

ここに、改めて、深く哀悼の意を表します。

平成28年1月

井野邊陽特許法律事務所にて
弁護士・弁理士　井 野 邊 陽

12月15日判決）　207
「プロ野球ドリームナイン」ゲーム事件（知財高裁〈第1部〉平成27年6月24日判決）　217

〈デザインと商標の保護〉

氷山・しょうざん事件（最高裁 昭和43年2月27日判決）　268
とんかつチェーン店事件（東京地裁 昭和51年3月31日判決、横浜地裁 昭和58年12月9日判決）　274
大森林・木林森事件（最高裁 平成4年9月22日判決）　270
ハートカップ事件（神戸地裁 平成6年12月8日決定）　256
小僧寿し事件（最高裁 平成9年3月11日判決）　268
アリナミン事件（大阪地裁 平成11年9月16日判決）　278
ジーンズ刺繍事件（東京高裁 平成13年12月26日判決）　275
リュックの形態模倣（大阪地裁 平成18年11月16日判決）　258
増幅器付スピーカーの意匠権侵害（東京地裁 平成19年4月18日判決）　258
正露丸事件（大阪高裁 平成19年10月11日判決）　272

〈技術情報の漏洩禁止（不正競争防止法）〉

研究データを盗んだ疑いで米連邦捜査局（FBI）に逮捕された例（平成11年、『山崎』）　285
競業会社就職事件①（大阪地裁 平成15年1月22日判決）　287
競業会社就職事件②（東京地裁 平成16年9月22日決定）　288
食品レシピ漏洩事件（大阪高裁 平成19年10月18日判決）　284
有名自動車メーカーにおける機密漏洩事件（不正競争防止法違反・営業秘密領得／平成26年5月・平成27年2月付 報道）　284

〈商品などの表示に関する規制〉

石油ストーブ事件（東京地裁 昭和39年2月22日決定）　295
洋服生地英国地名控訴事件（東京高裁 昭和49年7月29日判決）　294

〈内部告発（公益通報）〉

峰山工場事件（京都地裁峰山支部 昭和46年3月10日判決）　316
医療法人事件（東京地裁 平成7年11月27日判決）　320
医療法人 α 事件（大阪地裁 平成9年7月14日決定）　315
生命保険会社事件（東京地裁 平成11年2月15日判決）　321
予備校幹部職員事件（東京高裁 平成14年4月17日判決）　322
運輸会社事件（富山地裁 平成17年2月23日判決）　323

〈データのねつ造・改ざん・盗用などの不正行為〉

トラックハブ破損死傷事件（最高裁 平成24年2月8日決定）　353

判例・事例索引

〈製造物責任法（PL法）〉

塵芥焼却場事件（大阪地裁 昭和62年10月26日判決） 89
空気残量計事件（鹿児島地裁 平成3年6月28日判決） 82
オレンジジュース事件（名古屋地裁 平成11年6月30日判決） 79
化粧品顔面皮膚障害事件（東京地裁 平成12年5月22日判決） 116
呼吸器回路機器の換気不全事件（東京地裁 平成15年3月20日判決） 117
学校給食用食器事件（奈良地裁 平成15年10月8日判決） 99

〈特許権〉

麻雀ルールパチンコ事件（東京高裁 昭和51年4月27日判決） 155
穀物処理方法事件（東京地裁 昭和54年4月16日判決） 155
自動ボイルエビ事件（東京高裁 平成3年12月24日判決） 155
グアニジノ安息香酸誘導体事件（最高裁 平成11年4月16日判決） 173
青色発光ダイオード職務発明事件（東京地裁 平成16年1月30日判決） 159
一太郎事件（東京地裁 平成17年2月1日判決、知財高裁 平成17年9月30日判決） 177

〈著作権〉

時事英語用語辞典の著作物性（東京高裁 昭和60年11月14日判決） 221
用字苑の著作物性（名古屋地裁 昭和62年3月18日判決） 221
脳波数理解析共同研究論文事件（大阪高裁 平成6年2月25日判決） 194, 202
会社案内の著作物性（東京高裁 平成7年1月31日判決） 221
カーテン用副資材カタログ事件（大阪地裁 平成7年3月28日判決） 222
著作順位変更事件（東京地裁 平成8年7月30日判決） 228
フライパンの商品取扱説明書の著作物性（大阪地裁 平成10年1月20日判決） 207
職業別電話帳の著作物性（タウンページ／東京地裁 平成12年3月17日判決） 221, 223
恋愛シミュレーションゲーム「ときめきメモリアル事件」（最高裁 平成13年2月13日判決） 190
解剖学実習テキスト事件（東京高裁 平成13年9月27日判決） 195
新築分譲マンションに関する情報の集合物としてのコアネット・データベースの著作物性（東京地裁 平成14年2月21日中間判決） 223
モデルハウス事件（大阪地裁 平成15年10月30日判決） 211
防犯カメラによる撮影（名古屋地裁 平成16年7月16日判決） 246
Winny事件（京都地裁 平成16年11月30日判決） 250
レッスン情報誌のうちの一部分の著作物性（東京高裁 平成17年3月29日判決） 221
国・地域別旅行案内書の空港案内図の著作物性（東京地裁 平成17年5月12日判決） 211
公道での写真の無断撮影・公表（東京地裁 平成17年9月27日判決） 246
法廷内写真の撮影・公表（最高裁 平成17年11月10日判決） 246
チャート事件（東京地裁 平成17年11月17日判決） 198, 210
浴湯を均一に保温させる商品の取扱説明書の著作物性（大阪地裁 平成17年

索引

N.D.C.507.2　372p　18cm

ブルーバックス　B-1958

理系《りけい》のための法律入門《ほうりつにゅうもん》　第《だい》2版《はん》

デキる社会人に不可欠な知識と倫理

2016年2月20日　第1刷発行

著者　井野邊《いのべ》　陽《よう》

発行者　鈴木　哲

発行所　株式会社講談社

〒112-8001 東京都文京区音羽2-12-21

電話　出版　03-5395-3524

販売　03-5395-4415

業務　03-5395-3615

印刷所　（本文印刷）豊国印刷株式会社

（カバー表紙印刷）信毎書籍印刷株式会社

製本所　株式会社国宝社

定価はカバーに表示してあります。

ISBN978−4−06−257958−2

発刊のことば

科学をあなたのポケットに

二十世紀最大の特色は、それが科学時代であるということです。科学は日に日に進歩を続け、止まるところを知りません。ひと昔前の夢物語もどんどん現実化しており、今やわれわれの生活のすべてが、科学によってゆり動かされているといっても過言ではないでしょう。

そのような背景を考えれば、学者や学生はもちろん、産業人も、セールスマンも、ジャーナリストも、家庭の主婦も、みんなが科学を知らなければ、時代の流れに逆らうことになるでしょう。

ブルーバックス発刊の意義と必然性はそこにあります。このシリーズは、読む人に科学的に物を考える習慣と、科学的に物を見る目を養っていただくことを最大の目標にしています。そのためには、単に原理や法則の解説に終始するのではなくて、政治や経済など、社会科学や人文科学にも関連させて、広い視野から問題を追究していきます。科学はむずかしいという先入観を改める表現と構成、それも類書にないブルーバックスの特色であると信じます。

一九六三年九月

野間省一

ブルーバックス　趣味・実用関係書(I)

35　計画の科学　加藤昭吉
921　自分がわかる心理テスト　芦原 睦／桂 戴作＝監修
954　「超能力」と「気」の謎に挑む　天外伺朗
1032　フィールドガイド・アフリカ野生動物　小倉寛太郎
1045　40ヵ国語習得法　新名美次
1083　格闘技「奥義」の科学　吉福康郎
1112　頭を鍛えるディベート入門　松本 茂
1150　音のなんでも小事典　日本音響学会＝編
1223　姿勢のふしぎ　成瀬悟策
1229　超常現象をなぜ信じるのか　菊池 聡
1231　「食べもの情報」ウソ・ホント　髙橋久仁子
1234　子どもにウケる科学手品77　後藤道夫
1236　図解 飛行機のメカニズム　柳生 一
1240　ワインの科学　清水健一
1245　「分かりやすい表現」の技術　藤沢晃治
1258　男が知りたい女のからだ　河野美香
1273　もっと子どもにウケる科学手品77　後藤道夫
1284　理系志望のための高校生活ガイド　鍵本 聡
1307　理系の女の生き方ガイド　宇野賀津子／坂東昌子
1331　これならわかるC++ CD-ROM付　小林健一郎
1335　リラクセーション　成瀬悟策
1346　図解 ヘリコプター　鈴木英夫
1352　確率・統計であばくギャンブルのからくり　谷岡一郎
1353　算数パズル「出しっこ問題」傑作選　仲田紀夫
1364　理系のための英語論文執筆ガイド　原田豊太郎
1366　数学版・これを英語で言えますか？　保江邦夫　E・ネルソン＝監修
1368　論理パズル「出しっこ問題」傑作選　小野田博一
1387　「分かりやすい説明」の技術　藤沢晃治
1407　入試数学 伝説の良問100　安田 亨
1413　『ネイチャー』を英語で読みこなす　竹内 薫
1418　「食べもの神話」の落とし穴　髙橋久仁子
1420　理系のための英語便利帳　倉島保美／榎本智子　黒木 博＝絵
1430　Excelで遊ぶ手作り数学シミュレーション　田沼晴彦
1433　大人のための算数練習帳　佐藤恒雄
1435　アミノ酸の科学　櫻庭雅文
1439　味のなんでも小事典　日本味と匂学会＝編
1443　「分かりやすい文章」の技術　藤沢晃治
1444　超ひも理論とはなにか　竹内 薫
1448　間違いだらけの英語科学論文　原田豊太郎
1452　流れのふしぎ　石綿良三／根本光正　日本機械学会＝編
1453　大人のための算数練習帳 図形問題編　佐藤恒雄
1471　「日本語から考える英語表現」の技術　柳瀬和明

1474 クイズ　植物入門　田中　修
1478 「分かりやすい話し方」の技術　吉田たかよし
1488 大人もハマる週末面白実験　左巻健男／滝川洋二 こうのにしき＝編著
1493 計算力を強くする　鍵本　聡
1513 猫のなるほど不思議学　岩崎るりは 小山秀一＝監修
1516 競走馬の科学　JRA競走馬総合研究所＝編
1520 図解　鉄道の科学　宮本昌幸
1536 計算力を強くするpart2　鍵本　聡
1547 広中杯　ハイレベル中学数学に挑戦　算数オリンピック委員会＝監修 青木亮二＝解説
1552 「計画力」を強くする　加藤昭吉
1557 やさしい統計入門　田栗正章／藤越康祝 柳井晴夫／C・R・ラオ
1567 音律と音階の科学　小方　厚
1573 手作りラジオ工作入門　西田和明
1574 怖いくらい通じるカタカナ英語の法則　CD-ROM付　池谷裕二
1579 図解　船の科学　池田良穂
1584 理系のための口頭発表術　ロバート・R・H・アンホルト 鈴木　炎／I・S・リー＝訳
1596 理系のための人生設計ガイド　坪田一男
1603 今さら聞けない科学の常識　朝日新聞科学グループ＝編
1613 科学・考えもしなかった41の素朴な疑問　松森靖夫＝編著
1614 料理のなんでも小事典　日本調理科学会＝編
1623 「分かりやすい教え方」の技術　藤沢晃治

1625 やりなおし算数道場　歌丸優一 花摘香里＝漫画
1629 計算力を強くする　完全ドリル　鍵本　聡
1630 伝承農法を活かす家庭菜園の科学　木嶋利男
1632 ビールの科学　渡　淳二＝監修 サッポロビール価値創造フロンティア研究所＝編
1636 理系のための法律入門　井野邊　陽
1653 理系のための英語「キー構文」46　原田豊太郎
1656 今さら聞けない科学の常識2　朝日新聞科学グループ＝編
1658 ウイスキーの科学　古賀邦正
1660 図解　電車のメカニズム　宮本昌幸＝編著
1665 動かしながら理解するCPUの仕組み　CD-ROM付　加藤ただし
1666 理系のための「即効！」卒業論文術　中田　亨
1667 太陽系シミュレーター　Windows7／Vista対応版　DVD-ROM付　SSSP＝編
1671 理系のための研究生活ガイド　第2版　坪田一男
1676 図解　橋の科学　土木学会関西支部＝編 田中輝彦／渡邊英一他
1679 住宅建築なんでも小事典　大野隆司
1688 武術「奥義」の科学　吉福康郎
1689 図解　旅客機運航のメカニズム　三澤慶洋
1693 10歳からの論理パズル「迷いの森」のパズル魔王に挑戦！　小野田博一
1694 傑作！　数学パズル50　小泓正直
1695 ジムに通う前に読む本　桜井静香
1696 ジェット・エンジンの仕組み　吉中　司

ブルーバックス　趣味・実用関係書（Ⅲ）

ブルーバックス　趣味・実用関係書（IV）

ブルーバックス12cmCD-ROM付

ブルーバックス　技術・工学関係書(I)

495 人間工学からの発想 小原二郎
733 紙ヒコーキで知る飛行の原理 小林昭夫
911 電気とはなにか 室岡義広
1084 図解 わかる電子回路 加藤 肇／見城尚志／高橋 久
1128 原子爆弾 山田克哉
1188 金属なんでも小事典 増本 健＝監修 ウォーク＝編著
1236 図解 飛行機のメカニズム 柳生 一
1281 新・電子工作入門 西田和明
1331 これならわかるC++ CD-ROM付 小林健一郎
1346 図解 ヘリコプター 鈴木英夫
1396 制御工学の考え方 木村英紀
1452 流れのふしぎ 石綿良三／根本光正＝著 日本機械学会＝編
1483 新しい物性物理 伊達宗行
1484 単位171の新知識 星田直彦
1520 図解 鉄道の科学 宮本昌幸
1545 高校数学でわかる半導体の原理 竹内 淳
1553 図解 つくる電子回路 加藤ただし
1569 新装版 電磁気学のABC 福島 肇
1573 手作りラジオ工作入門 西田和明
1579 図解 船の科学 池田良穂
1624 コンクリートなんでも小事典 土木学会関西支部＝編 井上 晋 他

1628 国際宇宙ステーションとはなにか 若田光一
1632 ビールの科学 サッポロビール価値創造フロンティア研究所＝編 渡 淳二＝監修
1636 理系のための法律入門 井野邊 陽
1658 ウイスキーの科学 古賀邦正
1660 図解 電車のメカニズム 宮本昌幸＝編著
1665 動かしながら理解するCPUの仕組み CD-ROM付 加藤ただし
1676 図解 橋の科学 土木学会関西支部＝編 田中輝彦／渡邊英一 他
1679 住宅建築なんでも小事典 大野隆司
1683 図解 超高層ビルのしくみ 鹿島＝編
1689 図解 旅客機運航のメカニズム 三澤慶洋
1692 新・材料化学の最前線 首都大学東京 都市環境学部 分子応用化学研究会＝編
1696 ジェット・エンジンの仕組み 吉中 司
1701 光と色彩の科学 齋藤勝裕
1717 図解 地下鉄の科学 川辺謙一
1719 冗長性から見た情報技術 青木直史
1722 小惑星探査機「はやぶさ」の超技術 「はやぶさ」プロジェクトチーム＝編 川口淳一郎＝監修
1734 図解 テレビの仕組み 青木則夫
1737 放射光が解き明かす驚異のナノ世界 日本放射光学会＝編
1748 図解 ボーイング787 vs.エアバスA380 青木謙知
1751 低温「ふしぎ現象」小事典 低温工学・超電導学会＝編
1754 日本の土木遺産 土木学会＝編

ブルーバックス　技術・工学関係書（Ⅱ）

ブルーバックス　経営科学関係書

35　計画の科学　加藤昭吉
116　推計学のすすめ　佐藤　信
1552　「計画力」を強くする　加藤昭吉
1783　知識ゼロからのExcelビジネスデータ分析入門　住中光夫
1784　確率・統計でわかる「金融リスク」のからくり　吉本佳生
1838　読解力を強くする算数練習帳　佐藤恒雄
1866　暗号が通貨になる「ビットコイン」のからくり　吉本佳生　西田宗千佳

ブルーバックス12cmCD-ROM付

BC06　JMP活用　統計学とっておき勉強法　新村秀一